기자를 꿈꾸는 이들을 위한
스토리 가이드북

기자로
말할 것

기자를 꿈꾸는 이들을 위한
스토리 가이드북
기자로 말할 것(큰글자도서)

초판인쇄 2022년 11월 15일
초판발행 2022년 11월 15일

지은이 이샘물
발행인 채종준
발행처 한국학술정보(주)

주소 경기도 파주시 회동길 230(문발동)
문의 ksibook13@kstudy.com
출판신고 2003년 9월 25일 제406-2003-000012호

ISBN 979-11-6801-861-7 13040

기자를 꿈꾸는 이들을 위한
스토리 가이드북

기자로
말할 것

이
샘
물
지음

이담
Books

당신의 ♥
꿈은 무엇인가요?

꿈을 싣고..

dream

꿈을 위해

험하고 힘들어도
내 꿈은 No. 1

내 꿈을
꺾지마!

내꿈은
직진 중~

오늘도
꿈을 향해
달리다

놀이 날아봐

쑥쑥 dream
자라라~

Hi

안녕~
내 꿈아...

꿈을
향해

발로 뛰어라!

자라라
내꿈~♡

"기자를 꿈꾸라!"

중국 출장을 갔다가 현지에 살고 있는 탈북여성을 만난 적이 있다. '중국에서 딱 두 달만 고생해서 장사 밑천을 마련하겠다'는 생각에 북한을 떠나온 사람이었다. 하지만 막상 두만강을 건너자 브로커는 그녀에게 "너 중국말 모르지?"라고 물었고, 그녀가 고개를 끄덕이자 "그러면 돈을 못 번다. 시집가야 한다"고 말한 뒤 낯선 한족남자의 집에 그녀를 내려놓고는 팔아넘긴 뒤 사라졌다.

그렇게 그녀는 얼떨결에 맞이한 남편과 억지스러운 결혼생활을 하면서 아들을 낳았다. 남편은 잘해줬다. 자식을 봐서 견디려 했지만, 아무리 살아도 도무지 정이 가지 않았다고 한다. 급기야 다른 남자와 감정이 싹터서 집을 나가게 됐다. 그 남자가 돈을 많이 벌거나 거창한 조건을 제시해서가 아니었다. 그녀는 "지금까지 계속 힘들게 살았는데, 이제는 좋아하는 남자와 살아보고 싶었어요. 더 이상 마음고생 하고 싶지 않았어요"라고 당시를 회상했다.

시댁 식구들은 그녀를 잡으러 왔다. 화가 난 남편은 그녀의 머리채를 휘어잡았고, 혁대로 사정없이 때린 뒤 머리카락을 빡빡 밀어버렸다. 시댁 식구들은 "남편이 그렇게 잘해줬는데 왜 도망쳤냐"고 따져 물었다. 그녀의 이유는 "좋아하는 남자와 살고 싶어서"였다. 그녀는 "입장 바꿔놓고 생각해 보라. 죽이려면 죽이고 파묻어 버리려면 파묻어 버려라"고 소리쳤다. 우여곡절 끝에 그렇게 집을 나와 두 번째 남편과 살고 있었다.

이 어처구니없는 비극을 취재하면서, 나는 인생에 대해 깊이 생각해 보게 되었다. 그녀는 인신매매로 인해 강제로 남편을 맞이한 뒤, '좋아하는 남자와 살아보고 싶어서' 집을 나갔다. 생각해 보면 우리 주변에도 인신매매 때문은 아니지만 '돈 때문에', '사회적인 지위 때문에' 혹은 '부모님 때문에' 좋아하지도 않는 사람과 결혼하는 이들이 있다.

이것은 직업에 있어서도 마찬가지다. '부모님의 강요에 의해', '멋져 보여서', '돈 때문에', '체면 때문에' 좋아하지도 않는 직업을 택해서 괴롭게 살아가는 사람들이 있다. 억지 결혼생활이나 억지 직업생활이나, 타인의 강요와 외부적인 요인으로 인해 인생이 고달파지는 것은 매한가지다. 억지스러운 것이라면 뭐가 됐든 정을 붙이려고 해도 도무지 정이 가지 않고, 즐거운 마음 또한 생기지 않는 법이다. 한번 사는 인생이라면 그렇게 살 필요가 있을까?

좋아하는 일이라면 무엇이든 참을 수 있는 아량이 생긴다. 연이은 야근과 복잡한 업무로 인한 신체적인 고생도 좋아하는 일이라면 사서라도 할 수 있다. 실제로 많은 이들이 적성에 맞지 않는 일을 하다가 흥미를 느끼지 못해, 결국 자신에게 맞는 일을 찾아 나선다.

그런데 어떤 직업을 좋아할 수 있으려면 그 직업에 대해 잘 알아야 한다. 제대로 알지도 못하면서 희망하고 꿈꾸는 것은 허황된 기대나 환상에 가깝다. 자신이 상상했던 것과 현실이 달랐을 때, 결국 더 큰 환멸과 허탈감으로 되돌아오기 마련이다. 꽤 많은 사람들이 겪는 일이다. 그런 의미에서, 이 책은 사람들이 '기자'라는 직업에 대해 조금이라도 더 알 수 있도록 하기 위해 쓰였다. 물론 미흡한 부분이 많은 글이므로 이 책을 읽는 분들이 염두에 두었으면 하는 점이 있음을 미리 밝혀둔다.

우선, 이 책은 평범한 기자가 쓴 평범한 이야기다. 언론계에서 성공을 이룬 사람이 비결을 풀어놓은 글도, 언론계 원로가 신입이 될 후배들에게 지침을 제시하는 글도 아니다. 기자라는 직업에 대해 객관적으로 규정할 정도로 대단한 위치나 경험을 쌓지 못한 내가, 단지 기자라는 직업에 대해 알고 싶은 사람들을 위해 한 명의 현장 기자로서 생생한 경험담을 바탕으로 일부라도 도움이 될 만한 내용을 공유하는 것일 뿐이다.

둘째, 이 글은 철저히 주관적인 글이다. 나는 한 신문사에 입사해 지금까지 일하고 있다. 모든 부서를 거쳐보지도, 다른 언론사에서 일해보지도 않았다. 내가 보고 듣고 경험한 것을 토대로 쓴 것으로 주관적이라는 한계를 가진다. 어쩌면 기자라는 직업에 대해 '코끼리 다리 만지기'와 같은 경험을 제공할 수도 있다. 아니, 코끼리 다리 만지기가 아니라, '코끼리 다리의 세포 만지기'가 될지도 모르겠다. 언론사 개수는 많고 기자도 넘쳐나며, 각자 처하는 환경도 제각각이기 때문이다.

셋째, 이 글은 회사가 아닌 개인 차원의 글이다. 나는 내가 왜 언론사에 합격했는지, 어떻게 하면 언론사에 입사할 수 있는지 정확히 알지 못한다. 철저히 개인의 관점에서, 어떤 사람이 입사해야 기자로서 만족하면서 일하더라는 것을 주관적인 경험을 바탕으로 쓴 글임을 말해둔다.

출판사로부터 원고 제안을 받은 뒤, 수락하기까지 고민이 깊었다. 나는 기자생활을 오

래 했거나, 언론사 채용시스템을 잘 아는 기자가 아니다. 하지만 모든 경험은 주관적이 며, 주관적인 경험이라도 듣고 싶어 하는 사람이 있을 것이라는 생각에 용기를 냈다.

내가 기자를 꿈꾸던 때, 시중에 떠도는 소문과 기자에 대한 고정관념은 많았지만, 현 직 기자로부터 생생한 경험을 조목조목 들을 수 있는 기회는 적었다. 신문방송을 다루 는 '미디어학'을 전공하고도 현장 이야기를 들을 수 있는 시간은 제한적이었고, 젊은 기 자의 목소리를 들을 기회는 더욱 흔치 않았다. 그러다 보니 소문에라도 귀를 기울이곤 했다. 그렇게 기자가 된 지금, 나는 다행히도 적성에 잘 맞는 직업을 택해 높은 만족도를 느끼며 일하고 있다. 때론 고생하고 어려움에 직면하기도 하지만, 그렇다고 다른 직업을 가진 사람을 진심으로 부러워해 본 적도, 기자가 된 것을 후회한 적도 없다. 기자라는 직업을 동경했지만 비현실적인 환상은 갖지 않았고, 어떤 고생은 충분히 예상하고 입문 했기 때문인 것 같다.

이 책이 기자를 꿈꾸는 분들이 자신의 적성을 돌아보고 이 직업을 선택함에 있어, 현 명한 판단을 내리는 데 도움을 줄 수 있었으면 좋겠다. 이를 위해 기자라는 직업의 장점 과 함께 단단히 각오해야 할 현실적인 내용도 적었다. 정보를 갈구하는 사람들에게, 보 다 더 현장감 있고 현실적인 정보가 됐으면 하는 바람이다. 아울러 이 책이 기자를 꿈꾸 지는 않지만 기자라는 직업을 궁금해하는 분들께도 조금이나마 정보가 되고, 많은 사 람들에게 기자에 대한 이해를 넓힐 수 있는 계기를 제공한다면 바랄 것이 없겠다.

2015년
이샘물

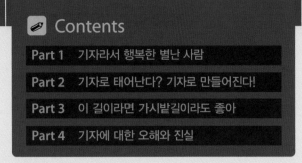

Part
4

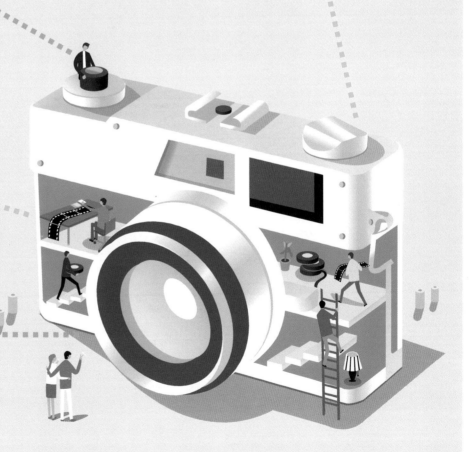

기자가 되려연
사회 전반에 대한
지식이 많아야
하나요?

글을 유려하게 잘 써야
기자가 될 수 있나요?

연접
준비는
어떻게
했나요?

본인이 쓰고 싶은 기사를 재량껏 쓸 수 있나요?

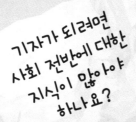

✓ 정말 기사로 세상을
바꿀 수 있나요?

✓ 기자들의 평소 근무
시간은 어떻게 되나요?

기자의
하루 일과는
어떻게
되나요?

기자가 되려연
스펙이 좋아야 하나요?

수습기자
생활은
어떻게
진행되나요?

기자가 되면
돈을 많이
벌 수 있나요?

✓ 취재 과정에서 겪은 어려움에는
어떤 게 있나요?

✓ 기자가 되기로 결심했다면 생각
해야 할 게 있나요?

✓ 기사를 쓸 때 가장 큰 애로사항은
뭔가요?

기자도 계획적인
삶을 살 수 있나요?

기사 경쟁이 심할 텐데
힘들지는 않나요?

기자라서 행복한 순간은
언제인가요?

1

기자라서 행복한 　 별난 사람

기사만 쓰지 않으면
지상 최고의 직업?

"내가 너라면 사심(私心)을 최대한 발휘해서 기자라는 직업을 적극 활용해 보겠어!"

기자생활 초반에 지인으로부터 이런 농담을 종종 들었다. 온종일 사무실에 앉아 비슷한 직종에 종사하는 사람들과 일해야 하는 직업과는 달리, 기자는 너무나도 다양한 사람들을 지속적으로 만날 수 있다. 마음에 드는 이성이 나타났을 때, 기자라는 이유로 인터뷰를 핑계 삼아 전화번호를 따고, 이런 저런 질문을 하며 친해질 수 있지 않을까 하는 것이다. 별다른 오해를 사지 않고도 상대방에게 다가갈 수 있으니 얼마나 환상적인가!

기자라는 직업을 갖기 전의 나는 인간관계가 넓은, 소위 '마당발'과는 거리가 먼 평범한 사람이었다. 하지만 기자생활을 시작한 지 4년쯤 됐을 때, 내 휴대전화에는 어느새 5,000명이 넘는 번호가 저장되어 있었고, 모바일 메신저 친구도 4,000명을 넘어서고 있었다. 소개팅이 아니면 새로운 이성을 사귈 기회가 거의 없는 사무직 회사원들은 이런 내 직업의 특성을 무척이나 부러워했다(물론, 막상 기자생활을 해보면 만나는 취재원의 대부분은 나이가 지긋한 아버지나 삼촌뻘이다).

어쨌거나 언론사에 떠도는 우스갯소리로 '기자는 기사만 쓰지 않으면 지상 최고의 직업'이라는 말이 있다. 어디든 갈 수 있고, 누구든 만날 수 있고, 또 무슨 질문이든 할 수 있기 때문이다. 궁금증이 생기더라도 개인의 자격으로는 책임자나 전문가를 만나 직접 물어볼 기회가 많지 않다. 설령 질문을 하더라도 답을 얻기가 쉽지 않을 것이다. 그러나 기자는 어디든 가서 누구에게나 무엇이든 물어보는 게 용인된다. 최대한 많은 사람을 만나 다양한 이야기를 들을수록 독자에게 양질의 정보를 전달할 수 있기 때문이다. 그것이 바로 '취재 행위'다.

만약 기자가 '더 많은 사람을 만나 보다 많은 정보를 얻고 싶어 하는' 사심을 갖고 있다면, 그것은 발휘하면 할수록 만인에게 이득이 될 것이다. 동기야 어찌됐건 최대한 다양한 이들로부터 이야기를 상세히 듣는다면, 독자에게 풍부한 정보를 전달할 수 있을 뿐 아니라 기자 자신의 직업적 성취나 호기심 해결에도 도움이 될 수 있기 때문이다. 이런 점에서 보면, 다수의 사람들이 궁금해하는 정보를 수집해 알리기 위해 기자가 이리 뛰고 저리 뛰는 일이야말로, 그 옛날 단군신화에 등장하는 '널리 인간세계를 이롭게 하라'는 홍익인간 정신에 부합하는 게 아닐까? 나 역시 보고 싶었던 사람을 만나 궁금한 것을 마음껏 질문하고 독자들에게도 유용한 정보를 제공한, '임도 보고 뽕도 따며' 홍익인간의 이념을 널리 실천(?)한 적이 있다.

기자생활을 시작한 지 2년 3개월이 조금 지나던 때로, 여성가족부를 출입하던 시기였다. 여느 때처럼 출입처에서 보낸 이메일을 찬찬히 살펴보던 중 눈에 띄는 보도자료를 발견했다.

'임원을 꿈꾸는 차세대 여성 인재, 멘토에게 그 비결을 듣다'

여성가족부는 여성의 고위직 진출을 위해 2009년부터 매년 두 차례에 걸쳐 '차세대 여성 리더 콘퍼런스'를 개최한다. 그해 하반기에도 제10회 콘퍼런스를 연다며 자료를 냈다. 기업의 여성 임원과 관리자, 직원들이 대거 모인 가운데 '유리천장'을 깬 여성 리더들이 후배들에게 경험을 전수해 주는 자리였다. 행사는 WIN(Women in Innovation)이라는 단체의 주최로 열렸으며, 경력 개발과 갈등 관리, 의사소통, 일·가정 균형 등을 논의할 예정이었다.

당시의 나는 베테랑 기자라도 되는 양 노련한 척 안간힘을 쓰고 있었지만, 사실 하루가 멀다 하고 시행착오와 딜레마에 부딪히는 초짜 사회인에 불과했다. 더욱이 변화무쌍한 대한민국을 살아가는, 나와 같은 젊은이들이야말로 미래에 대한 불안과 고민이 가장 가득한 세대가 아닌가? 서점에 꽂힌 수많은 '힐링 서적'도, 우후죽순 난립하는 '멘토'들도 내게는 별다른 감흥을 주지 못하던 그때, 이 콘퍼런스를 발견한 것이었다.

내가 일반 회사의 직장인이었다면, 콘퍼런스에 참가신청을 하더라도 여성 리더의 대표 강연과 멘토의 이야기를 듣는 데에만 그쳤을 것이다. 하지만 나는 '기자'였다. 단순히 행사에서 나오는 이야기나 할당된 멘토의 이야기만 청취하는 이가 아니라, 더 많은 멘토들에게 질문할 수 있는 기자말이다.

당시 우리 신문사에서는 '신(新)여성 시대'라는 타이틀로 여성의 직장생활에 관한 기획시리즈를 진행하고 있었는데, 콘퍼런스에 참석하는 여성 리더들의 이야기를 기획시리즈로 싣기로 했다. 나는 새내기 직장인으로서 누릴 수 있는 가장 큰 기회가 왔다고 생각했다. 취재에 돌입하기 전부터 내 머릿속에는 직장생활을 하며 느낀 딜레마와 의문점이 무수히 떠올랐다. 이것을 풍부하게 취재한다면 독자들에게도 좋은 정보를 줄 수 있을 것이라 여겼다.

나는 곧장 여성가족부에 전화를 걸어 여성 리더들의 인터뷰를 섭외하기 시작했다. 보도자료에 나온 여성 멘토는 무려 53명이었는데, 내가 섭외를 시작한 시점은 행사를 고작 하루 앞둔 때였다. 인터뷰 의뢰를 요청한 지 서너 시간이 지났을 때도 내게 돌아온 멘토의 연락처는 17명에 불과했다. 하지만 이게 어딘가? 내가 기자가 아니었다면 여성 임원들의 연락처를 받고, 궁금한 점을 마음껏 물어보고, 그들로부터 상세한 답변을 받을 기회조차 얻지 못했을 것이다.

행사는 그 주 목요일 저녁이었으며, 기사는 일요일 오전까지 마감해야 했다. 내게 주어진 시간은 고작 3일 남짓에 불과했다. 마감시한 안에 53명은커녕 연락처를 확보한 17명을 만나서 인터뷰하는 것조차 불가능에 가까웠다. 나는 틈틈이 여성 임원들에게 전화를 걸고 문자를 남기는 한편, 행사장에 미리 가서 일찍 도착한 이들을 붙잡고 인터뷰를 요청했다.

여성 리더의 경험을 전수한다는 지극히 좋은 취지의 (적어도 내 입장에서는) 인터뷰였지만, 모두가 즉각 호의적으로 응하는 건 아니었다. 거절하는 사람도 있었고, 홍보팀을 통해 취재 승인부터 얻으라는 사람, 심지어 문자와 전화에 일절 무응답인 사람도 있었다. 사실 민간기업에서 각자의 삶을 살아가는 임원들이 언론을 통해 인생경험을 널리 알릴 의무는 없다. 아무렴 어떤가. 주어진 기회를 적극 활용하면 되는 것이지, 내 힘으로 어찌할 수 없는 부분에까지 섭섭해할 필요는 없었다.

여성 임원들은 나와는 업무도, 직책도 달랐지만 여성 직장인으로서 비슷한 고민과 딜레마를 겪어온 선배들이었다. 나는 인터뷰를 통해 평소 알고 싶던 것들을 마음껏 물어볼 수 있었음은 물론 상세한 답변 또한 들을 수 있었다. 그리고 인터뷰를 마칠 때쯤에는 세상을 더 긍정적으로 바라볼 수 있게 되었고, 인생을 헤쳐나가는 데 지침이 될 만한 소중한 자산을 얻을 수 있었다.

그날 인터뷰에서 기억에 남는 것을 간략히 언급하자면 다음과 같다.

재무 업무를 해온 여성 임원 A 씨. 신뢰를 굉장히 중시하는 사람으로, 상사든 거래파트너든 자신이 믿을 만하다는 판단이 서야 업무를 맡기게 된다고 하였다. A 씨는 재무의 생명은 숫자라 여기며, 숫자를 틀리는 순간 신뢰를 잃는다고 생각하고 오류가 없도록 애를 썼다고 한다. 나 역시 기자의 생명은 정확한 기사라는 점에서 크게 공감했다. 지금도 나는 기사에 오류가 있는지 없는지 체크할 때마다 그녀의 직업 정신과 신뢰에 대한 철학을 되새긴다.

장비 판매를 하는 여성 임원 B 씨. 한때는 해외에 파견된 남편의 뒷바라지를 하느라 경력 단절을 겪은 주부였다. 어떻게 보면 편히 살 수도 있었지만, 그녀는 "그게 안 되더라"며 웃음을 보였다. 단조로운 삶은 그녀의 적성에 맞지 않았다. "무언가를 성취하고, 결과를 맛보고, 때론 실패하고 깨지더라도 도전해 보고 싶었어요. 사람들과 함께 서로 의견을 주고받고, 치열하게 토론하고, 멋진 결과를 성취하는 삶이 좋았어요." 그녀는 얌전한 이미지를 가졌지만, 이 말을 할 때만큼은 눈이 반짝이고 힘이 넘쳤다. 나는 가끔 내 삶이 지나치게 피곤하다고 느낄 때, B 씨의 눈빛과 말을 떠올리며 힘을 낸다. 조금은 불규칙적이고 시끄러운 요소로 가득 차 있는 것 같지만, 치열하게 밀고 당기며 무언가를 성취하는 것이야말로 내가 진정 원하는 삶이 아니었던가?

당시 인터뷰한 내용을 A4용지에 옮기고 보니 무려 48장이나 되었다. 언론사에 떠도는 말처럼 '기사만 쓰지 않는다면' 임원들과의 인터뷰는 그야말로 '지상 최고'의 취미로 끝났을 것이다. 원하는 사람을 만나 이야기를 듣고, 감명을 받고…… 그리고 입을 쓱 하고 닦으면 되기 때문이다.

하지만 취재기자는 취재한 내용을 토대로 기사를 써야 한다. 재미있고 감동적인 취재가 끝나고 노트북 앞에 앉는 순간이면, 문구 하나가 떠오른다. '파티는 끝났다.' 곧장 째깍째깍 마감시간을 알리는 시계가 돌아가기 시작하고, 한정된 시간 안에 기사를 완성하기 위해 머리를 싸맨다. 당시 나는 황금 같은 주말까지 할애해 가며 문장을 고치고 또 고치며 기사를 완성했다.

그래서 싫었냐고? 전혀! 기사를 쓰지 않았다면, 내가 경험하고 느낀 모든 것들은 신기루처럼 사라져 버리고 말았을 것이다. 기사화함으로써 독자들과 소중한 경험을 공유하게 됐고, 내가 살아온 발자국을 세상에 조금이나마 남길 수 있었다. 취재를 통해 만난 사람들과 인연을 맺고 추억을 쌓게 됐음은 물론이다.

그 이후로 나는 직장생활에 지치거나 해답을 알 수 없는 딜레마에 부딪힐 때마다, 당시 여성 임원들과 인터뷰를 하며 작성했던 취재노트를 찬찬히 읽어본다. 그러다 보면 알 수 없는 힘이 나기 시작한다. 내가 가진 고민은 아무것도 아니며, 다시 일어서자는 생각을 하게 된다. 내 업무가 단순히 궁금증 해결이나 기사 작성에서 끝나지 않고, 나 자신의 성장과 발전에도 도움을 준다니! 비록 기사는 써야 하지만 이만 하면 '지상 최고의 직업'이 아닐까?

Q&A

어떤 사람이 기자라는
직업의 적성에 맞나요?

사람마다 생각하는 기자에 걸맞은 적성과 자질의 기준은 다를 것이다. 나의 경우에는 무엇보다도 기자는 '호기심'이 많아야 한다고 생각한다. 여기에 부지런함이나 성실성이 더해지면 금상첨화겠지만, 사실 게으른데 적성에 잘 맞는 직업은 세상에 거의 없기 때문에 후순위로 빼기로 한다.

호기심에는 여러 가지가 있을 수 있다. 다른 사람이 별로 관심을 갖지 않는 것에도 궁금증을 가지고 그것이 무엇인지 끝까지 파헤치고 알아보는 근성은 호기심을 가진 사람만이 발휘할 수 있다. 게다가 자의건 타의건 뭔가 새롭거나 중요한 것을 알아내야 할 때, 그것을 성가셔하지 않고 배움의 기쁨으로 느끼는 것도 호기심이 있을 때 가능한 일이다.

나는 기본적으로 기자란, 독자들이 궁금해하고 알아야 할 사안을 발 빠르게 취재해서 이해하기 쉬운 용어로 전달하는 역할을 하는 사람이라고 생각한다. 여기서 핵심은 독자가 중심이 되어야 한다는 것이다. 즉, 기자 개인이 중심이 아니라는 말이다. 기자 본인은 관심이 없고 심지어 알고 싶지 않은 사안이라도 독자들이 필요로 하는 뉴스라면 집요하게 캐내야 한다. 호기심이 많은 사람일수록, 평소 개인적으로 관심을 갖고 있는 분야가 아니더라도 독자들을 위한 뉴스를 발굴하는 데 희열을 느끼고 기꺼이 전념하게 될 것이다.

자신이 원하는 것만 취재할 수 있는 기자는 없다. 세상에는 내가 관심을 갖는 분야만 존재하는 게 아니며, 좋아하는 일만 일어나는 것도 아니다. 게다가 보도할 만한 가치가 있는, 시의적절한 아이템은 대개 새로운 것들이다. 그렇기 때문에 기자가 맡는 일은 대부분 낯선 것이 될 수밖에 없다. 낯선 것을 마주하고 파헤치는 것을 즐기는 것은 호기심을 가진 사람만이 할 수 있을 것이다. 이것을 '인생에 대한 학구열'이라고도 부를 수 있겠다.

나도 일반인들은 도무지 이해할 수 없는 기괴한 호기심으로 인해 주변인들의 혀를 내두르게 한 적이 있었다.

사회부 사건팀에서 종로라인(종로구·성북구 일대)과 중부라인(중구·용산구 일대)을 담당할 때였다. 다들 잘 알다시피 해당 관내에 있는 광화문광장과 청계광장, 서울광장 일대에서는 집회나 시위가 매일같이 진행된다. 나의 눈에 비친 집회는 어떻게 보면 또 하나의 예술이었다. 누가 언제 어떻게 여느냐에 따라 참가인원도, 주장하는 내용도, 진행방식도 매번 달랐기 때문이다. 집회 현장에서 각기 다른 사람들의 발언이나 구호를 듣는 것, 다양한 집회용구(띠, 팻말, 플래카드 등)를 보는 것은 굉장히 흥미로운 일이었다. 특히 행진에서 많게는 수천 명의 인원이 경찰관의 안내를 받으며 열을 맞춰 수 킬로미터를 걷는 모습은 한마디로 장관이었다. 저렇게 많은 사람들이 행진을 하는 데도 도로가 잘 통제되고 무사히 끝이 나는 게 놀라울 뿐이었다.

기자들은 대체로 호기심이 많긴 하지만, 앞서도 말했다시피 내 호기심은 유별난 데가 있었다. 대부분의 기자들이 기삿거리가 될 만한 집회만 가보는 반면, 나는 특별한 일정이 없는 날이면 항상 집회 현장에 갔다. 다양한 양상의 집회를 관찰하고 섭렵하고 싶다는 호기심 때문이었다. 이런 못 말리는 호기심은 점점 확장되어 급기야 사생활까지 잠식했다.

한번은 토요일에 서울역에서 명동 인근 을지로 입구까지 수천 명이 행진을 하는 집회가 예정되어 있었다. 그날은 쉬는 날이었지만, 나는 끓어오르는 호기심을 주체하지 못하고 현장에 나가보고야 말았다. 그때까지 여러 집회를 봐왔지만, 을지로 입구 앞차로가 꽉 들어차며 행진하는 모습은 한 번도 본 적이 없었다. 현장에 나가니 집회 인원이 깃발과 플래카드를 들고 롯데백화점 맞은편 차도를 꽉 채우고 있었는데, 가히 '예술'이었다. 흔히 볼 수 없는 역사의 한 장면을 직접 봤다는 생각에 굉장히 흡족해하며 발길을 돌렸던 기억이 난다.

뇌가 발산하는 호기심이 지나치면 신체가 괴롭힘(?)을 당하기도 한다. 저녁에 시작된 집회는 종종 다음 날 새벽까지 이어졌는데, 나는 집회가 끝날 무렵의 모습이 궁금해 끝까지 현장에 남아 있곤 했다. 평소에 밤을 새우는 것을 좋아하지도, 잘하지도 않는데 집회 마무리만큼은 보고야 말겠다는 생각에 다음 날 출근을 해야 함에도 불구하고 광화문광장에서 밤을 지새우곤 했다. 새벽 두세 시 무렵, 집회가 끝이 나면 몸은 피곤했지만 역사의 현장을 목격했다는 생각에 뿌듯해하며 집으로 향했다. 물론 새벽 4시가 되도록 집회가 끝나지 않자, 결국 두 손 들고 다음 날 근무를 위해 집에 간 적도 있다.

한창 집회나 시위가 많이 진행될 때, 사람들은 내가 종로라인과 중부라인 담당이라고 하면 "고생 많겠다", "힘들겠다"고들 말했다. 결코 그렇지 않았다. 기자로서 역사의 현장을 보는 게 일생일대의 기회라고 생각했고, 다양한 집회 양상을 볼 때마다 가슴이 뛸 정도로 재미있었다. 정말이지 취재를 할 때마다 진심으로 행복하게 일할 수 있었다.

내게 호기심이 없었다면 사건팀에서 일하는 게 괴로웠을 것이다. 기사를 쓰기 위해 억지로 현장을 봤다면, 매번 시민단체들이 집회신고를 할 때마다 툴툴댔을지도 모른다. 하지만 내게 있어서 현장은 사회를 공부하는 배움의 공간이자 역사의 장이었다. 더 많은 것을 세심하게 알고 싶다는 호기심 때문에 일하는 게 즐거웠다.

기자의 삶은 '끊임없는 취재'로 가득 차 있다. 그러니 기자라는 직업이 적성에 맞으려면 취재가 적성에 맞아야 하고, 취재를 좋아하려면 호기심이 넘쳐야 한다.

기자에게 세상은 호기심 천국이다.

Q&A

기자가 되려면 사회 전반에 대한
지식이 많아야 하나요?

기자라는 신분을 밝혔을 때, 당혹스러운 상황에 처하는 순간이 있다. 바로 기자가 사회 현안을 두루 꿰뚫고 있는 줄 알고, 이것저것 물어보며 토론을 해보려는 사람을 만났을 때다. 그들은 대화를 시도한 뒤, 내가 만물박사가 아니라는 것을 이내 깨닫고는 "에이, 기자가 그 정도밖에 몰라요?"라며 실망하곤 질문 공세를 멈춘다.

실제로 많은 사람들이 기자가 사회 전반에 대한 지식을 두루 갖춘, 백과사전과도 같은 존재인 줄 안다. 때문에 틈만 나면 정치에 대한 토론을, 경제에 대한 논의를, 정책에 대한 질문을 하려 한다. 하지만 (적어도) 내가 경험한 바로는, 기자는 애초부터 무슨 거대한 지식을 가진 사람이 아니다. 대부분의 기자는 자신이 취재하는 분야에 대해서는 일반인보다 많은 지식을 갖고 있지만, 그 외 분야에 대해서는 일반 독자 수준이거나 그보다 조금 더 많은 것을 알고 있을 뿐이다(물론, 기자 중에서는 자신의 담당 분야가 전혀 아님에도 해박한 지식을 갖고 있는 사람도 있다. 그리고 이런 사람은 어느 집단에나 존재한다).

기본적으로 기자는 자신의 담당 분야를 회사 밖에서 스스로 취재한다. 그렇기 때문에 '다른 분야'에 대해서는 뉴스를 통해 접하거나 동료를 통해 귀동냥으로 듣는 수밖에 없다. 그렇기에 담당 분야 외에는 깊은 지식을 쌓기가 쉽지 않다. 사안을 취재해 직접 기사를 써봐야 깊이 이해하게 되는데, 담당 이외 분야는 그럴 여력이 안 되기 때문이다.

어쨌거나 "기자가 되려면 사회에 대한 지식이 많아야 하냐"는 질문에는 단연코 "아니다"라고 답할 수 있다. 기자가 된 이후에도 사회에 대해 끊임없이 공부하고 이슈를 따라가야 하는데, 기자 지망생에게 무슨 거대한 지식을 요구하겠는가?(그렇다고 해서 사회에 대해 아무 지식도 없는 사람이 기자가 된다는 뜻은 결코 아니다).

기자가 되기 전에 흔히 하는 착각 중 하나는, 신문을 열심히 읽는다는 이유로 자신이 사회 현안을 잘 알고 있다고 생각하는 것이다. 하지만 실제로 사회 현안을 취재하다 보면 100을 취재하더라도, 지면 분량의 한계로 인해 겨우 1이나 10이 기사화될 때가 많다. 거꾸로 말해 1 혹은 10만큼의 기사를 쓰기 위해서는 100을 취재해서 알아야 하기도 한다.

나의 경험상, 기자로서 업무에 필요한 지식은 사전에 공부한다고 되는 것이 아니다. 사회 이슈란 살아있는 생명체마냥 변하는 것이기 때문에, 현장에서 직접 경험하며 배우고 전문가와 책임자에게 질문하면서 파악해야 한다. 그렇기 때문에 기자는 자신의 담당 분야에 대해 늘 관심을 가지고 공부해서 적응해야 한다.

어찌 보면 기자에게 필요한 것은, '사전 지식'이 아니라 '지식의 흡수력'이 아닐까 한다. 맡은 분야에 대해서는 최대한 빨리 적응해 배워야 하기 때문이다. 게다가 대부분의 기자들은 짧게는 6개월에서 1년, 길게는 수년에 한 번씩 인사이동을 통해 새로운 부서에 배치를 받는데, 어느 누구도 "공부할 시간이 필요할 테니 향후 며칠간은 기사를 쓰지 말라"고 친절하게 말해주지 않는다. 기자는 인사이동 첫날부터 기사를 써야 한다. 모르는 것은 그날 바로 공부하고 습득해 소화해내야만 하는 것이다.

나 역시 새로운 취재를 맡을 때마다 이런 경험을 했다. 수습기자 생활을 끝내고 내가 처음으로 발령받은 부서는 정책사회부 내의 '복지팀'이었다. 그때까지만 해도 나는 보건복지에 대해 완전히 문외한이었다. 보건복지는 내 삶과 거의 아무런 관련이 없었다고 보면 된다. 병원을 마지막으로 간 때가 언제인지 가물가물할 정도로 건강했기에 '보건'과 관련된 용어는 죄다 낯설었다. 직장생활을 막 시작했던 터라 '건강보험'이나 '국민연금'이 어떤 것인지는 거의 알지 못했고 미혼이었기에 '보육료'나 '양육수당'도 먼 나라 이야기였다.

복지팀에 배치되어 일하던 첫날, '건강보험 재정통합'에 대해 취재하던 선배가 내게 이와 관련해 전문가들의 말을 들어보라고 지시했다. 당시 나는 건강보험이 어떤 것인지도 잘 몰랐기에, 선배의 주문이 무슨 의미인지부터 해석해야 했다. 시간이 무한정 주어진 것이 아니므로 빠르게 사전을 뒤져보고 홈페이지를 검색했다. 내용을 파악한 뒤, 곧장 전문가에게 전화를 걸어 질문을 하기 시작했다. 무식이 탄로 나진 않을까 하는 불안감에 나도 모르게 목소리가 가늘게 떨렸고, 전문가의 답변을 이해하기 위해 머리를 움켜쥐었다.

보건복지 분야는 당장 취재해서 단순하게 쓸 수 있는 기사가 거의 없다. 늘 공부하고 고민하는 한편, 여러 전문가의 의견을 청취해야 한다. 나는 한국보건사회연구원이나 한국여성정책연구원 등에서 발간하는 연구보고서 시리즈 수십 권을 사무실에 쌓아

두고 밤이 늦도록 읽었다. 일부는 집에 가져가서 주말에도 틈틈이 보려고 했으며, 평일에는 공무원을 최소한 2명은 만나서 정책에 대해 물어본다는 목표를 세워 실행하기도 했다.

물론 나름의 노력을 하더라도 보건복지의 세계는 너무나도 넓고 심오해서, 내가 복지팀에 소속되어 있던 2년 7개월이란 시간 동안 줄줄이 꿰는 건 현실적으로 불가능했다. 그럼에도 그런 과정을 통해 조금씩 지식을 넓힐 수 있었고, 전문가의 말을 이해할 수 있게 되었다. 복지팀을 떠날 때쯤, 나는 일반인은 물론이고 또래 기자들보다 보건복지에 대해 훨씬 많은 것을 아는 사람이 되어 있었다. 보건복지 기사를 쓰는 데 느꼈던 부담도 대폭 줄어들었다.

기자가 모든 취재 분야에 대해 사전 지식을 충분히 갖추는 것은 불가능에 가깝다. 물론 사전 지식이 많으면 보다 빨리 업무에 적응할 수 있어 유리하겠지만, 새로운 분야를 공부할 열의와 빨리 배울 수 있는 흡수력을 갖췄다면 충분히 극복할 수 있다고 생각한다.

기자에게 필요한 건 스펀지 같은 흡수력!

Q&A

기자는 '스페셜리스트'가 아닌 '제너럴리스트'인가요?

한번은 소위 말하는 '전문직' 직장인으로부터 다음과 같은 말을 들은 적이 있다.

"기자는 항상 전문가에게 물어보면서 취재를 하지, 본인이 전문가는 아니잖아요. 매번 누군가의 입을 빌려야 하느니, 나 자신이 전문가가 되는 게 낫겠다 싶었어요."

많은 사람들이 기자는 다방면에 대해 얕고 넓은 지식을 갖춘 '제너럴리스트'이기 때문에, 전문성이 없다고 생각한다. 곰곰이 생각해 보면, 반은 맞고 반은 틀린 말인 것 같다. 우선 기자생활을 시작할 때는 누구도 전문가가 아닌 것이 맞다. 특히 초년병 기자 때는 여러 부서를 옮겨 다니면서 두루 경험을 하기 때문에 전문성을 쌓기가 쉽지 않다. 하지만 많은 기자들은 시간이 지나면서 자신의 담당 분야를 정하고, 그 분야를 지속적으로 취재하면서 전문성을 쌓아간다. 기자의 전문성은 해당 분야에서도 인정하는 경우가 많은데, 다른 직업에 비해 '업무의 연속성'과 '지식의 폭'이라는 강점을 가지기 때문이다.

언젠가 정부부처의 과장급 공무원으로부터 모 언론사의 전문기자에 대해 다음과 같은 이야기를 들은 적이 있다.

"그 기자분이 우리 부처를 출입한 지는 15~20년쯤 됐을 거예요. 물론 중간에 다른 부서로 발령이 나서 떠났다 돌아온 적도 있지만, 큰 줄기로 보면 꾸준히 한 분야를 취재해온 거죠. 그러다 보니 오히려 해당 공무원보다 정책에 대해 더 많이 알아요. 우리는 순환보직이어서 새로운 부서로 발령을 받으면 정책의 역사나 배경에 대해 잘 모를 때가 많거든요. 그런데 그 기자는 정책의 시발점부터 줄줄이 꿰고 있으니 오히려 저희가 그분께 물어봐야 해요."

설명하자면 다음과 같다. 정부부처에는 다양한 과가 있는데, 일반 공무원들은 자신이 맡은 과의 업무 외에는 잘 모르는 경우가 많다. 그래서 부서를 옮길 때마다 새로운 일을 배워야 하는 등 업무의 연속성이 유지되기가 쉽지 않다. 기자도 부서를 옮기면 업무의 연속성이 떨어지지만, 한 부처를 오래 출입하면 부처의 모든 과가 담당하는 일에 대해 종합적이고 지속적으로 취재하게 된다. 즉, 해당 부처의 모든 이슈를 자동적으로 공부하게 되는 셈이다.

특히 기자는 매일같이 기사를 써야 하는데, 그 기사는 대중들이 이해할 수 있는 것이어야 한다. 그리고 기사를 쓰기 위해서는 우선 기자 자신이 제대로 알아야 한다. 때문에 기자는 자신이 맡은 현안을 이해하고 판단하기 위해 수많은 전문가로부터 이야기를 듣고 자료를 수집하며, 현장을 취재해 글을 쓰게 된다. 짧은 시간에 전문성을 쌓기에 좋은 직업일 수밖에 없다.

전문 직업인의 대표적인 그룹으로 학자를 꼽을 수 있다. 하지만 기자는 학자와는 다른 전문성을 쌓을 수 있다. 대부분의 학자들이 연구실에서 문헌이나 학술적인 자료를 바탕으로 전문성을 쌓는 반면, 기자는 현장을 누빈다. 관련 전문가들의 이야기를 듣고 연구 자료를 살피는 것은 기본이며, 사람을 만나고 현장을 보는 등 사회 속에서 살아 숨 쉰다. 그렇기 때문에 현장과 이론이 결합된, 보다 폭넓은 전문성을 쌓을 수 있다는 장점이 있다. 기자라는 직업이 갖는 좋은 점은, 이렇듯 타 직종에 비해 보다 재미있는 방법을 통해 전문성을 쌓을 수 있다는 것이 아닐까 싶다. 단지 내부 보고를 위해 재미없는 보고서를 만들 필요도 없고, 책상에 앉아 머리 아프게 연구를 할 필요도 없다.

나는 아직 거창한 전문가는 아니지만, 기자라는 이유로 운 좋게 전문가로 대우받는 기회를 누린 적이 있다.

나는 평소 다문화와 이민에 대해 관심을 많이 갖고 있어, 기회가 닿는 한 관련 기사를 최대한 썼다. 남다른 관심이 기사에 드러나서였을까. 기사를 쓰고 나면 종종 관련 공무원과 학자 등으로부터 메일이 왔고, 좋은 인연으로까지 이어졌다.

이후 이민과 관련된 학술대회가 열렸는데, 토론자로 참석해 달라는 요청을 받았다. 당시 나는 입사한 지 1년도 안 된, 그야말로 풋내기 기자였다. 토론은커녕 학술대회 참석 경험도 짧았고, 스스로 판단하기에 이야기할 만한 거리도 많지 않았다. 내가 고사하자, 토론을 제안해 주신 분은 "그냥 취재한 경험을 이야기하면 된다"며 용기를 북돋워 주었다. 좋은 기회가 왔으니 도전해 보자는 생각에 제안을 수락했고, 토론자로 참석했다. 긴장되고 떨렸지만 기분 좋은 경험이 되었다.

당시 함께 학술대회에 참여했던 이들은 모두 다 그 분야에서 연구 경험이 오래된 학자이거나 정부부처 간부였다. 내가 기자가 아니었다면 그 나이에, 그 경험만으로는 절대로 그들 틈에서 학술대회 연단에 설 기회를 얻지 못했을 것이다. 해당 분야의 기사를 그저 열심히 썼다는 이유로 전문가들과 어깨를 나란히 해 토론을 할 기회를 얻은 것이다. 그 이후 나는 또 다른 포럼과 학술대회에도 토론자로 초대를 받을 수 있었다. 나아가 취재 과정에서 알게 된 전문가들과 의기투합해 다문화와 이민을 공부하는 모임도 꾸렸으며, 최근에는 이민에 대한 책까지 쓰게 되었다.

기자는 늘 새롭고 다양한 분야를 취재하려면 영원한 '제너럴리스트'여야 한다. 하지만 어디에서든 맡은 분야를 깊이 있게 열심히 취재하면 '스페셜리스트'가 될 수 있다고 본다.

스페셜리스트다운
제너럴리스트를
꿈꾸며

이렇게 매력적인 회사원,
본 적 있나요?

　　　　　지난 2013년 11월, 베트남 하노이로 출장을 갔을 때였다. 밤늦게 호텔에 도착해 잠을 잔 뒤, 다음 날 호텔 로비에 나와 서 있는데 행색이 화려한 여자분이 나를 불렀다.

"저기~ 자기야? 나 호텔방이 마음에 안 드는데, 프런트에 가서 좀 바꿔 달라고 할래요?"

당시 나는 한국과 베트남 수교 20주년을 맞이해, 양국의 여성 리더들이 1년간 준비해 발족한 '제1회 한국-베트남 여성 포럼'을 취재하러 베트남에 갔다. 한국에서 각계각층의 여성 리더와 정책 전문가 등 20여 명이 포럼에 참석하기 위해 함께 떠났고, 나는 그들 중 유일한 취재기자였다. 동행했던 여성들 대부분은 나보다 나이가 평균 20~30살 정도 많았다. 당시 내 나이는 한국 나이로 스물여섯.

내게 호텔방 시중(?)을 들어주길 부탁한 분은 나를 여성 리더들의 업무를 돕기 위해 따라온 수행원쯤으로 잘못 알고 있는 듯했다. 프런트는 우리가 서 있던 로비 지점에서 고작 5m가량 떨어져 있었다. 호텔방을 바꿔 달라는 요청은 본인이 직접 구체적인 요구사항을 제시하며 말하는 게 효율적인 상황이었다. 게다가 그분은 직업 특성상 영어를 한마디도 못할 분은 아니었다. 나는 씽긋 웃으며 답했다.

"아~ 네! 제가 호텔방을 바꿔달라는 얘기는 대신해드릴 수 있는데요. 참고로 제가 이곳 직원은 아니고요, 인사가 늦었습니다만 저는 포럼을 취재하러 온 기자입니다."

그녀는 내 말을 듣자마자 깜짝 놀란 듯이 "어머!"라고 말하며, 두 손으로 양 볼을 감싸 쥐었다. 우리는 그 일을 계기로 통성명을 했고, 포럼 기간 동안 같이 다니며 밤늦게까지 인생 이야기를 터놓는 등 가깝게 지냈다. 알고 보니 그녀는 특별히 거만하거나 나쁜 분은 아니었다. 단지 내가 어려 보여 당연히 보조업무를 하러 온 직원일 거라 생각한 것뿐이었다.

나 역시 특별히 기분 나쁘게 생각하지는 않았다. 기자는 업무 특성상 자신의 연령이나 배경과는 동떨어진 사람을 만날 일이 많다. 과거에도 모 대학교에서 열리는 학술대회를 취재하러 갔다가, 내 얼굴을 정확히 기억하지 못하는 교수님께 인사를 했다가 그분으로부터 짧은 고개 끄덕임과 함께 제자 취급을 당한 적이 있었다.

베트남에서 5일간의 출장 기간 동안, 우리 일행은 함께 미니버스를 타고 하노이 시내를 누비면서 포럼도 참석하고, 식사도 하고, 쇼핑도 하며 즐거운 시간을 보냈다. 내가 기자가 아니었다면 그렇게 수많은 '왕언니들'과 함께 여행할 기회가 쉽게 오진 않았을 것이다.

어떤 사람들은 기자가 '높은 사람들을 만나 대접을 받는다'고 말하지만, 내가 생각하는 기자의 매력은 그런 것이 아니다. 기본적으로 기자는 독립적으로 취재하고, 현장의 의견을 존중받으며, 자기 기사를 쓰는 사람이다. 회사에 소속된 구성원이긴 하지만, 취재활동을 하는 개인으로서 자율성을 누릴 수 있는 직업이라는 것이다. 그렇기에 나이가 어리고 경험이 적다고 해서 누군가가 함부로 대하거나 부당한 주문을 하지 않는다.

당시 나는 현지에서 취재를 하고 기사를 쓸 예정이었다. 연구기관 소속 학자들은 출장 이후 보고서를 작성하면 되었고(보고서는 대체로 내부용이기 때문에 대외적으로 대중이 읽을 일은 별로 없다), 민간기관 소속인 사람들은 별도의 보고서를 작성하지 않았다. 즉, 이번 출장이 어떻게 진행됐는지, 대외적인 기록이 되는 것은 내기사가 유일했다. 그렇기에 나와 함께 출장을 간 분들은 내가 무엇을 앞세워 어떻게 기사를 쓸지를 무척이나 궁금해했고, 매 순간 나를 기자로서 존중하고 배려해주며 취재를 물심양면으로 도와주었다.

베트남과 한국의 여성 관련 이슈는 무수히 많았다. 남녀 임금격차, 가사노동 문제, 한국 남성과 베트남 여성의 국제결혼까지⋯⋯. 특히 나는 양국의 국제결혼 문제에 관심이 많았다. 내가 궁금한 점을 전문가들에게 물어볼 때마다, 모든 분들이 친절하게 설명해 주면서 나의 출장 업무를 도와주었다. 관련된 각종 기관을 방문했을 때는 양국의 기관장과 리더들이 이야기를 나눈 뒤, 항상 내게 기자로서 질문할 수 있는 기회가 주어졌다.

출장에서 돌아오기 전날, 기사를 써서 회사 내부망에 올려두었다. 한국 시간으로 기사가 발행되기 전, 우리 일행에게는 마지막 남은 일정이 있었다. 나는 "기사를 최종 확인해야 하니 별도로 호텔방에 머물며 노트북을 쓰겠다"고 양해를 구했다. 주변에서는 함께 가자며 아쉬워했지만, 출장에 동행한 분들은 "기사를 확인해야 한대요", "기자에겐 기사가 중요하잖아요"라고 말해주었다. 나는 나이로서는 그분들에게 있어 손녀, 딸 혹은 조카뻘이었지만, 현장을 취재하고 기사를 쓰는 한 사람의 직업인으로서 존중받고 있다는 게 느껴져 행복했다.

기자는 참 특수한 직업이다. 기본적으로 기자는 혼자 취재하러 다닌다. 물리적으로도 상사가 현장에 동행해 입김을 행사하거나 숟가락을 얹을 수 없다. 베트남에서의 여성 포럼 역시 현장을 본 기자가 나 혼자였기에, 어떻게 기사를 쓸지는 온전히 스스로 판단해야 했다. 나 자신은 아무것도 아닐지라도, 내 기사가 내가 속한 매체를 통해 나온다는 특성 때문에 주변인들은 나를 직업인으로서 존중해 주었고, 적극 도와주었다.

출장에서 돌아오던 날, 지면과 인터넷 등에 기사가 실렸다. "누가 기사에 등장했다", "사진이 어떻게 나왔다" 등 모두가 관심을 가지고 기사를 읽었다. 우리가 함께 경험한 역사의 현장을 기록해 남겼기 때문일 것이다.

과연 어느 직업이 이 정도의 친절한 협조와 관심을 받으면서 업무에 전념할 수 있을까? 게다가 어느 직업이 이렇게 젊은 나이에 주도적으로 일하고, 나이나 업무 연차, 직책에 관계없이 프로로서 존중받으며 일할 수 있을까? 내 머릿속에는 '기자'라는 것 외에는 떠오르는 직업이 없다. 나는 이렇게 매력적인 회사원을 아직까지 본 적이 없다.

기자 업무에서도
학연, 지연, 혈연이 중요한가요?

대학 시절, 대외활동을 하며 만난 사람 중에 기자를 꿈꾸던 여동생이 있었다. 그녀는 지방대학을 다니고 있었는데, 충분히 열정도 있고 성실한 학생이었다. 그런데 당시 내게 "기자시험을 치를지는 고민해보겠다"고 말했다. 이유가 뭐냐고 물었더니 "어차피 언론사에선 지방대생은 안 뽑잖아요"라는 대답이 되돌아왔다. 당시 나는 "정말 그런가?"라며 고개를 갸우뚱거렸지만, 기자가 된 이후에 그녀의 편견이야말로 정말 허황됐다는 걸 알게 됐다.

나는 기자로 일할 때마다 '흑묘백묘론(黑猫白猫論)'이란 말이 떠오른다. 검은 고양이든 흰 고양이든 쥐만 잘 잡으면 된다는 뜻으로, 중국 주석을 지낸 덩샤오핑이 '자본주의든 공산주의든 중국 인민을 잘 살게 하면 그게 제일이다'는 뜻으로 사용한 말이다. 기자야말로 흑묘백묘론이 적용되는 직업이다. 서울대나 하버드대를 나와도 취재가 부실하고 기사를 잘 쓰지 못하면 아무 소용이 없고, 지방대를 나왔더라도 취재를 잘하고 기사를 잘 쓰면 한마디로 장땡인 것이다.

이 말이 와 닿지 않으면 천천히 기억을 더듬어 보라. 지금까지 읽은 기사에서 기자의 학벌을 기재한 기사가 있었던가? 그런 기사는 지금까지 존재하지 않았고, 앞으로도 존재하지 않을 것이다. 기사와 기자의 학벌은 아무 관련이 없다. 물론 기막히게 잘 쓴 기사를 읽었는데, 알고 보니 그 기자가 어느 대학 무슨 학위를 받았다더라 하는 일은 있을 수 있다. 하지만 그 경우에도 잘 쓴 기사가 우선이고, 학벌은 부차적인 정보일 뿐이다.

실제로 여러 언론사에는 지방대를 비롯해 저마다 출신 대학이 천차만별인 기자들이 포진해 있다. 매일 기사를 통해 공개적으로 자신의 존재 가치를 증명해야 하는 기자야말로 실력이 중요하며, 학벌이라는 껍데기는 아무 소용이 없다. 어디 가서 졸업장이나 학위 수여증을 펄럭인다고 해서 기삿거리를 제공하는 사람이 있던가? 최고의 대학에서 최고의 학위를 받았다고 하더라도 좋은 기사를 발굴해 오지 못한다면, 기자로서는 존재 가치가 없는 것이다.

그렇다면 사람들은 이렇게 반박할지 모르겠다. 실제로 기자들을 보면 대부분 서울의 명문대 출신인데 그건 왜 그러느냐고 말이다. 명심할 것은 그것은 선후관계일 뿐이지 인과관계는 아니라는 것이다. 좋은 대학을 나온 사람들이 언론사에 많이 지원하고, 그들 중 상당수가 기자가 된 것은 존재하는 현상이다. 좋은 대학에서 다양한 지식을 배우고 내공과 소양을 쌓는다면 기자가 될 확률이 높을지는 모르겠으나, 좋은 대학을 나와야만 기자가 되는 것은 아니다. 학벌콤플렉스에 사로잡혀 도전조차 하지 않는 것은 바보 같은 짓이다. 실력을 키우기보단 평생 학벌 탓만 하며 살겠다는 것이나 다름없다고 생각한다.

이런 질문도 있을 수 있다. 아무래도 기자들은 엘리트들을 많이 만나는 만큼, 좋은 대

학을 나오면 학연을 통해 취재하기가 더 유리하지 않겠느냐고 말이다. 어느 집단에나 학연, 지연, 혈연을 내세워 성공해보려는 사람들이 있다. 기자 중에서도 학연, 지연, 혈연을 앞세워 취재원과 친분을 쌓으려는 사람이 없다고는 할 수 없다. 하지만 대체로 사회생활에서 학연과 지연, 혈연을 내세워 성공하려는 사람들은 특징이 있다. 실력으로는 성공할 자신이 없거나, 업무적인 노력을 기울이기에는 불성실하고 무능하며, 프로 정신이 떨어진다는 점이다.

기자생활을 하다 보면 때론 학연이나 지연, 혈연이 도움이 되는 경우도 없지는 않을 것이다. 애타게 연락처를 찾아 헤매는 유력 인사가 내 일가친척이거나 특정 분야의 전문가가 학교 동문 중에 많이 포진해 있다면, 아무래도 취재가 수월할 것이다.

하지만 혈연이나 지연, 학연을 동원하는 것은 일시적인 편리함은 줄 수 있지만, 취재 실력을 키우는 데는 도움이 되지 않는다. 기자야말로 학연이나 지연, 혈연에 얽매일 필요가 없는 직업이다. 세상은 넓고 사람은 많으며, 기자의 업무 범위는 광대하기 때문이다. 제아무리 학연과 지연, 혈연을 들이댄다 한들, 기자가 업무적으로 상대해야 할 수많은 사람들을 다 커버할 수는 없다. 기자는 철저하게 실력으로 승부할 수 있는, 승부해야만 하는 직업이다. 기자로서 취재 역량을 키우는 것이 가장 중요하다.

지금껏 읽은 기사 중에
기자의 학벌을
기재한 기사가 있었던가?

Q & A

기자도 일단 퇴근하면
마음 편히 쉬나요?

기자들이 흔히 하는 소리로, '일어서면 취재, 앉으면 기사 작성, 누우면 아이디어 구상'이라는 말이 있다. 자나 깨나 어디서든, 기사 쓰는 시간 외에는 모두 기사 발굴을 해야 한다는 의미다. 실제로 기삿거리라는 것은 딱히 정해진 장소나 시간이 없기 때문에 보고 듣고 느끼는 모든 것이 취재 소재가 될 수 있다. 기자는 언제든 마주하는 대상을 취재 대상으로 삼을 수 있어야 한다. 이것은 기자에게 '일'과 '휴식'의 경계가 없게 만드는 요소이기도 하다.

나의 경우, 특히 사회부에서 사건사고를 담당할 때, 일과 휴식의 경계가 가장 희미했다. 퇴근하다가도 소방차가 줄지어 지나가는 것을 보면 무슨 일인가 싶어 소방서에 전화를 걸어 피해 규모를 알아봤으며, 경찰차가 여러 대 지나가는 것을 보면 무슨 사건인지 궁금해 힐끔 쳐다보며 따라가 본 적도 있다. 심지어 길거리에서 상점을 보더라도 새로운 현상이 발견되면 잘 봐두었다가, 추후 기획기사로 소화할 방안이 없는지 고민했다.

당장의 급박한 사건사고가 아니더라도, 기자는 항상 취재해야 할 상황에 대비해야 하는 숙명을 지니고 있다. 인터뷰할 만한 대상을 언제 마주칠지 모르고, 일상에서 마주하는 모든 것이 취재 소재가 될 수 있기 때문이다. 그렇기에 기자들은 늘 취재수첩을 지니고 다닌다. 심지어 취미생활마저 취재 대상이 되기도 한다.

나는 서울의 한 대학교의 국제언어교육원 외국인 객원교수로부터 '서울북 & 컬쳐클럽'이라는 모임에 초대를 받은 적이 있다. 그 교수님은 국내외 작가를 초청한 뒤, 다양한 국적의 독자들을 모아 독서클럽을 열어 질의응답을 갖는 행사를 열고 있었다. 행사는 토요일이었는데, 독서에 관심이 많았던 나였기에 가보았다.

처음에는 단순히 취미 삼아 모임에 참석했지만, 참여하다 보니 참 흥미롭다는 생각이 들었다. 세계 각국의 사람들이 한자리에 모여 문학을 논하는 '다국적 독서클럽'이라니! 이렇게 훌륭한 모임을 나 혼자만 알고 있어서는 안 되겠다는 생각이 들었다. 게다가 서울북 & 컬쳐클럽은 주요 언론 매체에서 한 번도 소개된 적이 없었다. 나는 취재를 결심하고야 말았다.

다음번 모임에서는 취재수첩뿐 아니라 노트북까지 들고 가서 교수님을 인터뷰하고, 독서클럽을 스케치해 기사를 썼다. 기사가 나간 뒤에도 독서클럽에 종종 참석했다. 그곳에는 문학에 관심 있는 여러 외국인들이 많아 그들과 이야기를 나누는 것도 하나의 즐거움이었다. 일부 회원들과는 모임이 끝난 뒤에 저녁을 먹으면서 이런저런 대화를 나누기도 했다. 그러던 중, 나는 한국문학에 대한 영문 블로그를 운영하는 미국 출신의 한 대학교 교수님과 이야기를 하게 되었다. 그날 저녁은 그저 취미생활과 사교모임의 일환으로 진행된 것이었지만, 나는 기자 특유의 질문하는 습관을 버리지 못하고 그의 삶에 대해 꼬치꼬치 캐묻고야 말았다.

그분은 미국에서 한국인 친구와 맺은 인연을 계기로 한국문학을 접하게 되었고, 한국문학에 매력을 느껴 블로그를 운영하게 됐으며, 결국 한국에까지 오게 된 독특한 이력을 지니고 있었다. 나는 그로부터 들은 이야기를 바탕으로 기획회의 때 아이디어를 냈다. 결국 그 외국인 교수님의 이야기 역시 우리 회사 신문의 토요판에 커다랗게 실리게 되었다.

애당초 나는 취재를 위해 모임에 갔던 것이 아니었다. 단지 취미생활을 위함이었고, 아무런 목적 없이 저녁 자리를 함께한 것뿐이었다. 하지만 기자에게 일과 휴식의 경계가 있던가? 나는 본능적으로 휴식 중에도 기삿거리가 될 만한 소재를 발견하면 취재를 하기 시작했고, 기사를 쓰고 싶어 하는 습성이 있었다. 어느 누구도 쉬는 날에도 일을 하고 취미생활에서도 어떻게든 기삿거리를 발굴하라고 주문하지 않았는데도 말이다.

퇴근 후에도 언제든 일이 시작될 수 있는 것. 그것은 장점일까, 단점일까? 나는 장점이라고 생각한다. 어떤 업무는 일과 휴식의 경계가 명확해서, 내가 즐기고 향유하는 모든 것이 업무에는 아무짝에도 도움이 되지 않는다. 하지만 기자는 보고 듣고 느끼는 모든 것이 업무와 연결된다. 어딜 가서 무엇을 하고 누굴 만나는 것이, 업무의 발전과 성장에 도움이 될 수 있다니! 일에만 푹 빠져 지내지 않더라도, 일을 벗어나 겪게 되는 다양한 경험까지도 업무에 얼마든지 보탬이 될 수 있다. 기자는 퇴근해도 마음 편히 쉬지 못하지만, 그것이 결코 괴롭다고 말할 수는 없을 것이다.

Q&A

경력이 적어도 쓰고 싶은 기사를 쓸 수 있나요?

꿈이 기자라고 말하면 주변에는 이런 말을 하는 사람들이 꼭 있었다.

"자기가 진짜 쓰고 싶은 글을 쓰려면 15년에서 20년은 지나야 한대!"

나는 언론사에 입사하기 전까지만 해도 이 말이 사실인 줄 알았다. 갓 입사한 신입기자 혹은 연차가 얼마 되지 않은 기자들은 원하는 기사를 쓰지 못하고, 결정권을 가진 간부들만 재량껏 글을 쓸 수 있는 줄만 알았던 것이다. 언론사를 모르는 사람들이 말하는 것 중 이만한 허풍이 없는 것 같다. 그렇다면 내가 기자생활 4년간 쓴 수백 개의 기사는 모두 타인의 의지대로 썼단 말인가? 기자들은 모두 로봇 혹은 꼭두각시처럼 사는 존재란 말인가?

아마 '15~20년은 지나야 자기 글을 쓴다'는 풍문은 이렇게 와전된 듯하다. 기자세계에서는 직급의 구조가 여느 직장과는 다르게 단순해서 15~20년이 지나면 차장, 부장이 되곤 한다. 자신의 이름을 딴 칼럼을 쓰는 사람들은 대부분 이 같은 차장, 부장급이다. 즉, 15~20년의 경력을 쌓으면 그제서야 자기 코너를 갖게 되는 것이다. 내가 경험한 바로는 언론사에서는 1년 차 기자도 자기가 쓰고 싶은 기사를 쓸 수 있다. 꼭 자신의 이름을 딴 고정 코너나 칼럼란을 가져야만 원하는 기사를 쓰는 건 아니지 않는가.

기사를 쓰는 과정을 설명하자면, 대부분의 기사는 '발제(어떤 기사를 쓰겠다고 보고하는 것)' 단계를 거친다. 그날 급박하게 발생하는 이슈가 아니라면, 일반적으로 팀 내의 기획회의를 거쳐 발제 단계로 진행되는 경우가 많다. 때에 따라 선배 기자가 발제 아이디어를 던져주기도 하지만, 대부분의 기사 아이디어는 담당 기자가 낸다. 발제를 하면 간부들이 편집회의를 통해 기사화를 할지 말지, 즉 '채택'의 과정을 거치는데, 기자가 참신하고 번뜩이는 아이디어를 바탕으로 발제를 했다면 얼마든지 쓰고 싶은 기사를 쓸 수 있다. 정말 쓸 수밖에 없는 좋은 기삿거리를 취재해 왔는데 왜 기사화되지 않겠는가?

기자의 업무에 있어서 연차나 나이는 중요하지 않다. 어떤 기자이건 참신한 소재를 바탕으로 탄탄한 기획기사 거리를 구상해 왔다면, 충분히 기사화될 수 있다. 물론, 이것은 '자기가 쓰고 싶은 글'이 아니라, '독자가 알아야 할 뉴스'를 가져왔을 때 하는 이야기다. 언론은 소비자인 독자를 위한 것이지 공급자인 기자를 위한 도구가 아니다. 어떤 소재가 독자가 알아야 할 뉴스인지에 대한 판단은 주관적인 행위이지만, 일반적으로 언론사에서는 많은 독자들이 공감할 만한 좋은 뉴스를 기삿거리로 채택할 정도의 안목은 지니고 있다고 본다.

나는 기자야말로 젊은 나이에 눈에 보이는 자아 성취가 가능하고 스스로 열심히 하면 연차에 관계없이 열정에 비례하여 성과를 내고 보람을 느낄 수 있는 직업이라 생각한다. 게다가 기자는 본인의 바이라인('○○○ 기자'라는 표기)을 달고 기사를 쓰기 때

문에, 업무 특성상 개인의 성취를 상사나 선배 등 타인이 가로챌 수 없는 구조라는 특징을 가진다.

나 역시 새내기 기자 시절에 꼭 쓰고 싶었던 기사를, 원하는 만큼 쓴 적이 있다.

2012년 5월, 선진국의 이민정책 취재를 위해 프랑스, 벨기에, 독일, 네덜란드에 6박 8일 일정으로 출장을 다녀왔을 때였다. 출장을 떠날 때만 해도 1~2회 기획시리즈를 쓸 것으로 예상했다. 하지만 막상 유럽에 도착해서 정책 담당자와 학자들을 만나 인터뷰를 하게 되자, 이민정책에서 다뤄야 할 내용이 굉장히 많고 다양하며, 이 이슈가 매우 중요하다는 확신을 갖게 되었다.

당시 우리 회사에서는 다문화와 관련된 시리즈 기사를 연재하고 있었는데, 출장에서 돌아온 뒤 부서에서 "출장 내용을 토대로 1회 정도 기사를 쓰겠느냐"라고 물어왔다. 나는 의욕을 갖고 "5회 시리즈도 쓸 수 있다. 다룰 내용이 정말 많은데, 직접 콘티를 짜서 보내보겠다"고 답했다. 콘티를 짜본 경험조차 없었지만, 상사의 피드백을 받으며 내용을 다듬어 5회 시리즈 안을 완성했다.

기사를 쓰는 과정이 순탄치는 않았다. 하지만 그것은 순전히 내 미숙함 때문이었다. 유럽 출장은 내가 기자생활을 하면서 갔던 첫 출장이었다. 처음이라는 긴장과 불안으로 나는 초짜 기자로서 발휘할 수 있는 온갖 엉성함을 드러내고야 말았다. 찍어온 사진은 엉망이었고, 현장 취재도 부실하게 된 상태였다. 지금 돌아보면 내게 있었던 건 기사를 쓰겠다는 열의뿐이었던 것 같다.

당시 나는 5회 시리즈 기사를 완성하기 위해 거의 한 달을 주말까지 할애해 자료를 찾고 현지에 이메일을 보내며 취재 내용을 보충했다. 그때까지 큰 기사를 써본 경험이 없었던 터라 밤늦게까지 기사를 고치고 또 고쳤는데, 머리에 김이 날 지경이었다. 내게 기사를 쓸 지면이 주어졌는데, 어떻게든 좋은 기사를 써내야만 한다는 생각이 머릿속에 가득했다.

거의 한 달을 기사에 매달린 끝에, 5회 시리즈 기사를 완성했다. 시리즈를 마치고 얼마 뒤, 이민정책을 다루는 공무원과 연구자들로부터 기사를 잘 봤다는 진심 어린 이메일을 받았다. 한번은 정부부처에 공무원을 만나러 갔는데, 그의 사무실에 내가 쓴 시리즈 기사의 일부가 형광펜으로 밑줄이 그어진 채 붙어있는 것을 보고 가슴 깊이 보람을 느끼기도 했다.

연차가 낮은 기자도 쓰고 싶은 기사를 쓸 수 있냐고? 단연코 나의 대답은 '예스'다.

기자는 자신이 아닌 독자가 알아야 할 뉴스를 써야 한다.

99%의 단점을 압도하는
1%의 치명적인 장점

　　　　　오랫동안 기자가 되고 싶다는 꿈을 꾸다가, 막상 기자가 되고 난 뒤에 크게 실망하고 일을 관두는 사람들을 종종 봤다. 이들 중 일부는 "내가 생각했던 기자와 실제는 다르더라"는 말을 하곤 한다. 이런 발언은 주변인들에 의해 "이상과 현실이 달라"와 같은, 마치 대한민국에서 기자로 살면 참된 기자의 꿈을 펼치기 어렵다는 식으로 오독(誤讀)되기도 한다.

　기자라는 직업 자체가 잘못된 것이 아니다. 이들이 직업을 선택함에 있어 탐색을 소홀히 한 탓이 아닌가 한다. 단점이 없는 사람이 없듯, 단점이 없는 직업도 없다. 엄밀히 말하면 원하는 대로만 진행되는 삶이란 동화 속에나 존재할 뿐이다.

　나는 직업을 택하는 것은 배우자를 택하는 것과 비슷하다고 생각한다. 우리는 배우자와 한집에 살면서 인생의 상당 시간을 함께 보낸다. 직업도 마찬가지다. 인생에서 내가 깨어있는 시간 중 가장 긴 시간을 할애할 가능성이 높은 대상이 직업이다. 배우자가 너무 완벽하고 흠잡을 데 없이 잘나서 결혼을 하는 것이 아닌 것처럼 직업도 단점이 없어서 택하는 게 아니다.

　우리는 배우자가 많은 결함을 지니고 있다는 걸 알지만, 그럼에도 불구하고 상대방의 매력에 홀딱 반했기 때문에 결혼을 결심한다. 설령 그 매력이 상대방의 극히 일부일 뿐이라도 말이다. 직업 역시 수많은 단점이 있다는 것을 알고 있지만, 그런 것쯤이야 참아줄 수 있을 만큼 장점에 매료되었기 때문에 선택한다. 단점을 견뎌야 하는 시간이 장점을 즐길 시간보다 길더라도 말이다.

상대방에 대한 충분한 이해 없이 겉모습만 보고 성급히 결혼을 선택한 사람들이 내뱉는 말은 별다른 이해 없이 기자가 됐다가 관둬버리는 사람이 하는 말과 비슷하다. "내가 생각했던 결혼과 실제는 다르더라"라고 말이다. 이들은 "결혼은 현실이다!"라는 말을 설파하며 친구들에게 "결혼은 최대한 늦게 해야 한다"고 말한다거나 "웬만하면 결혼하지 말고 혼자 살라"는 등 훈수를 두기도 한다. 그리고는 집에 최대한 늦게 가기 위해 거리를 떠돌거나 일부러 약속을 만든다.

나의 지인 중에는 '결혼해서 행복한 남자'가 있다. 그는 자신의 종교가 '아내교(敎)'라고 말하며, 틈만 나면 아내 칭찬을 한다. 약속이 있더라도 아내와 보내는 시간을 가장 중요시하며, 매일 퇴근할 때면 아내를 만난다는 기대에 차 있다. 그에게 "왜 결혼을 결심했냐"고 물었더니, "결혼 전 여자친구와 대화를 나눌 때마다 이 사람과 함께라면 나이가 70, 80세가 되어도 우리가 어떤 모습일지 머릿속에 그려지더라"고 말했다. 막연한 환상이 있던 게 아니라, 이렇게 잘 맞는 사람이면 평생을 함께할 수 있겠다는 확신이 있었던 것이다.

이렇듯 배우자건 직업이건 최대한 많은 것을 알고, 선택에 신중해야 한다. 장단점을 분명히 알고, 단점을 껴안을 수 있을 만큼 애정과 확신이 있어야 한다는 것이다. 그만큼 인생에서 많은 부분을 차지하고, 삶과 직결되어 있기 때문이다.

나는 기자라는 직업을 사랑하지만, 이 직업에 단점도 많다는 것을 알고 있다. 기자들끼리의 식사 자리에 가면 빠뜨리지 않고 등장하는 주제가 있는데, 바로 '신세 한탄'이다. 지금까지 수많은 종류의 사람을 만나봤지만 기자만큼 다양하고 깊이 있는 신세 한탄을 할 수 있는 직종을 보지 못했다. 기자라는 직업이 감내해야 할 고난과 고뇌가 그만큼 크기 때문이다.

기자는 '저녁이 있는 삶'은커녕, '휴일이 있는 삶'도 살지 못한다. 매번 무슨 일이 터질지 모르기 때문에 '계획이 있는 삶', '마음이 편한 삶'도 살지 못한다. 더군다나 매 순간은 가시밭길의 연속이다. 특종보다 낙종하는 순간이 많으며(나와 경쟁하는 기자들은 수많은 매체에 수없이 많다), 이런 좌절의 순간을 매일 아침 신문을 펼칠 때마다 겪어야 한다. 그렇다고 기자에게 우호적인 사람이 많은 것도 아니다. 경험상 기자에게 무조건적인 열광을 보이는 사람들은 초등학생뿐이었던 것 같다(꼬마들은 우르르 몰려든 뒤 "진짜 기자 맞아요?"라며 눈을 반짝인다).

이것은 매일 수많은 화살을 맞고 피를 흘린다는 것을 알면서도 전쟁터에 나가서 자신도 한 방의 화살이라도 쏘려는 병사의 삶과도 같다. 기자라는 직업에 대해 막연한 환상을 가진 사람들은 고상하게 글을 쓰고, 당차게 마이크를 들이대며, 멋지게 취재수첩에 글을 휘갈기는 모습을 상상할지 모른다. 하지만 현실은 '정글'이다. 때로는 맨발로 가시밭길을 밟으며 피를 흘려야 하고, 물속에 뛰어들어 악어도 만나야 한다. 언제 동물이 뛰어들지 모르기 때문에 늘 가슴을 졸여야 하고, 내가 따먹는 버섯이 독버섯인지 식용인지 구분하기 위해 머리를 싸매고 고민해야 한다. 그럼에도 불구하고 정글생활이 재밌기 때문에 정글에 머무는 것이다.

어쩌면 기자라는 직업은 99%의 단점과 1%의 치명적인 매력으로 구성되어 있는지도 모른다는 생각을 한다. 오랜 근무 시간, 여유를 부릴 수 없는 근무 강도, 매일 탄생의 기쁨과 죽음의 비극을 맞이해야 하는 스트레스……. '그럼에도 불구하고' 수많은 이들이 기자생활을 하는 것은 기자로서 느낄 수 있는 1%의 매력이 너무도 아찔하고 치명적이며 대체 불가능하기 때문일 것이다.

내가 아는 어떤 부모는 집에서 허구한 날 소리를 빽빽 지르는 어린 딸을 사랑스럽게 바라보면서 "우리 딸은 소프라노 자질이 있다"고 말한다. 아무 데나 똥을 싸더라도 "어머, 우리 딸 '망고 쨈(똥을 사랑스럽게 부른 것)' 쌌네!"라며 기뻐하고, 집 안을 어질러 난장판을 만들어도 "창의력이 뛰어나다"며 칭찬한다.

기자라는 직업을 택하려면 1%의 치명적인 매력에 대해 이 정도의 확신은 있어야 한다고 생각한다. 근로 시간이 길더라도 "재미를 느낄 수 있는 시간이 이렇게 기네!"라고 감탄하고, 공부해야 할 게 많더라도 "일을 통해 공부도 하게 되네!"라며 만족하는 것이다. 때론 욕을 먹거나 힘든 일을 만나더라도 "인생에 대한 철학적인 성찰을 제공하네!"라고 감동하며, 하루하루가 긴장의 연속이더라도 "민첩성과 기동력을 기를 수 있네!"라고 생각하는 것이다.

어쩌면 기자들은 1%의 매력에 콩깍지가 씌어 살아가는 사람들인지도 모르겠다. 그러니 허구한 날 신세 한탄을 하면서도 다음 날 아무렇지도 않게 일터로 향하는 것이 아닐까.

Q&A

정말 기사로 세상을
바꿀 수 있나요?

가끔 기자가 되고 싶다는 사람 중에 '사회정의를 실현하고 싶어서', '세상을 바꾸고 싶어서'라는, 마치 대통령 출마자와 같은 거대한 목표를 이유로 드는 경우를 보곤 한다. 기자가 사회정의를 실현하고 세상을 바꿀 수 있느냐? 경우에 따라 그럴 수도 있다고 생각한다. 하지만 나는 세상이 변하는 것은 기자 업무의 '결과'일 수는 있어도 '목적'이 될 수는 없으며, 되어서도 안 된다고 생각한다. 기자가 무책임하거나 비양심적이어서가 아니라 세상이 그렇게 단순하지 않기 때문이다. 세상을 살다 보면 과연 무엇이 '사회정의'인지 불명확할 때가 많다. 내가 판단하는 건 사회정의이고, 다른 사람이 판단하는 건 '사회불의'란 말인가?

사실 취재를 하다 보면 사람들은 자신이 원하는 것은 정의, 자신에게 해가 되는 것을 불의라고 생각하는 경우가 많다. '내가 하면 로맨스, 남이 하면 불륜'이라고 했던가. 세상은 어쩌면 선과 악의 대결이 아니라, 스스로 정의롭고 옳다고 생각하는 사람들 간에 벌어지는 투쟁의 연속인지도 모른다. 게다가 기자가 신도 아닐진대, 어떻게 복잡다단한 세상을 재단해 자신만의 정의를 실현하려 애를 쓴단 말인가?

엄밀히 말해 기자의 본 업무는 취재를 해서 뉴스를 보도하는 일이다. 나는 정확한 보도야말로 기자의 의무이며, 최선의 가치이자 우선순위가 되어야 한다고 믿는다. 세상을 바꾸고 이념을 실현하는 것은 정치인이나 사회활동가의 존재 이유는 될 수 있지만, 기자는 아니다. 독자들은 기자의 이상(理想)이나 이념을 받아들이려 기사를 읽는 것이 아니라, 세상에 무슨 일이 벌어지고 있는지를 알고 싶어서 뉴스를 소비한다.

사회 변화나 정의 실현이 목적이 되는 순간, 기자는 거짓된 기사를 양산할 수 있다. 기자가 특정한 목적을 갖거나 누군가의 편을 들게 되면 사실을 올바로 직시하지 못하기 때문이다. 사실을 보는 눈이 시력을 잃는 순간, 기자는 기자가 아니게 되는 것이다.

나 역시 기자생활 초반에 누군가에게 심정적으로 깊이 동조했다가 커다란 오인을 한 적이 있다. 바로 범죄 피해자 가족의 사연을 들었을 때였다. 그분은 너무나도 안타까운 처지에 놓여 있었고, 사회안전망으로부터 충분한 보호를 받지 못하고 있었다. 특히 정부의 무능하고 안일한 대처에 공분하고 있었는데, 너무나 확신에 찬 목소리로 내게 그 사례를 말해주었다. 나는 이야기를 듣는 순간, '나약하고 선량한 사회적 약자'와 '무책임하고 거짓말을 일삼는 권력자들과 정부'라는 이분법적인 구도에 빠지고야 말았다. 당시의 나는 젊고 정의감에 가득 차 있었지만, 냉철함과 예리함은 부족한 초짜 기자였다. 내가 들은 모든 증언이 사실인 줄로만 알았던 나는 그분을 깊이 위로해 드리는 한편, 분개하며 가슴을 쳤다.

하지만 정부기관에 내용을 문의한 뒤 증거자료를 확인하는 순간, 그분이 말한 것 중 일부는 사실이 아니라는 것을 알게 됐다. 정부는 무조건 "지원이 안 된다"고 거절한 게 아니라, "어떤 절차로 안내를 받으라"고 답변을 주었는데, 그분이 이를 이행하지 않은 데다 기억을 정확히 떠올리지 못한 것이었다. 나는 그 사실을 알게 되면서 충격을 받았다. 나도 모르게 '약자는 선이고 진실을 말한다'는 편견에 빠져서 사실관계를 정확히 파악하지 못한 것이었다.

그 이후 나는 기자란 정확한 보도를 위해서는 누군가의 편을 들게 아니라 사실이 무엇인지를 추적하고 진실을 탐구해야 하며, 뜨거운 가슴 못지않게 냉철한 머리가 중요하다는 것을 알게 되었다. 그렇기에 〈워싱턴 포스트(The Washington Post)〉지에서 '닉슨 게이트' 특종을 보도했던 밥 우드워드(Bob Woodward)와 칼 번스타인(Carl Bernstein)이 언젠가 인터뷰에서 자신들의 상사에 대해 "그의 정치관은 오로지 진실이었다"고 말한 것에 크게 감동했다. 기자에게 필요한 것은 정치관이나 이념이 아니라, 그것이 진실이라면 내 정치관이나 이상과 어긋나고 다소 불편하더라도 보도할 수 있는 용기일지 모른다.

물론 기사로 인해 정책이 변하고, 사람이 변하고, 사회현상이 변할 수도 있다. 한번은 성폭행 가해자 가족으로부터 지독하게 괴롭힘을 당하는 피해자 가족의 이야기를 취재해 보도한 적이 있었는데, 기사가 나온 이후 피해자 가족으로부터 연락이 왔다. 이전에는 담당 검사를 만나기 쉽지 않았는데, 기사가 나온 직후 검사로부터 전화가 왔고, 무려 1시간이나 시간을 할애해 이야기를 들어주었다는 것이다. 이후 피해자 가족을 괴롭힌 사람들은 기소되어 법에 따라 처벌을 받게 되었다. 기사를 쓰다 보면 이 같은 경험은 숱하게 하게 된다.

기사가 세상을 바꿀 수는 있지만, 세상은 기자를 비롯해 다양한 사회 구성원들로 인해 변한다. 그리고 기자라면, 사실 보도를 우선시할 수 있는 직업 정신이 먼저여야 한다.

기자로서 느낄 수 있는
보람에는 어떤 게 있나요?

꼭 집어 말할 수 없을 만큼 기자로 일하며 느끼는 보람은 '골라먹는 아이스크림'처럼 다양하지만, 사람들이 저마다 생각하는 바는 천편일률적인 것 같다. 마치 학생들은 수업이 일찍 끝나도 기분이 좋고, 맛있는 반찬이 급식으로 나와도 기분이 좋고, 엄마가 용돈을 많이 줘도 기분이 좋은데, 사람들은 꼭 시험에서 100점을 받아야 기분이 좋을 거라 생각하는 것처럼 말이다.

많은 사람들은 기자들이 거창한 특종을 통해 사회에 커다란 파장을 일으켜야 보람을 느낄 거라고 생각한다. 하지만 기자가 그런 것에서만 보람을 느낀다면 매일매일은 보람 없는 삶의 연속일 것이다. 세상의 수많은 직업에 대해 특별한 부분만 부각이 되곤 하지만, 사실 모든 직업인들이 살고 있는 대부분의 삶은 그보다 평범하고 밋밋하다고 볼 수 있다.

기자는 특종이나 단독기사를 보도하기도 하지만, 매일 독자들이 알아야 할 뉴스도 전달한다. 정책을 소개하는 기사를 쓰기도 하고, 사회현상을 보여주는 트렌드 기사를 쓰기도 하며, 인물에 대한 인터뷰 기사를 쓰기도 한다. 보통의 기자라면 이런 기사를

'단독'이나 '특종'보다 더 많이 쓰며 산다. 그리고 그 기사의 종류만큼이나 기자가 느끼는 보람도 다양하다.

내가 수습기자를 갓 마칠 무렵, 처음으로 배치받은 부서는 보건복지정책을 다루는 곳이었다. 보육정책을 비롯해 연금정책, 건강보험정책, 빈곤정책 등 사람들의 삶과 밀접하게 연관된 이슈들이 하루가 멀다 하고 쏟아져 나왔다. 정책의 허점이나 모순을 파고드는 것도 중요하지만, 정부가 발표하는 정책을 알기 쉽게 전달하는 것도 기자의 중요한 역할 중 하나이다. 수혜대상자들이 알지 못하는 정책은 존재 가치가 없듯이, 독자들이 이해하지 못하는 기사도 의미가 없기 때문이다. 그렇기에 나는 기사를 이해하기 쉽게 쓰는 훈련을 부단히도 받았다.

정책을 담당하는 기자들은 복잡하고 어려운 정책 내용을 독자들이 한번에 파악할 수 있도록 일목요연하게 기사로 전달할 때 기쁨을 느낀다. 또한 사회에서 발생한 현상을 보도하는 기자들은 누구보다도 더 생생하고 깊이 있게 기사를 썼을 때 보람을 느끼기도 한다. 독자들이 일일이 현장을 가볼 수 없는 만큼, 자신의 기사를 통해 사회를 들여다보기 때문이다.

한 선배 기자는 내게 "내가 오늘 쓴 기사가, 독자 중 5명에게라도 감동을 주었다면 그것만으로도 충분히 보람이 있다"고 말한 적이 있다. 그 선배 기자는 '부부싸움 잘하는 법'에 대해 전문가의 조언을 얻어 기사를 쓴 적이 있다. 요지는 "당신은 매일 늦어"라고 비난하듯이 말하지 말고, "나는 당신이 일찍 들어왔으면 좋겠어"라고 요청하듯이 말하라는 것이었다. 그 기사를 읽은 몇 명의 독자들이 선배 기자에게 이메일을 보냈다고 한다. 한 독자는 "그동안 아내를 도무지 이해할 수 없어서 이혼을 하려고 생각했는데, 기사를 읽다 보니 생각을 달리하게 됐다. 오늘 집에 갈 때 와인을 한 병 사 들고 가서 아내와 대화를 나눠봐야겠다"며 감사를 표했다. 그 이메일이 선배 기자에게 감동과 보람을 선사했음은 물론이다.

기자들은 특히 자신의 기사를 기억해 주는 사람을 만났을 때, 자신의 기사에 반응을 보여주는 사람들이 있을 때 보람을 느낀다. 그만큼 인상 깊은 기사를 썼다는 뜻이다. 새로운 사람을 만났을 때, 명함을 건네자마자 "지난번에 쓴 기사 잘 읽었습니다", "기사 잘 보고 있습니다"라는 말을 들을 때 느끼는 기쁨은 말로 형언할 수 없다. 한동안 연락이 뜸했던 사람들이 기사를 읽고서 "기사 잘 봤다"며 연락을 해올 때도 굉장히 반갑다.

어쩌면 기자는 자신이 사회 속에서 존재하고, 사회 구성원들과 기사를 통해 끊임없이 소통하고 있다는 데서 보람을 느끼는지도 모른다. 누구나 자신이 이 세상에 태어나 존재할 만한 이유가 있다는 것을 입증하고 확인하고 싶은 욕구를 가지고 있다.

기자를 감동시키는 한마디,
"지난번 기사 잘 읽었습니다."

기삿거리가 없거나 자신의 기사가
실리지 않을 때 실망감이 들진 않나요?

기사는 기자에게 있어서 '자식'과도 같은 유일무이한 특별한 존재다. 일반적으로 언론사에서만 일하는 기자들은 취재하고 기사 쓰는 일이 주 업무이다. 기자들은 대체로 보고서를 쓸 필요도, 발표자료를 만들 필요도 없다. 오로지 취재를 잘하고 좋은 기사를 쓰면 된다. 그렇기 때문에 설령 자료를 만들어야 하더라도 한글파일에 글자만 투박하게 기입하고, 그 외 양식에 맞춘 현란한 문서작성은 할 줄도 모르고 할 일도 없다.

기자라는 직업의 독특한 점은, 1년 차 기자건 20년 차 기자건 하는 일이 대개 비슷하다는 것이다. 간부 직책을 맡아 관리자 업무를 하지 않는 이상, 취재기자가 하는 일은 모두 취재를 하고 기사를 쓰는 일이다. 그렇기에 기사야말로 기자가 업무에서 성과를 내는 유일한 방편이고, 자신의 존재 가치를 증명하고 자아를 실현할 수 있는 통로라고 할 수 있다.

그러니 결론부터 말하자면 기삿거리를 가져오지 못하거나 자신의 기사가 실리지 않을 때는 당연히 낙심을 하게 된다. 기삿거리를 가져오지 못하는데, 아무렇지도 않다거나 자신의 기사가 실리지 않는 데도 희희낙락하는 기자가 있다면 이상한 기자가 분명하다. 기자라면 누구나 기삿거리를 발굴하지 못할 때 압박감을 느끼고, 열심히 쓴 기사가 실리지 않을 때 실망한다(물론, 모든 게 귀찮아서 기사를 쓰지 않기를 바라는 기자도 있겠지만, 그 정도로 취재와 기사 작성에 흥미를 느끼지 못한다면 기자라는 직업과 작별을 고해야 할 때가 온 게 아닐까).

모든 기자가 매일 기사를 쓰는 것은 아니다. 하루에 두세 건의 기사를 쓰는 날도 있고, 때에 따라 한 건도 쓰지 않는 날도 있다. 하지만 기자라면 특별한 취재 일정이 없는 이상, 저마다 오늘은 무슨 기사를 쓰겠다고 회사에 보고하는 '발제'를 해야 한다. 하지만, 특히 대형 언론사의 경우 기자들이 수백 명에 이르므로, 한정된 지면에 모든 발제를 기사로 실어줄 순 없다. 그렇기에 편집회의를 거쳐서 그중 비교적 중요하다고 판단되는 기사들을 싣는다.

기자는 매일 발제와 기사 작성을 통해 자신의 존재 가치를 증명해야 한다. 그렇기에 기자들은 발제거리를 찾기 위해 끊임없이 사람을 만나고 취재를 하며 돌아다닌다. 내가 가만히 있어도 큰 이슈가 빵빵 터져서 그 외의 취재를 하기가 어렵고 다른 기사를 싣기조차 어려운 상황이 아닌 이상, 기자들은 어떻게든 발제거리를 찾아야만 한다. 나의 경우에도 발제거리가 없어 밤늦도록 인터넷 자료를 뒤진 적이 있다. 심지어 쉬는 날 취재를 한 적도 있다.

매일 기사를 '발굴'한다는 게 고역으로 느껴질 수 있지만, 한편으로는 그게 기자의 존재 이유이기도 하다. 기자들에게는 각종 기관에서 홍보를 위해 배포하는 '보도자료'가 배포되는데, 자신만의 기사를 발굴하지 않고 보도자료만 받아쓰면, 그야말로 무능하고 게으른 기자로 직행하는 길이다. 게다가 그저 남이 주는 자료를 넙죽 받아쓰면서

단순히 정리하기 위해 기자가 된 사람은 없다. 누구나 할 수 있는 '자료 정리 기사' 외에, 나만의 기사를 찾아 헤매는 것이 기자 본연의 일이다.

나는 그동안 어느 분야를 담당했던 간에 내가 취재해온 내용이 가장 중요하다고 생각하는 경향이 있었다. 보건복지를 취재할 때는 보건복지가 가장 중요하다고 생각했고, 사건사고를 취재할 때는 그것이 가장 중요하다고 생각했다. 또한 산업을 취재할 때는 산업만큼 중요해 보이는 게 없었다. 기자는 자신이 취재하는 소재에 대해 그만큼 열정과 애정을 갖게 된다는 것이다.

하지만 언론사만큼 냉정해야 하는 조직이 또 없다. 단순히 기자가 사안을 열심히 취재했고 중요시하고 있다고 해서 격려해 주기 위해 기사를 실어준다면, 그 신문은 엉망진창이 될지도 모른다. 기자가 땅을 파서 취재를 했건 바다를 건너서 취재를 했건 간에, 신문은 내일 당장 독자들이 알아야 할 이슈를 우선해서 만들어야 한다. 그러다 보니 아무리 취재에 공을 들여 작성한 기사라도 신문에 실리지 못하는 경우가 생긴다. 나도 기자생활 초반에는 내 기사가 실리지 않을 때면, 낙담을 하고 쓰디쓴 상실감을 삼키곤 했다. 노력과 실망의 깊이가 비슷했던 것 같다.

그러나 종종 낙심하고 슬퍼하더라도, 기자라는 직업은 참 매력적이다. 기사를 쓰고 안 쓰고를 떠나서, 기삿거리를 찾는 과정 자체가 자신을 성장시키기 때문이다. 기자가 기삿거리를 찾기 위해서는 다양한 사람을 만나고 수많은 지식을 습득하고 여러 현장을 누벼야 한다. 그 자체만으로도 인생 공부를 하고 내공을 쌓을 수 있으며, 세상을 보는 눈을 넓힐 수 있다.

매일 발제를 해야 하는 숙명도, 달리 생각하면 짐이 아니라 '기회'에 가깝다. 발제의 기회가 수능처럼 1년에 한 번씩만 주어진다면, 기자는 한 번 기사 쓸 기회를 놓친 뒤에는 1년을 기다려야 재기를 노릴 수 있다. 하지만 기자는 매일 발제를 할 수 있다(좀 더 정확히는 '해야 한다'이지만, '할 수 있다'는 표현도 사실이다). 오늘 괜찮은 기삿거리를 발굴하지 못해 기사를 쓰지 못했다고 하더라도, 내일 발굴해 오면 된다. 즉, 기자라는 직업은 매일 새로운 해가 뜨는 직업이다. 오늘 잘해도 내일 잘해야 하는 직업이지만, 오늘 못해도 내일 잘하면 되는 직업이기도 하다. 때때로 낙심하면서도 매일 새로운 기대에 들뜰 수밖에 없는 이유다.

하늘 아래 더 이상의 기사가 없더라도
기자의 숙명은 기사를 발굴하는 것이다.

근로자인 듯 근로자 아닌
근로자 같은 기자

"지금 어디서 뭐 하세요?" 사회부 사건팀 기자 시절, 취재원 (특히 경찰관)으로부터 이런 질문을 밤이고 낮이고 숱하게 들었다. 주말에나 공휴일에도 마찬가지였다. 취재원들은 모바일메신저, 문자, 그리고 전화로 이런 질문을 시도 때도 없이 하곤 했다. 아침에 출근해 저녁에 퇴근하는 일반 근로자의 입장에서는 "남이 어디서 뭘 하든 무슨 상관이냐"고 되물을지 모르겠다. 하지만 잠자는 시간 외에 대부분의 시간을 더듬이를 곤두세운 채 이곳저곳을 돌아다니는 사건팀 기자에게 이런 질문은 지극히 정상적이며, 반갑기까지 하다. 취재원도 이런 사건팀 기자의 삶을 알기에, 아무리 휴일이고 늦은 시간이라고 하더라도 집에 있을 거라 생각하지 않고 "어디서 뭐 하냐"며 물어보는 것이다.

사건팀 기자에게 위와 같은 질문을 하는 취재원의 의도는 대체로 거기서 거기다. 바쁘지 않으면 얼굴이나 보자는 것, 혹은 당장 어느 현장에 무슨 일이 벌어졌으니 가보라고 알려주는 것이다. 실제로 나는 이런 연락을 받고 야간 당직을 서는 경찰관을 찾아가 커피 한 잔하면서 얘기를 나누거나 경찰관이 있는 사건사고 혹은 집회나 시위 현장으로 가 얼굴을 보곤 했다. 가끔은 그들이 제보한 현장에 실제로 가서 기삿거리가 될 만한지 살펴보기도 했다.

내가 저녁 6시에 '칼퇴근'하는 보통의 직장인이었다면, 이런 연락이 경우에 따라 귀찮고 성가시게 느껴졌을지도 모르겠다. 하지만 사건팀 기자는 어차피 6시는 커녕 7시에도 퇴근하지 못한다. 기사를 쓰거나 회의를 하고, 주어진 취재를 하는 게 아니라면 소위 '마와리(언론계 은어로 '돈다'는 의미)'라는 것을 통해 기삿거리를 찾아와야 한다. 소설가야 책상머리에 앉아서도 글을 쓸 수 있지만, 기자는 취재하지 않고서는 뉴스를 발굴할 수 없다. 그렇지 않아도 누군가를 만나야 하는데, 마침 만나자는 사람이 있으면 반가울 수밖에 없다.

　어느 시(詩)에 보면 '살라, 내일이 마지막 날인 것처럼'이라는 문구가 나오는데, 사건팀 기자 시절에야말로 '취재하라, 매일 일만 하는 것처럼' 살았던 것 같다. 사정이 이렇다 보니, 취재원들 중 일부는 기자가 정말 쉬는 날이 없는 줄로 알기도 한다. 하루도 쉬지 않는 것은 아니다. 일정하지는 않지만 토요일에 쉬기도 하고, 일요일에 쉬기도 하고, 근무 조를 짜기에 따라서는 연속 토·일을 쉬기도 한다. 물론 휴일에 쉴 때도 있다.

　한번은 토요일에 쉬고 있던 중 모 경찰 간부로부터 전화가 왔다. 그는 내게 기사를 잘 봤다는 인사를 전하려고 전화를 한 것이었는데, 아니나 다를까 첫마디는

"어디에요?"였다. 순간 나는 솔직하게 "제가 쉬는 날이라서 지금 집에 있다"고 말해버리고야 말았다. 그러자 그 경찰 간부는 농담 반 진담 반으로 "그런 게 어딨냐"며 타박을 하기 시작했다. "우리 경찰서 출입기자는 우리가 일할 때 항상 함께 일해야지, 혼자 쉬는 게 어딨어요!"

그때 이후, 나는 시도 때도 없이 취재를 해야 하는 사건팀 기자로서, 취재원에게 '쉬는 날'이라고 말하는 게 무책임하고 프로답지 못한 처사인 것처럼 느껴졌다. 기자란, (정말 특별한 사정이 없는 한) 언제 어디서든 일이 터지면 현장에 가볼 준비가 되어 있어야지, 취재원 앞에서 '쉰다'라니! 그래서 나는 그다음부터는 "지금 다른 일이 있어서 어디에 좀 와 있다"라는 식의, 상황을 매끄럽게 넘길 수 있는 대답을 하곤 했다.

신문기자들은 월요일자 신문을 만들기 위해 일요일에는 많이들 일을 하지만, 일요일자 신문은 발행되지 않는 까닭에 대부분이 토요일에 쉰다. 하지만 내가 담당하던 출입처인 종로경찰서와 남대문경찰서는 정반대였다. 주요 집회나 시위는 주로 토요일에 진행되었기에, 경찰들은 토요일에 가장 많이 현장에 나와 근무했고, 내게 연락을 하곤 했다.

매주 토요일이면 내 휴대전화는 문자메시지와 전화로 시끄러워지기 시작했다. 업무적이건 그냥 수다이건 간에, 그날 근무하는 경찰들은 으레 내가 일하고 있을 거라고 생각하고 연락을 하는 것이었다. 나 역시 그것을 귀찮게 느끼지 않은 데다, 기자로서의 호기심을 억누르지 못하고 이런저런 질문도 하며 연락을 주고받았다. 대화를 마무리 지을 즈음, 정상적인 끝맺음은 "즐거운 주말 되세요" 정도가 될 것이다. 하지만 경찰들은 내가 일을 하고 있으니 당연히 현장에 나올 거라 생각하고

"이따 봐요"라고 끝인사를 하곤 했다.

"이따 봐요"라니? 나는 지금 근무 중이라고 말한 적도, 이따 현장에 취재하러 간다고 말한 적도 없었다. 하지만 그 말을 들으면 왠지 현장에 가야 할 것처럼 느껴졌다. 거기다 대고 갑자기 "저, 제가 오늘은 쉬는 날이라 이따 뵙긴 어렵고요"라고 말하긴 정말 싫었다. 그렇다고 "네"라고 말하면, 정말 취재원이 이따 전화를 해서 "어디에요?"라며 날 찾기라도 하면 "제가 거길 못 갔는데요"라고 말해야 하니 그것 또한 뭔가 이상할 것 같았다.

어쨌거나 내가 현장에 간다고 말한 적도 없는데 "이따 봐요"라는 말을 하면 혹시 오늘 뭔가 중대한 일이 벌어질 수 있다는 것을 알고, 무심코 그 복선을 노출한 것은 아닐까 하는 생각에 미친다. 기자로서 이런저런 시나리오를 구상하며 고민에 휩싸이다가, 나는 결국 현장에 나가서 취재원을 만나곤 했다. 실제로 현장에는 당직 근무자 외에 일반 취재기자는 별로 없었던 것을 보면, 나처럼 취재원의 "이따 봐요" 주문에 마법처럼 홀려서 나오는 순진무구한 기자는 많지 않았던 것 같다. 그래도 '이따 봐요'에 대한 강박 때문에 현장에 나간 끝에, 취재원들과 재밌는 추억도 많이 쌓았고, 다른 기자들이 보지 못한 현장을 보면서 기사도 썼다.

최근 인기를 끌었던 〈썸〉이라는 노래에는 이런 가사가 나온다. '요즘 따라 내 거인 듯 내 거 아닌 내 거 같은 너~~' 이 노래를 들으면, 기자야말로 '근로자인 듯 근로자 아닌 근로자 같은' 직업이라는 생각이 든다. 회사에서 일하는 것은 맞지만, 그렇다고 근로자처럼 근무 시간이 정확히 산정되는 직업은 아니다. 당장 눈앞에 닥친 이슈에 대해 필요한 취재를 할 때를 제외하면, 누가 누구를 몇 시까지 만나라고 정해주지도 않을뿐더러, 취재 시간의 정답도 없다. 대개는 기삿거리가 나올지 불분명하더라도 수많은 사람을 자발적으로 만나면서 취재 소재를 발굴해야 한다.

그럼에도 불구하고 사전적으로는 기자도 '근로자'가 맞다. 하지만 '근로자의 날'이나 남들 다 쉬는 '선거일'을 비롯해 온갖 휴일에는 상당수가 나와서 일해야 한다. 명확히 '근로자'라고 말하기에는 너무나도 '근로자인 듯 근로자 아닌 근로자 같은 직업'인 셈이다.

Q & A

기자들은 쉬는 날도 없이 일하나요?

세상에 쉬는 날도 없이 일하는 직업은 없다. 다만, 남들이 쉴 때 일해야 하는 직업이 있을 뿐이다. 기자는 대체로 남이 일할 때도 일하고 쉴 때도 일해야 할 때가 많다. 그 대신 종종 남들이 일할 때 쉰다. 인간이라면 누구나 휴식을 필요로 하고, 적절하게 휴식을 취해야 일의 능률도 오르는 법이다.

신문사의 경우 월요일부터 토요일까지는 신문이 발행되고, 일요일자 신문은 발행되지 않는다. 그렇기 때문에 일요일에는 월요일자 신문을 만들기 위해 상당수가 출근해야 하지만, 토요일에는 신문을 만들 필요가 없으므로 특별한 일이 없으면 당직 근무자를 제외하고는 쉰다.

그렇다고 기자가 매주 일요일마다 일하지는 않는다. 대부분의 신문사가 토요일자 신문에는 미리 준비된 주말용 기사를 배치하는 경우가 많아 금요일은 비교적 업무량이 적은 편이다. 이 때문에 일요일에 일하는 대신, 금요일에 쉬기도 한다. 특별한 일이 없을 때는 주 5일 업무를 하기도 하는데, '금·토' 또는 '토·일'을 쉬거나 하는 식이다.

한편 대부분의 기자에게는 정해진 근무표가 없다. 일반 직장인들이 들으면 '세상에

'뭐 그런 변덕스러운 직업이 다 있냐'라고 생각할지 모르겠지만, 그 주 주말에 쉴 수 있을지는 목요일쯤 되어야 알 수 있을 때가 많다. 큰 이슈가 터지면 꼼짝없이 근무를 해야 하고, 별일이 없으면 조를 짜서 일부가 쉴 수 있다. 기자라는 직업을 선택한 사람들은 진작 이런 '불규칙적이고 비계획적인 삶'을 각오한 사람들이므로, '그러려니' 한다.

기자들 사이에서 불문율처럼 하지 말아야 할 말이 있는데, '요새 참 조용하다'이다. 그런 말을 했다간 부정이 타서 금세 큰 이슈가 터져버린다(사실 부정이 타서가 아니라, 한국에서는 시도 때도 없이 사건사고가 터진다). 큰일이 발생하면 주 5일은 물 건너가 버리고 주 6일, 주 7일 근무를 각오해야 한다. 나도 연속 3주간 주 7일로 근무한 적이 있다. 사건팀에서 일할 때는 상당 시간을 주 6일 근무를 하면서 지냈다.

기자의 업무는 어쩔 수 없이 사회와 밀접하게 연관되어 있기 때문에, 대부분의 경우에는 자신의 의지대로 쉬는 것이 아니다. 지난 번 프란치스코(Francis) 교황이 방한했을 때, 방한 일정과 관련된 취재를 하느라 주 7일 근무를 한 적이 있다. 당시 매일 취재를 하느라 밤늦게 집에 들어갔고, 토요일에는 광화문광장에서 열리는 시복미사를 취재하기 위해 새벽 6시 반엔 출근을 해야 했다. 회사에 출근해 회의를 하려고 앉는 순간 졸음이 쏟아져서 곤욕을 치러야 했다. 무슨 수능 공부를 하는 것도 아니고 사람과 대화를 나누는 것인데 이토록 눈을 뜨기가 힘들 줄이야!

유력 인사의 방한처럼 계획된 행사는 그나마 낫다. 갑작스레 터진 이슈로 인해 주 7일 근무를 하게 되는 경우는 정말 '마른하늘에 날벼락'이다. 국내에 메르스(MERS, 중동호흡기증후군) 감염이 확산됐을 때, 나는 범 부서 차원에서 꾸린 취재팀에서 근무하면서 취재를 하게 되었다. 메르스 확산은 너무 많은 사람의 삶에 영향을 미친 중대한 이슈였다. 매일 기사를 쓰고 나면, 밤이 늦게야 다음 날 기사 구성에 대한 회의가 시작됐다. 자정이 다 되어서 회의가 시작된 적도 있다. 매일 너무 많은 내용이 발표됐고, 무수한 현장과 문제점들이 있었다. 밤늦게 퇴근해도 취재할 시간이 부족해 토요일에도 전문가에게 전화를 돌려야 했다.

당시 해당 이슈를 취재했던 모 기자는 예정됐던 휴가 일정을 취소하게 되면서 비행기 표값과 호텔비 등의 위약금을 고스란히 물어야 했다. 갑자기 터진 이슈로 인해 비행기 표나 호텔 위약금을 물게 된 기자들의 사례는 너무 흔하고 많아서 언론계에서는 '뉴스'도 아니다. 이 때문에 나에겐 휴가 때 비행기표는 돈을 더 주더라도 날짜변경이 가능한 종류로 예약하고, 호텔은 최대한 출발이 임박했을 때 예약하는 습관이 생겼다.

그렇다고 쉬는 날은 제대로 쉬느냐? 그것도 아니다. 기자들은 기본적으로 '외근직'이기 때문에, 기자에게 연락하는 모든 사람은 휴대전화나 이메일을 통한다. 그들 대부분은 기자가 쉬는 날인지 일하는 날인지 알 길이 없으므로 아무 때고 연락을 취해온다. 나도 남들이 쉬는 날에 일하고 그들에게 연락을 해 이것저것 물어보는데, 내가 쉬는 날이라고 해서 연락을 받지 않으면 파렴치한이 된다. 결국 문자와 이메일에 답장을 하고 전화를 받다 보면 '쉬는 날에도 일하는 사람'이 된다.

어쨌든 요약하자면 이런 말이 될 것 같다. 기자에게도 쉬는 날은 있지만, 언제 쉴 수 있을지는 예측할 수 없으며, 쉬는 날도 불규칙하고 쉴 때도 제대로 쉬지는 못한다는 것이다. 아무리 일을 좋아한다고 하더라도 노예 근성과 로봇 체력으로 무장하지 않는 한, 지치는 때가 있는 건 사실이다. 하지만 그것이 못 견딜 정도는 아니기 때문에 기자로서 지내는 게 아닐까.

Q&A

밥을 먹다가도 급한 일이 생기면
바로 달려가야 하나요?

이슈가 터졌을 때, 언제든 취재할 준비가 되어 있어야 하는 게 기자의 자세다. 밥을 먹고 있을 때는 물론이고 놀다가도, 잠을 자다가도 급한 일이 생기면 곧장 달려가야만 한다. 이렇듯 기자가 되면 '계획적인 삶'은 포기해야 한다.

물론 그런 순간이 자주 오는 것은 아니기 때문에 매일 무계획적이고 변화무쌍한 삶을 사는 것은 아니다. 기자들도 식사 약속을 잡으며, 주말 일정도 짜고, 휴가 계획도 세운다. 하지만 다른 직업과 차이가 있다면 언제든지 계획이 틀어질 수 있음을 염두에 두어야 하며, 약속과 계획이 지켜지리라고 100% 확신하지 못한다는 것이다.

거대한 이슈나 사건사고가 터진다고 해서 모든 기자들이 바빠지는 것은 아니다. 부서별로 맡고 있는 분야가 다르고, 한 부서 내에서도 세부적인 분야는 팀별로 업무 분담이 되어 있다. 사건사고 담당 기자도 담당 지역이 정해져 있기 때문에 여러 명의 기자가 취재해야 할 정도로 거대한 사건이 아니면 혼자 취재를 한다. 따라서 큰일이 터졌을 때 기자들이 가장 궁금해하는 것은 '어느 부서, 어느 팀 소관인지', '내 담당인지 아닌지' 여부이다.

나도 사회부에서 사건사고를 담당하던 시절, 팀이 다 같이 모여서 회식을 하다가 '날 벼락'을 맞은 적이 있었다. 회식은 함께 일하던 팀장을 환송하고 새로운 팀장과 인사를 하는 자리였기에, 오랜만에 다 같이 모여 왁자지껄 대화를 나누고 있었다. 하지만 제대로 식사를 하기도 전에, 인천에서 할머니를 살해한 후 가방 속에 넣고 유기한 용의자가 서울에서 막 잡혔다는 소식이 들렸다. 그런데 당장은 용의자가 어디에서 잡혔는지에 대한 정보가 없었다.

나와 동료들은 서로 상대방의 담당 구역에서 용의자가 잡혔길 바라면서, 추측성 발언을 쏟아냈다. 나는 종로구와 중구를 담당하고 있었는데, "강남에서 잡힌 것은 아닐까?", "신도림인가?"라면서 개인적인 희망이 담긴 말을 하기 시작했다. 종로구, 중구는 평소 기사로 쓸 만한 강력사건이나 형사사건이 자주 발생하는 곳이 아니었다.

하지만 웬걸, 확인해본 결과 용의자는 중구에서 잡힌 것이었다. 내 표정은 순식간에 굳어졌고, 밥숟가락을 놓고 노트북 가방을 든 채 후다닥 식사 자리를 빠져나와야 했다. 오후 8시가 조금 덜 된 시간이었다. 경찰서에 연락해 보니 용의자는 오후 7시경 잡혔고, 조금 있으면 서울 중부경찰서에서 인천 남동경찰서로 후송될 예정이라고 했다. 용의자가 왜 할머니를 살해하고 유기했는지 질문도 하고, 표정과 행색 등을 스케치하려면 곧장 경찰서로 가야 했다.

수도권에 배달되는 신문은 마감이 비교적 늦지만, 지방에 배달될 기사는 아무리 늦어도 8시 반 전에는 기사를 써서 올려야 한다. 후배 기자는 곧장 경찰서로 가 현장 스케치를 했고, 나는 식당에서 경찰관에게 연락을 해 검거 상황을 들으면서 기사를 쓰기 시작했다. 가까스로 기사를 마감한 끝에 다행히 지방판 신문에도 실릴 수 있었다.

밥 먹다가 갑자기 식사를 멈춰야 하는 일은 비일비재하다. 현장이 있는 사건사고는 일단 몸이 움직여야 하지만, 기업이나 정부 정책에 관한 기사처럼 담당자에게 빨리 전화로 확인해서 기사를 써야 하는 경우도 있다. 출입처에서 급하게 문자와 이메일을 보내올 때도 있고, 다른 매체에 기사가 뜬 것을 확인하고 기사를 쓰게 되기도 한다.

아무리 변화무쌍하고 가슴 뛰는 삶을 지향하는 기자라지만, 인간으로서 계획된 삶을 원하는 순간이 있다. 사회 이슈에 발맞춰 움직이며 밥숟가락 놓고 달려가는 게 로망이자 두근거림으로 느껴질 때도 있지만, 가끔은 삶의 한가운데 포탄이 떨어지는 듯하다. 특히 꼭 만나고 싶었던 사람과 어렵사리 약속을 잡았는데, 갑작스럽게 취소하거나 분위기를 깬 뒤 한쪽에서 혼자 노트북을 두들겨야 할 때는 참 난감하다.

내가 본 대다수의 기자들은 이런 '변수로 가득 찬 삶'을 염두에 두고 이 세계에 입문했기 때문에, 순순히 취재와 기사 작성에 돌입했다. 나도 기자생활을 몇 년간 해보니, 이렇게 비계획적이고 변화무쌍한 삶이라도 살아볼 만한 것 같긴 하다. 기자 주변에 있는 대부분의 사람들은 이런 삶을 이해해 주기 때문이다. 또한 세상 모든 사람들이 기자가 바쁘고 변수가 많은 직업이라는 것을 안다. 그렇기에 약속을 무산시키고 식사 자리에서 노트북을 켜고 전화를 받더라도 불쾌해하거나 섭섭해하는 경우가 드물다. 그들은 "괜찮다"고 말해준다.

계획대로 살지 못하면 세상이 무너질 것 같아도 그렇지도 않다. 당장은 화가 나고 민망하고 미안하고 한탄스럽지만, 뒤돌아보면 그래도 관계는 잘 유지되고 세상은 굴러간다. 내일이면 또다시 해가 뜨고, 무계획적인 삶이 나를 해치지 않았다는 것을 깨닫는다. 기자들은 짜증을 내다가도 그렇게 훌훌 털어버리고, 다시 새로운 삶을 시작한다.

기자들의 평소 근무 시간은
어떻게 되나요?

퇴근 시간은 몇 시냐는 질문을 가끔 받곤 하는데, 이런 질문만큼 애매모호한 질문이 없는 것 같다. 기자들은 기본적으로 사무직이 아닌 데다 '일과 일이 아닌 것의 경계'도 분명하지 않다. 기자실에서 기사를 쓴 뒤 저녁에 취재원을 만나 식사를 하는 것은 퇴근으로 봐야 할까, 업무의 연장으로 봐야 할까? 취재원과의 식사가 일이라면, 저녁에 친구를 만나 식사를 하는 것은 퇴근일까, 업무일까? 취재원이건 친구이건 식사 자리에서는 당장 기삿거리를 얻기보다는 세상 돌아가는 이야기를 듣고, 다양한 정보를 나누는 건 매한가지인데 말이다. 실제로 기자들은 다양한 친구들로부터 들은 이야기를 토대로 취재도 하고 기사도 쓴다.

그렇다면 집에 들어간 이후, 밤 11시에 갑자기 집에서 기사를 써야 한다면 이건 퇴근일까, 일일까? 무척이나 바빠서 짬을 내기 어려운 취재원이 밤늦은 시간에만 통화가 가능해 그때 전화 인터뷰를 해야 한다면? 시차로 인해서 해외에 있는 취재원과 새벽에 이메일을 주고받아야 한다면? 기획기사를 보다 잘 쓰기 위해 밤 12시에 미리 집에서 작성한다면? 그 장소가 기자실이나 회사 사무실이 아니라고 해서 퇴근한 것이라고 봐야 할까? 참 애매모호하다.

그래도 명확하게 말할 수 있는 것이 있다. 큰일이 터지면 꼭두새벽에도 나와야 하긴 하겠지만, 이런 변수를 제외한다면 일반 직장인처럼 제시간에 출근한다는 것이다. 부서마다 다르긴 하겠지만(국제부처럼 심야 당직이 있는 부서의 경우에는 별도 근무 일정이 있다), 내가 본 대다수의 부서는 9시 전에 출근해야 했다. 출근시간이 명문화되어 있는 건 아니지만, 나는 사건팀에서는 7시 반 내외, 그 외 부서에선 8시 반 전에는 출근하곤 했다. 석간신문을 만드는 기자들은 오전에 기사 작성을 모두 끝내야 해서 출근시간이 훨씬 빠르다.

갑작스레 터진 이슈를 제외한다면, 기사 발제와 취재, 기사작성 등은 일반 직장인의 업무 시간과 비슷한 시점에 진행된다. 대다수 언론사의 초판 기사가 오후 6시 전후에 발간되니, 오후 중으로는 계획된 기사를 대부분 마감하는 것이다. 물론 초판 기사가 발간된 이후에도 저녁에 진행된 상황을 반영하기 위해 밤늦게까지 계속 지면이 바뀌기도 한다. 따라서 초판 기사 마감이 끝난 후에는 기존에 쓴 기사를 보완하거나 수정해야 할 부분이나 추가로 취재해야 할 사항은 없는지를 확인하고 재취재를 하는 한편, 기사를 수정하거나 새로 쓰는 경우도 많다.

저녁에 추가로 취재해야 할 사항이 없다면, 대부분의 기자들은 기삿거리를 발굴하기 위해 제 갈 길을 떠난다. 물론 이 역시 부서의 특성마다 다르다. 스포츠 담당 기자들은 저녁 경기 취재를 위해 밤늦게까지 현장을 지키는 경우가 많고, 공연 담당 기자들은 저녁에 시작하는 공연을 취재하기 위해 공연장에 가곤 한다. 국제부 기자들은 지구 반대편에서 낮에 일어나는 일을 체크해야 하니 밤늦게까지 바쁘다. 사건사고 담당 기자들은 사건사고 현장에 있는 경우가 많으며 시간이 늘 대중이 없다.

이렇게 현장 취재를 가는 기자들도 있지만, 취재원과의 저녁약속 장소로 향하는 기자들도 많다. 기자들이 기삿거리를 발굴하기 위해서는 다양한 사람을 만나는 것이 필수적이기 때문이다. 기자라는 직업의 장점이 있다면, 리뷰 및 발제, 취재, 기사작성 등 기본적으로 지킬 것만 지킨다면 나머지 시간은 재량껏 쓸 수 있다는 것이다. 누굴 만나서 어떻게 취재를 하든 좋은 기사 소재를 발굴해오고 기사를 잘 쓰면 되는 것이지, 정해진 공식은 없다.

그러니 저녁에 회의 혹은 정해진 취재 일정이 있거나 팀별로 마련한 취재원과의 약속자리가 있는 게 아니라면, 누굴 만나러 어디를 갈지는 기자 본인의 결정이다. 기자는 기본적으로 바깥에서 사람을 만나서 세상 돌아가는 것을 파악해야 하기 때문에, 누구도 회사에서 눈도장을 찍으라고 하지 않으며, 특별한 일이 없으면 회사에 들어가지 않아도 된다. 취재원과의 만남이 중요하다 보니, "취재원과 약속이 있다"고 하면 누구도 사무실에 불필요하게 남으라거나 상사와 저녁을 먹을 것을 강요하지 않는다.

일과 휴식의 경계가 없어도 행복한 나는, 기자

용감한 도전

2

기자로 태어난다? 기자로 만들어진다!

대학생 티를
벗지 못한 기자

"기자분들 중에서 한 분이 건배사를 하실 텐데요. 이번에 우리 출입기자 중에 나이가 스물네 살인 기자님이 들어왔습니다. 저희 부처 사무관 중에서도 스물네 살인 사무관이 일을 제일 열심히 하더라고요. 자, 우리 동아일보 이샘물 기자님이 건배하시죠?"

수습생활을 갓 마치고 정부부처를 출입처로 배정받았을 때, 한 부처의 장·차관과 국·실장 등 주요 간부와 출입기자단이 모인 송년회 자리에서 대변인이 마이크를 잡고 한 말이었다. 장관이 건배사를 했으니 기자들 중에서도 한 명이 건배사를 해야 했다.

당시 나는 스물네 살이었다. 기자 중에서도 스물둘, 스물셋에 기자생활을 시작하는 사람도 드물게 있긴 하지만, 평균 연령으로 따지면 스물네 살이 어린 편이긴 했다. 그 부처 대변인은 이렇게 어린 기자가 출입하는 게 신선하게 느껴졌는지 굳이 나이를 언급하면서 내게 건배사를 제안했다. 순간 모든 시선은 내게 쏠렸다.

나는 갑작스러운 '스물네 살 기자의 건배사' 주문에 적잖이 당황했고, 아직 대다수 간부들과는 별 친분도 없던 상태에서 나의 나이가 만방에 알려진 게 창피하기도 했다. '앞으로 프로 정신을 갖고 취재를 해야 하는데, 취재원들이 나를 어린

애 취급하면 어떡하지?' 건배 제의를 받고 자리에서 일어나는 그 몇 초간의 짧은 순간, 속없는 사람처럼 건배사만 하고 끝내선 안 될 것 같다는 생각이 들었다. 게다가 이곳은 '출입기자단' 오찬 자리가 아닌가? 식사 자리라지만, 불특정 다수가 모인 업무의 장에서 나이를 언급하는 건 부적절했다.

결국 나는 마이크를 잡고 "공개적인 자리에서 나이를 언급하셔서 당황스럽지만……"이라고 입을 열었다. 대변인은 그제야 본인의 발언이 부적절했다는 걸 눈치채고 "나이를 언급해서 죄송했다"며 곧장 사과했다. 나는 분위기를 망치고 싶지는 않았기 때문에 그 당시 알고 있던 가장 재미있는 말로 건배사를 했고, 다행히 식사는 화기애애한 분위기에서 끝이 났다.

지금은 시간이 흘러 그때보다 나이가 조금 들어 젊음의 소중함을 알고, 가끔은 예전의 어린 나이로 돌아가고 싶기도 하다(물론, 이 글을 쓰는 지금도 내 나이는 젊다). 하지만 기자생활 초반에는 나이가 어리다는 게 무척이나 콤플렉스로 다가왔다. 기자로서 프로로 인정받고 싶은데, 사람들은 나를 '신출내기 기자'로 취급하기 일쑤였다.

어떤 사람들은 어린 기자는 현안도 잘 모르며, 선배 기자의 지시대로 움직인다고 여겼다. 그렇기에 직접 상대하면서까지 무언가를 논의할 가치가 없고, 기획기사를 의논하기 위해서는 선배 기자와 상의하는 게 효율적이라고 생각하기도 했다. 어린 기자가 연륜이 있는 기자에 비해 기획력과 기사 작성 능력이 떨어지는 경우가 많긴 하지만, 그렇다고 어린 기자를 자율성이 떨어지는 꼭두각시인 양 취급하는 것은 참으로 부당하다.

한번은 어떤 취재원이 기획기사를 상의하겠다며 자료를 보내왔다. 당시 나의 판단은 물론이고, 지금 다시 생각해 봐도 그 자료는 기삿거리가 안 되는 소재였다. 그래서 검토 끝에 상대방에게 기사화가 어렵겠다고 답변을 했다. 그러자 그 취재원이 하는 말이 가관이었다.

"기자님, 그건 기자님의 판단인가요, 데스크(기사를 다듬는 상사)의 판단인가요?"

그 취재원은 어린 기자의 판단은 신뢰하지 못하겠다는 생각에 '윗사람의 의견도 같은지'를 확인하려 했던 것 같다. 하지만 기자는 본인이 각자 주도적으로 외부에서 취재하는 직업인 데다, 윗사람과 논의하는 것은 순전히 언론사 내부의 업무인 만큼 제삼자가 '윗사람'을 운운할 이유는 없었다. 나는 기자생활 초반에 이런 취급을 자주 받았다.

한번은 정부부처가 마련한 출입기자단 오찬 간담회에 갔더니 한 간부가 내게 이렇게 말했다.

"아유~ 동아일보는 일진, 이진, 다 어디 가시고 말진이 오셨어요?"

기자들이 출입처를 담당할 때, 주무를 맡는 (주로 연차가 높은) 기자는 1진, 그다음 연차가 2진, 막내는 말진으로 불린다. 아무래도 주요 현안을 논의하는 자리인 만큼, 연차 높은 기자가 올 줄 알았는데 신참인 내가 와서 의아해했던 것 같다.

지금 생각하면 일진이건 말진이건 그것은 언론사 내부의 역할 체계일 뿐이지, 밖에서 취재하고 기사를 쓰는 건 다를 바 없다. 그러니 이런 질문은 부적절하다. 하지만 나는 나이 어린 기자로서 이 같은 이야기를 종종 들어야 했고, 그때마다 어떻게 반응해야 할지 몰라서 난감했다. 정색하고 문제제기를 했다간 별것도 아닌 걸로 화내는 것 같고, 웃고 넘어가자니 바보 같아 보였다. 결국 어떻게 반응을 해야 할지 망설이다가 그냥 흐지부지되어버리곤 했다.

당시 나는 풋내기 기자 티를 벗어버리기 위해 부단히도 노력했다. 그때 들인 버릇이 지금도 유지되고 있는 게 있다. 일할 때는 꼭 정장이나 세미정장을 입는 것이다. 사실 기자들은 출입처로 출근하므로 정해진 드레스코드가 없다. 특히 사회부 기자들은 다양한 사건사고 현장을 누비기 때문에 더더욱 그렇다. 하지만 나는 기자생활 초반에 세미정장을 입는 버릇이 들어서 사회부에서 사건사고를 담당하던 때에도 거의 세미정장 차림으로 다녔다. 어린 티를 벗기 위해서 들인 버릇인데, 어느새 나의 드레스코드가 되어버렸다.

무엇보다도, 나는 '작은 고추가 맵다'는 걸 보여주기 위해, '본때를 보여주겠다'는 각오로 열심히 일했다. 비록 어린 신참 기자이지만 누구보다도 열심히 취재하고, 취재한 것은 자주 기사화가 된다는 것을 보여주고 싶었다. 어떻게 하면 누구나 쓸 수 있는 평범한 기사가 아니라, 취재원들의 '정신을 번쩍 들게 하는' 기사를 많이 쓸 수 있을지 고민했다.

그럼에도 불구하고 어린 티를 벗지 못해 종종 애 취급을 당하기도 했다. 어느 날은 기자를 별로 만나보지 못한, 나이가 지긋한 취재원을 만나 식사를 하는데, 그분이 내게 "샘물 양"이라고 부르는 것이 아닌가. 아무리 그래도 그렇지, 성인 직장인에게 '양'이라는 호칭을 붙이는 건 너무하다. 신문에서는 미성년자를 지칭할 때 '양', '군'이라는 말을 붙이는데 말이다.

어떤 대변인은 나와 처음 인사를 나눌 때, 내 나이를 묻더니 자신의 딸보다 어리다며 "무슨 과자를 좋아하냐"고 물었다. 기자실에 과자를 비치하는데, 내 취향에 맞는 과자를 갖다놓겠다는 것이었다. 호의로 한 말이었지만, 나를 어리게 취급해 그런 걸 궁금해 한 것 같다.

그래서 한동안은 나이를 물어오면 "저 나이 묻는 거 별로 안 좋아하는데요?"라고 까칠하게 답해보기도 하고, "비밀이에요"라고 장난스럽게 말해보기도 했다. "20대 후반이에요"라고 적당히 부풀린 적도 있다. 지금 생각해 보면 그렇게까지 할 필요는 없었는데 말이다.

그렇게 나는 대학생 티를 벗기까지 때로는 자존심도 구기고 시행착오도 겪었다. 처음에는 나이와 대학 졸업 시점을 물을 때 당황스럽기도 했지만, 그럴 때마다 나는 사람들이 내 나이가 아닌 실력에 관심을 갖도록, 우리의 대화 소재가 나의 '신상'이 아닌 '기사'가 되도록 만들어야겠다는 다짐을 하게 됐다. 그리고 취재 의지를 불태우며 이를 긍정적인 에너지로 활용했고, 스스로도 기자로서 조금씩 성장해 갔다.

Q & A

기자가 되려면
성격이 당차야 하나요?

여자 기자와 결혼하는 남자들이 하는 말 중에 대체로 비슷한 얘기가 있다. "기자답지 않은 모습에 놀랐다", "기자답지 않은 모습에 반했다" 등의 말이다. 물론 드물게 "평소 주관이 확실하고 자기 일에 열심인 사람이 이상형이다"고 말하는 사람도 있긴 하지만, 어쨌거나 여기서 '기자답지 않은'이라는 말은 '기자답지 않게 여성스럽다'는 것을 뜻한다. 아무래도 사람들은 기자라고 하면 기가 세고 남성스러우며, 자기주장이 강하다고 생각하는 경향이 있다.

결론부터 말하자면 기자라고 해서 기가 세고 자기주장이 강한 것은 아니다. 다시 말해, 기자가 되려면 성격이 당차야 하는 것은 절대 아니다. 물론 매일 취재를 하면서 누군가에게 질문을 해야 하니 드세 보이고, 자신의 기사를 써야 하니 주관이 강해 보일 수 있을 것 같다. 하지만 각자 개인의 성격을 본다면, 기자들은 정말 다양한 성품을 지니고 있고 정해진 답도 없다.

나 역시 기자생활을 하기 전에는 "기자가 정말 잘 어울린다"는 말을 별로 들어보지 못했다. 어린 시절 우리 집에 놀러 온 손님들은 내가 방 안에 혼자 있었다는 것을 뒤늦게

발견한 뒤 "방에 아무도 없는 줄 알았다"며 놀라곤 했다. 기자가 된 뒤에도 한 친척은 "네가 이렇게 성품이 조용한데 어떻게 기자생활을 하는지 상상이 안 간다"고 말했다. 회사 후배들에게 이말을 전했더니, "어떻게 선배를 이렇게 모를 수 있냐"며 낄낄대며 웃었다.

솔직히 나는 일을 할 때는 굉장히 활발하고 말이 많은 편이라, 일터에서 만나는 사람들은 나를 당차고 씩씩하다고 생각하는 듯하다. 하지만 사생활에서는 굉장히 조용하고 진지한 편이다. 기자생활을 하면서 나도 몰랐던 내 안의 새로운 성품을 발견한 게 아닌가 한다. 일을 할 때와 그렇지 않을 때의 성품이 각각 따로 있는 것 같다는 생각을 하게 된다.

주변 기자들 중에서는 정말 말이 없는 기자들도 있다. 취재를 할 때는 직업상 질문을 해야 하기 때문에 말을 하지만, 그렇지 않고 그냥 수다를 떠는 자리라면 조용히 있는 식이다. 건너서 들은 한 일화에 의하면, 모 기자는 워낙 말이 없어서 취재원을 만나러 가서도 아무 말 없이 가만히 앉아 있곤 했다고 한다. 보통은 기자들이 기삿거리를 얻기 위해 취재원에게 질문을 던지는데, 이 기자가 말을 안 하고 가만히 있으니 그 적막에 취재원이 적잖이 당황했다고 한다. 민망해진 취재원이 이 얘기, 저 얘기를 하게 됐고, 그러다 보니 자기도 모르게 기삿거리를 흘리게 됐단다. 결과적으로 그 기자는 이를 토대로 기사를 써 특종을 제법 터트렸다고 한다.

물론 당장 급박하게 무언가를 취재해서 기사를 써야 할 때는, 본래의 성격은 고이 접어 한쪽에 제쳐두고 모르는 사람에게도 대뜸 질문도 하고 말도 많이 걸어야 한다. 하지만 그렇다고 해서 그 기자의 성격이 원래 당차고 낯짝이 두꺼운 것은 절대 아니다.

업무를 위해 당차게 취재하며 질문도 하고, 때로는 모르는 사람에게도 잘 다가가야 했을 뿐이다.

기자생활에서 당찬 성격이 필요할 때가 있긴 하지만, 그렇다고 해서 원래 성품이 '사람들이 생각하는 기자'에 부합해야 할 필요는 없다. 처음부터 낯선 사람에게 잘 다가가고 담력 있게 취재하는 사람보다는, 기자생활을 하면서 취재력을 익히는 사람이 더 많다.

실제로 대다수 언론사에서는 기자들이 어떤 상황에서도 당당하고 자신감 있게 취재할 수 있도록 하기 위해 '수습기자'라는 훈련 과정을 거친다. 원래 성격이 어떠하건 간에, 취재에 필요하다면 '또 다른 성격'을 형성해 때로는 담대하게 얼굴에 철판도 깔 각오가 되어 있다면 걱정할 이유는 없다. 게다가 기자들의 취재 방법에 정답이 있는 것도 아니다. 사람마다 성격이 다양한 만큼, 취재원의 마음을 사고 정보를 얻는 방법도 그만큼 다양하다. 각자가 가진 장점을 활용해 취재하면 되고, 부족한 부분은 배워서 채워나가면 되는 것이다.

당당한 성격의 기자가 아닌 당당한 기사를 쓰는 기자가 진정한 기자가 아닐까?

Q & A

게으르거나 느린 사람도
기자가 될 수 있나요?

기본적으로 기자는 책상머리에 앉아서 보고서를 작성하는 사람이 아니라, 현장을 바탕으로 취재를 해서 기사를 쓰는 사람들이다. 그렇기에 기자생활을 '게으르거나 느리게' 하는 것은 거의 불가능하다. 일간지나 방송사에서 뉴스를 내보내는 기자들은 한 주나 한 달씩 길게 기간을 두고 무언가를 알아볼 수 있는 게 아니다. 기자는 매일 새로운 것을 포착하고 빠르게 취재한 뒤, 뉴스를 생산해내야 한다. 그렇기에 부지런하고 빠릿빠릿해야 한다.

그렇다고 '게으르거나 느린 사람이 기자가 될 수 없다'는 것은 아니다. 물론 천성이 부지런하고 행동이 빠르다면 기자생활에 큰 장점이 될 것 같다. 하지만 기자들 중에서도 태생적으로 게으른 사람이 있다. 앞서 말했듯이 '원래 성격'은 중요하지 않다. 일할 때는 기존의 성격과 관계없이 업무에 필요한 사항을 빨리 해낼 수 있으면 된다. 그러니 설령 게으르거나 느릿느릿하더라도, 이를 개선할 의지와 능력이 있으면 된다고 본다.

내 주변에도 본인 스스로 '나는 천성이 게으르다'고 말하는 기자들이 있다. 내가 본 바로는 '게으른 일반인'과 '게으른 기자'의 차이가 있다면 바로 '균형감각'이 아닐까 싶다. 기자들은 아무리 늑장을 부리고 게으름을 피우더라도, 마감 시간은 어떻게 해서든 귀신같이 맞추는 놀라운 특성이 있다. 오랜 시간을 투입해야 하는 기획기사를 써야 할 때, 게으른 기자들은 마감 기한이 많이 남아 있다면 굳이 미리 써놓지는 않는다 (사실 기사 계획이 워낙 변화무쌍하니, 상당수의 기자들은 마감이 닥쳐야 일을 한다). 하지만 마감이 코앞에 닥쳤다면 밤을 새고 밥을 굶고 약속을 깨더라도 어떻게든 시간에 맞춰서 기사를 완성해 놓는다.

느릿느릿하면 기자생활을 하기가 쉽진 않다고 생각한다. 기본적으로 마감을 맞추기 위해서는 빨리 취재하고 기사를 써야 하는데, 느리게 행동하면 마감을 맞추기가 아무래도 어렵다. 학교생활에서는 나의 느린 행동으로 인해 정해진 기한을 넘긴다면 본인만 손해를 입지만, 직장생활에서는 조직에 피해를 끼친다. 더욱이 기자는 마감을 어기면 나 자신이나 회사 조직을 넘어서 수많은 독자에게까지 피해를 끼친다. 취재를 제때 하지 못하면 부실한 기사를 생산하게 되고, 기사를 제때 올리지 못하면 신문 지면에 펑크를 낼 수 있기 때문이다.

게으름에 대해서는 다양한 상황과 시각이 있을 것 같다. 기자생활이라는 것은 수학 공식처럼 부지런하다고 해서 잘 되는 것도 아니고, 게으르다고 해서 꼭 악재가 닥치는 것도 아니기 때문이다. 아침 7시에 출근해 취재원을 만나고 다니더라도 기삿거리를 얻지 못할 수도 있고, 출근해서 잠만 자다가 우연히 마주친 취재원으로부터 특종 거리를 얻을 수도 있다.

하지만 장기적으로는 부지런한 기자가 훌륭한 기자가 될 거라고 본다. 현장을 부지런히 누비면서 쓴 기사와 탁상머리에 앉아서 머리만 굴리면서 쓴 기사는 척 봐도 차이가 크다. 게다가 부지런히 사람을 만나고 취재를 하면서 기사를 쓰는 기자와 가만히 앉아서 꾀만 부리는 기자는 장기적으로는 사회를 보는 시야나 내공에서 차이가 날 수밖에 없다.

누구나 부지런한 면이 있고, 게으른 면이 있다고 생각한다. 골프를 치는 사람들은 새벽 3, 4시에도 일어나서 골프채를 트렁크에 싣고 골프장으로 향한다. 아마 이들은 그 시간에 다른 일을 해야 했다면 눈이 떠지지 않았을지 모른다. 하지만 골프를 좋아하기에 그날만큼은 꼭두새벽에 눈을 비비며 일어나서 차에 몸을 싣는 것이다. 직업도 마찬가지가 아닐까 싶다. 부지런을 떠는 게 수고스럽긴 하지만, 자신이 하는 일을 사랑하고 그 일이 중요하다는 확신이 있다면 얼마든지 게으름도, 느릿느릿함도 기꺼이 개선할 수 있지 않을까.

yes
꿈만 가지고
게으름을 피우는 삶은
의미가 없다.

Q & A

글을 유려하게 잘 써야
기자가 될 수 있나요?

글을 굉장히 잘 쓰(는 것처럼 보이)는 대학 선배 한 명이 있었다. 그는 군대에 있을 때 책을 수백 권 읽고 제대했고, 대학에 다닐 때도 수많은 책을 읽고 인터넷에 리뷰를 올리곤 했다. 그 리뷰는 참 멋들어져 보였다. 내가 "신문기자가 되고 싶다"고 말하자, 그 선배는 "지인 중에 기자를 지망하는 누나가 있는데, 그 누나는 나보다 글을 훨씬 깊이 있게 잘 써. 그 누나의 글을 읽다 보니, 그 정도 내공은 있어야 기자를 꿈꾸겠구나 싶더라고"라며 나를 좌절시켰다.

당시 나는 그 선배가 글을 나보다 훨씬 잘 쓴다고 생각했다. 그런데 그 선배가 자신보다 글을 훨씬 잘 써야 기자를 꿈꿀 수 있다고 말하는 것이었다. 나는 순간 기가 팍 죽어버렸다. 그리고 한동안 주변 사람들에게 신문기자가 되고 싶다는 말을 쉽사리 꺼내지 못했다. 누군가가 "네가 기자가 되겠다고? 네가 글을 그렇게 잘 쓴다고 생각해?"라고 핀잔을 줄 것 같아서였다. 지금 돌아보면 바보 같은 생각이었지만, 그때의 나는 "지망하는 직업은 있는데, 될 수 있을지는 모르니 말하지 않겠다"고 말하곤 했다.

막상 기자가 되고 나서 보니, 꼭 글을 유려하게 잘 써야만 기자가 되는 것은 아닌 것 같다. 물론 글을 잘 쓰면 큰 강점이 된다. 모든 언론사에는 작문이나 논술과 같은 글쓰기 시험이 있으니 그 문턱을 무사히 통과하려면 어느 정도 글재주는 있어야 유리할 것이다.

하지만 기자의 글쓰기는 소설가나 작가의 글쓰기와는 다르다. 기본적으로 일반 대중을 상대로 하고, 사회에서 무슨 일이 일어나고 있는지 알리는 것을 목적으로 한다. 글이 아무리 화려하고 유려해도 독자들이 무슨 뜻인지 이해할 수 없다면 '꽝'이다. 반면 글이 단조롭고 밋밋해 보여도, 독자들이 사안을 쉽게 파악할 수 있다면 좋은 기사다. 대부분의 기사는 기자가 글쓰기 실력을 뽐내는 용도가 아니라, 복잡다단한 사회와 이를 둘러싼 머리 아픈 사안을 쉽게 풀어서 알려주기 위한 것이다.

아울러 기자 지망생들이 흔히 하는 착각은, 언론사 입사를 지망한다고 해서 혹은 언론사 입사전형 중 글쓰기 시험 문턱을 넘었다고 해서 자신이 글을 잘 쓰는 줄 안다는 것이다. 정작 기자가 되어서 기사를 써보면 자신이 얼마나 글을 못 쓰는 사람인지를 너나 할 것 없이 뼈저리게 절감하게 된다. 세상은 너무나 복잡한데, 기자는 이것을 누가 봐도 이해하기 쉽도록 일목요연하게 기사로 정리해야 한다. 어려운 단어, 생소한 용어도 많다. 어떤 단어는 젊은이가 이해하지 못하고, 어떤 단어는 노인이 이해하지 못한다. 이것을 누구라도 쉽게 이해할 수 있도록 풀어쓰는 건 결코 쉽지 않다. 단순히 개인의 삶을 블로그나 소셜네트워크서비스에 독백 형식으로 쓰는 글과는 차원이 다른 것이다.

처음 기사를 쓸 때는, 고작 원고지 3매(600자)의 짧은 글을 쓰는 것에도 어려움을 느낀다. 나 역시 짤막한 기사를 쓰는 데에도 이것을 어떻게 정리해야 할지 고민이 돼 몇

시간을 머리를 쥐어뜯곤 했다. 보통 기자들은 오후에 기사를 쓰는데, 나는 초짜 기자 시절에 기사 쓰는 게 어렵게 느껴져서 오전부터 기사를 쓰기 시작한 적도 많다.

물론 기자생활을 하다 보면 기사 형태에 익숙해져서 기사 쓰는 데 걸리는 시간이 조금씩 줄어들기 시작한다. 그래도 기사 쓰기가 어려운 것은 지금도 매한가지다. 게다가 시대가 원하는 글의 형태도 변하고 있다. 과거의 기사를 읽어보면 표기법은 물론이고 문체도 지금과는 현격히 차이가 나는 것들이 많다. 기자들은 변화하는 시대에 맞춰서 대중에게 어떤 글이 가장 잘 다가갈 수 있는지 평생 배우면서 기사를 써야 한다. 어쩌면 처음부터 글을 유려하게 잘 써야 할 필요가 없는 것은, 처음부터 기사를 잘 쓰는 사람이 없기 때문인지도 모른다.

신문은 글재주를 뽐내는 공간이 아니다.

난, 어쩔 수 없는
기자인가 봐

"저는 여기에 기자로서 취재하러 온 게 아니니까, '기자'라고 부르지 말고 그냥 '샘물 씨'라고 편하게 불러주세요."

기자생활 3년 차, 학문적인 지식에 갈증을 느끼던 나는 대학원에 등록했고, 그곳에서 만난 학생들에게 이렇게 말했다. 당시 나는 오로지 '기자'라고 불리며, 만나는 사람들과 '기자와 취재원'의 벽을 넘어설 수 없는 것에 슬퍼하고 있었다. 학교에서만큼은 취재 응대의 대상이자 경계해야 할 존재인 '이샘물 기자'가 아닌, 평범한 직장인인 '샘물 씨'가 되고 싶었다.

학생들은 전업 학생에서부터 공무원, 민간기업의 직장인까지 다양했는데, 정말 나를 격의 없이 대해주었다. 또래와는 말도 놓으며 편하게 지냈다. 대학원에서만큼은 기자가 아닌 학생으로서 취재가 아닌 공부만 하며 지내겠다고 다짐했고, 그럴 수 있을 거라 믿었다. 사실 대학원은 국내에서는 거의 무명에 가까운 인지도를 지닌 곳이었다. '유엔평화대학 아시아태평양캠퍼스(유피스, U Peace)'라는 곳인데, 지인의 소개로 알게 된 학교였다. 코스타리카에 있는 유엔평화대학과 협약을 맺어 만든 대학원대학교로, 개교한 지 몇 년 안 된 신생 학교였다. 국제개발이나 국제협력 등의 과목을 주로 가르쳤고, 언론에도 몇 차례 소개된 적이 있었다. 내 눈에는 '시작은 미약하지만 미래는 창대할' 학교처럼 보였다.

나는 서류전형과 면접, 시험을 거친 뒤 통장을 털어 820만 원에 이르는 등록금을 내고 석·박사 통합 과정에 등록했다. 당시 내게는 운명적인 확신 같은 것이 있었다. 공교롭게도 대학원이 내가 출입하던 보건복지부(지금은 세종시로 이전했지만 당시에는 종로구 계동 현대사옥에 있었다)와 가까운 덕성여대 운현궁캠퍼스에 입주해 있었기 때문이다. 수업은 평일 저녁이나 주말에 진행됐는데, 종종 지각이나 결석을 하더라도 어떻게든 다닐 수 있을 것 같았다. 운명이 내려준 기회를 활용해 미래에 투자하자는 생각에 과감히 입학을 선택했다.

물론 기자생활과 대학원을 병행하는 것은 외줄 타기를 하는 것처럼 어려웠다. 아무리 노력해도 매번 수업 시간을 맞추는 것은 거의 불가능에 가까웠고, 시간이 여의치 않아 때로는 밥도 굶어가며 기사를 쓰고 머리카락을 휘날리며 강의실로 뛰어가야 했다. 과제를 하려면 주말 내내 노트북과 책에 파묻혀 폐인 생활을 해야 했다. 그럼에도 불구하고 새로운 도전 거리가 생겼다는 생각에 뿌듯함과 스릴을 느꼈다. 항상 '해보고 실패하는 게 안 해보고 후회하는 것보다 낫다'는 것을 신조로 삼고 살아왔던 나였다. 그때의 나는 도전 의식에 눈이 멀어 있었다.

그렇게 야심차게 공부한 지 고작 한 달이 지났을 때, 내가 품었던 '운명의 확신'은 '운명의 장난'이라는 화살로 되돌아오고야 말았다. 나는 이메일함에 들어온 소식을 보고 내 눈을 의심해야만 했다. 그것은 같은 대학원 학생이 보낸 단체메일이었다. 요지는 대학원에서 반복적인 성희롱과 성추행 사건이 발생했다는 것, 피해자들과 학생들이 학교 측에 진상조사와 교수의 사퇴 등 대책 마련을 요구했지만 제대로 된 답변을 받지 못했다는 것이었다.

　가해자로 지목된 교수는 A 교수였다. 'A 교수?……' 직접 수업을 들어본 적은 없지만, 익히 알고 있던 분이었다. 학교 설립을 주도한 교수로, 대외적인 활동을 많이 하면서 언론에도 오르내렸고, 무엇보다도 그간 면접이나 학교 행사 등의 자리에서 누구보다도 내게 깊은 인상을 남긴 사람이 바로 그분이었다. 평소 학생들에게 태도와 마음가짐의 중요성을 강조했고, 영감을 주는 훌륭한 발언을 곧잘 해왔었다. 심지어 나는 그분의 발언을 듣고서 감명을 받아 종이에 써서 방 안에 붙여놓은 뒤 마음에 새기며 공부를 하고 있었다.

　어쨌거나 그렇게 교수 측과 학생 측의 대립이 시작됐다. 학교 측은 미온적인 반응을 보였고, 학생들은 대책회의를 열었다. 학교는 A 교수가 주축이 되어 세운 '유피스AP재단'이 운영하고 있었는데, 재단은 교수의 이사 직무만 정지시키고 교수직은 유지시킨 뒤 강의를 하도록 했다. A 교수는 학생들의 문제제기에 반발하며 '음모론'을 주장했고, 책임을 회피했다. 학생들은 이에 반발해 국가인권위원회에 진정을 접수하고, 성명을 발표했다. 취재하러 간 곳이 아닌데, 그간 취재 현장에서나 봐온 일들이 벌어진 것이다.

　사태가 불거지자 재단에서는 진상조사에 참여한 교수를 해임시켰다. 해임된 교수는 성희롱, 성추행 문제가 불거진 이후 A 교수와 대립해온 인물이었다. 학교 측은 문제를 제기한 학생에 대해서도 퇴교 조치를 했다. 인권위에 진정서를 제출해 학교의 명예를 실추시키고 성명서를 배포해 학교에 불안감을 조성하며, 면학 분위기를 저하시켰다는 이유였다.

문제를 제기한 교수와 학생이 학교에서 쫓겨난 날, 수업에 들어가 보니 분위기가 뒤숭숭했다. 강의자로는 영 엉뚱한 외부 인사가 들어와 있었다. 강의가 진행되기는커녕 학생들의 반발로 제대로 시간도 채우지 못했다. 반면 A 교수는 여전히 수업을 맡고 있었다. 문제를 일으킨 사람은 학교에 남아 있는데, 문제를 제기한 사람들만 줄줄이 퇴출당한 것이다.

이런 황당한 광경을 목격하고 터벅터벅 집으로 걸어가면서, '이곳에선 기자가 아닌 학생'을 운운하는 게 참으로 허황된 것이라는 생각이 들었다. 내게는 기자로서 최소한의 양심이 있었다. '공부를 하러 왔으니 조용히 공부만 하겠다?' 그것은 직업인으로서 윤리에 반하고, 기자로서 직무유기라고 느껴졌다. 내가 공부를 하는 것은 더 많은 것을 배워서 가치 있는 기사를 쓰기 위해서이지, 이력서 한 줄을 채우기 위해서가 아니었다. 가치 있는 기사를 쓰겠다며 눈앞에 벌어진 부당함에 침묵하는 건 모순이다. 밤늦게 노트북 앞에 앉아 고민을 하고 있자니 심장이 쿵쾅거리고 손에 연신 땀이 나기 시작했다.

개인적으로는 기사를 쓰는 것은 굉장히 부담스러운 일이었다. A 교수와 나는 친분도 없지만 악감도 없는 사이였다. 기사를 쓰면 평생 철천지원수가 될 것이 뻔했고, 어떤 방식으로든 후폭풍을 감당해야 했다. 더욱 난감한 것은 당시 내가 대학원에 다닌다는 사실을 회사에 알리지 않고 있었다는 것이다. 괜히 '벌써 딴생각하는 젊은 기자'로 비칠까 봐 쉬쉬하며 공부를 한 것이었는데, 이제 와서 전후 사정을 말하려고 하니 낯이 후끈거렸다.

나는 눈을 감고 손에 땀을 쥐면서, 수많은 시나리오를 떠올리기 시작했다. '기자로서의 양심도 살리고 부담도 피하는 제3의 길은 없을까?' 다른 언론사에 제보를 해 기사화해보자는 생각도 잠시 해봤다. 하지만 이 모든 과정을 내부에서 지켜보며 사건의 당사자들로부터 직접 자세한 이야기를 들은 기자, 기사를 정확하게 쓸 수 있는 기자는 나밖에 없었다.

선택의 순간이 나를 기다리고 있었다. 마치 기사를 써야만 하는 낭떠러지에 내몰린 느낌이었다. 결국 나는 눈을 질끈 감고, '내면의 소리'에 충실하기로 결심했다. 아무리 학생이라는 포장지를 입혀도, 근본적으로 나는 기자일 수밖에 없었다. 누가 기자라고 부르건 안 부르건, 나는 내가 기자라는 사실을 인정해야 했다. 그렇게 속이 바짝바짝 타들어가는 가운데 기사를 썼다.

기사는 신문에 대문짝만하게 실렸다. 대학원은 발칵 뒤집혔고 웹사이트는 접속자가 폭주해 다운되고 말았다. 그날 A 교수는 즉각 언론중재위원회에 정정보도와 손해배상을 청구했다. 무려 50억 원의 금액을 물어내라는 내용이었다.

더욱 가관이었던 것은, 기사가 나온 뒤 교육부와 외교부 등 관계 부처가 확인해보니 그 대학원이 불법 미인가 사설교육기관이었던 것이다. 정부는 대학원 설립을 허가한 적도, 유엔이 대학원에 관여한 적도 없었다. A 교수가 대학원을 만들어 코스타리카의 대학과 협약을 맺고 미인가 상태로 운영한 것이다. 게다가 A 교수는 개인적인 인맥으로 온갖 유명 인사를 동원해 학교를 홍보하면서, 학교 운영 과정의 문제점은 불투명하게 감추고 있었다. 결국 나는 후속 기사로 대학원의 불법운영 문제까지 보도했다. 교육부는 대학원이 고등교육법을 위반했다며 폐쇄 명령을 하겠다고 밝혔다. 그러자 대학원은 웹사이트 공지사항에 내 실명을 넣어 강하게 비난하면서 보도에 대해 모든 손해배상을 청구하겠다며 펄펄 뛰었다.

성추행으로 인한 부당 해임 및 퇴교 문제를 기사화했을 때까지만 해도, 대부분의 학생들은 내 결정을 지지해 주었다. 하지만 학교의 설립 및 운영 문제를 지적하기 시작하자, 학생들의 여론은 반으로 갈렸다. 어떤 학생들은 진실을 드러냈다며 나를 지지해 주었지만, 나머지 학생들은 "자기 특종 욕심 때문에 학교를 무너뜨린다"고 비난하기 시작했다.

당시 내 보도는 모두 사실이었다. 게다가 나는 특종을 위해 기사를 쓴 것도 아니었다. 그저 기상천외한 현실을 보고 침묵하는 것은 기자로서 양심에 어긋나는 행동이라고 생각했고, 취재 과정에서 불법 운영 실태까지 알게 됐으니 후속보도를 통해 이를 알렸을 뿐이었다. 그럼에도 불구하고 비난은 이어졌다. 어떤 학생은 단체 모바일메신저에서 "도대체 이렇게 기사를 쓰는 게 학교에 무슨 도움이 되느냐"며 나를 공개적으로 비난했고, 기사를 쓸 때마다 나를 정면으로 겨냥한 악성 댓글이 달리곤 했다. 학생들 사이에서 내가 '특종 욕심에 혈안이 되어 학교를 망치는 기자'로 뒷이야기에 오른다는 소식도 끊임없이 들려왔다.

일부 학생들은 '유엔평화대학이 미인가 교육기관이며 교육부가 폐쇄 명령을 할 예정'이라는 내 보도가 거짓이라고 끈질기게 주장했다. 그들은 학교가 불법 운영이 아니길 바라기에, 불법 운영이 아니라고 믿었다. 자신이 바라는 게 진실이라고 믿는 '인지 부조화' 현상이었다. 심지어 이들은 내 기사가 악의적인 허위 보도이니 학교가 폐쇄되지 않게 구해달라는 주장을 담은 탄원서를 만들어 온갖 국회의원실에 배포하기도 했다. 불법 운영 사실을 숨긴 학교 측이 아닌, 그 사실을 보도한 기자를 비난했다. 불편한 진실은 진실로 여기지 않았고, 자신이 원하는 뉴스만 진실이라 믿었다. 인간 존재에 대한 회의감이 밀려오기 시작했다.

후속 기사를 쓰는 일주일 남짓의 기간 동안, 나는 밥맛이 뚝 떨어져서 식사를 제대로 하지 못했다. 살이 급속도로 빠졌고 얼굴은 하얗게 질려버렸다. 자정까지 회사에 남아 다음 날 실릴 기사를 확인하는 내 모습을 본 동료들은 "왜 귀신 본 얼굴을 하고 있냐"고 물었다.

기자는 참 외롭고 고독한 직업이라는 생각이 들었다. 누가 취재를 대신 해준 것도, 기사를 대신 써준 것도, 기사를 쓰라고 시킨 것도 아니었다. 이 모든 고통을 알면서도 내가 자발적으로 짐을 진 것이었다. 누군가에게 해를 끼치는 기사라도, 다른 기자들과 함께 기사를 쓴 것이라면 그나마 마음이 편했을지 모른다. 하지만 이 사안은 오로지 나 혼자 보고 듣고 취재해 기사를 쓴 것이었다. 엄청난 후폭풍이 몰려와도, 고통은 오롯이 혼자서 감당해야 했다. 진실을 드러내는 게 가치 있는 일이라는 확신만이 유일한 위안이었다. 한동안 캄캄한 고난의 구덩이 속에서 혼자 식음을 전폐하며 고독을 씹었다. 내게 유일한 빛은 내가 쓴 기사가 모두 틀림없는 사실이며, 공론화할 가치가 있었다는 확신뿐이었다.

마침내 모든 것은 끝내 잘 마무리됐다. 인권위는 A 교수의 성희롱과 성추행 사실을 인정했고, 나는 언론중재위원회에서 깨끗이 승소했다. 교육부는 애초에 계획한 대로 학교 폐쇄 조치를 내렸다. 학생들은 학교가 문을 닫자 각자 제 갈 길을 떠나 뿔뿔이 흩어졌다. 지금은 학교 웹사이트도 사라졌고, 캠퍼스 역시 존재하지 않는다.

결코, 즐겁지도 유쾌하지도 않았던 지치고 힘들었던 여정을 위로해준 것은, 내 기사의 가치를 알아봐 준 한 독자의 메일이었다. 사건의 전모를 지켜봤던 모 학자가 보내온 메일이었다.

'진실을 밝히는 것은 언제나 힘들고 외로운 싸움입니다. 성추행 기사를 쓴 것은 정말 용감하고 필요한 일이었습니다. 기자가 해야 할 일이 무엇이었는지를 확실히 보여준 것이지요. 이 기사를 통해 제기된 학교 내의 성추행 문제는 앞으로 한국사회의 변화에 중요한 계기를 제공하게 될 것입니다. 한국사회에 뿌리 깊게 존재하는 학교 재단 비리, 불법 운영, 거짓 등 너무나 많은 문제점들이 마치 한 덩어리로 쌓여있던 곳이 유피스가 아니었나 싶을 정도로 충격적인 내용이 계속 나오고 있군요. 용기 잃지 말고 진실보도 끝까지 부탁합니다.'

누군가는 '불편한 진실'이라도 드러내는 게 옳다는 것을 알고 있었고, 그것이 기자가 해야 할 일이라고 믿고 있었다. 이런 독자들이 존재한다는 것만으로도 내가 겪은 고통과 절망은 충분히 감당할 만한 것이었다. 그의 메일은 그동안의 고생을 눈 녹듯이 녹아버리게 했다.

나는 그곳에서 학생이 아닌 '기자로서' 기사를 쓰기로 결정했던 선택을 단 한 번도 후회해본 적이 없다. 다시 시간을 되돌려 과거로 돌아가 이 모든 과정을 다시 겪게 된다고 하더라도, 여전히 기사를 쓰겠다고 선택할 것이다. 어쩌면 그보다 더 큰 고통을 겪어야 한다고 할지라도……. 그리고 앞으로는 결코 어디 가서 '이 곳에는 기자로서 취재하러 온 게 아니니까'라는 말을 함부로 하지 않을 생각이다. 나는 정말 어쩔 수 없는 기자인가 보다.

Q&A

기자들은 어떻게든 기삿거리 건질 생각만 하나요?

사람들은 때때로 내 직업이 기자라는 것을 밝히면 "아유, 말조심해야겠네요"라며 말을 아낀다. 대화 도중 행여 '그냥 궁금한 것'을 물어보면 "혹시 기사 쓰려고 하는 건 아니죠?"라고 되묻거나, "제가 뭘 잘못한 건 아니죠?"라며 눈을 동그랗게 뜨고 경계를 한다. 아무래도 기자들은 밤낮 기삿거리 건질 궁리만 하는 사람들 같아 보여 조심하는 차원에서인 것 같다.

적어도 내 경험으로는 기자들이 어떻게든 기삿거리 건질 생각만 하는 것은 사실인 것 같다. 의식적으로 무조건 '기삿거리를 찾아야지'라고 생각하는 게 아니더라도, 일종의 직업병이다. 가족이나 친구와 대화를 나누다가도, 휴일에 어디 놀러 가서도, 불현듯 어떤 사안을 봤을 때 기삿거리와 연관 지어 생각하는 습성이 있다.

언젠가 회사 동료들과 함께 통나무로 된 펜션에 1박 2일로 놀러 가 고기를 구워 먹고 재밌는 게임도 하면서 논 적이 있었는데, 바비큐 파티를 즐기기도 전에 불현듯 '통나무 펜션 화재 사건'이 떠올랐다. 그래서 동료들에게 "혹시 이 펜션도 화재에 취약한 것 아니냐", "비상시 대피로는 어떻게 되냐"고 물은 적이 있다. 어디서든 미용사는 헤

어스타일을, 패션디자이너는 옷을 보는 것처럼, 기자도 자동적으로 기삿거리 생각을 한다.

이렇다 보니 전혀 계획하지 않은 상황에서 기삿거리를 포착해 기사를 쓰게 되는 경우도 있다. 한번은 정부부처가 마련한 출입기자단 오찬 자리에 갔다가, 거기서 들은 이야기를 토대로 기사를 쓴 적이 있다. 당시 나는 정부가 시행 중인 모 정책이 굉장히 비효율적이라 예산이 낭비된다고 생각하고 있었는데, 마침 그 정책을 담당하는 고위 관료와 오찬 자리에서 옆에 앉게 되어 대화를 나눌 수 있었다. 그런데 그 관료도 해당 정책을 시작한 것 자체를 후회하고 있었고, 비효율성과 예산 낭비에 공감하고 있었다. 나는 적잖이 놀랐다.

문제는 그럼에도 불구하고 부처가 며칠 뒤 해당 정책을 더욱 확장하겠다는 내용의 예산안 보도자료를 낸 것이었다. 스스로 문제를 인식하고 있음에도 불구하고 몸집 불리기 식으로 정책을 운용하는 것이었다. 결국 나는 해당 부처의 '고위 관계자'가 정책의 문제점을 자성하는 발언을 했음에도 불구하고 이런 계획을 세웠다며 비판하는 기자칼럼을 쓰게 되었다.

기사를 쓰면서 해당 관료에게 인간적으로는 미안한 마음도 들었다. 출입기자단 오찬 자리가 어떤 발언도 기사화될 수 있는 공식적인 자리이긴 하지만, 기사에 쓴 발언은 나와 옆자리에 앉아서 내게 개인적으로 한 말이었기 때문이다. 그럼에도 불구하고 나는 정책을 취재하는 기자로서, 납세자의 한 사람으로서 부처의 이중 행태에 대해 지적해야만 했다.

기자들이 언제 어디서나 자나 깨나 기삿거리 생각을 하는 것은, 어쩌면 독자의 입장에

서도 필요하며 필수적이다. 기자들이 언론사와 공식 취재 현장에만 함몰되어 거기서 나온 이야기만 기사로 써야 한다면, 그 기사는 역사의 현장에 대한 반쪽짜리 기록이 될 수 있다.

기자는 내가 살고 있는 사회에 광범위한 관심을 갖고, 그 속에서 살아 숨 쉬어야 보다 정확하고 공감 가는 기사를 쓸 수 있다. 그렇기에 기자들은 취재원을 만날 때뿐 아니라 휴양지에 가서도, 친구를 만나서도, 혼자 놀면서도 보고 듣고 느낀 모든 것들을 기사 소재로 활용한다.

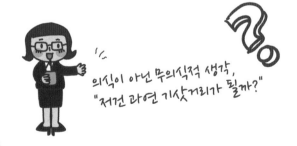

의식이 아닌 무의식적 생각,
"저건 과연 기삿거리가 될까?"

Q & A

기자생활을 하면
욕을 많이 먹지는 않나요?

얼마 전부터 '기레기(기자+쓰레기)'라는 용어가 생겨나 유행하는 것 같다. 사람들(특히 누리꾼들은)은 기자를 욕할 일이 있을 때마다 '기레기'라고 부른다. 대놓고 쓰레기라고 말하기에는 너무한 것 같으니, 어감상 가벼워(?) 보이게 나름 조합한 것이 아닐까 싶다. 특히 기자가 제대로 취재를 해오지 못했을 때 '기레기'를 연발한다.

기자는 전지전능한 신이 아니며, 독심술을 갖고 있어서 모든 것을 꿰뚫어 알 수 있는 존재도 아니다. 인간으로서 한계가 있을뿐더러, 급변하는 상황에 따라 이러지도 저러지도 못하는 딜레마의 상황도 있다. 그래도 내가 기자생활을 하면서 본 대다수의 기자들은 주어진 여건하에서 진실을 찾기 위해 최선을 다한다. 어느 누구를 그 자리에 갖다놓아도 그보다 더 잘할 수는 없는, 인간이라면 거기까지가 최선의 취재와 보도인 경우도 있다.

그럼에도 불구하고 기자생활을 하다 보면 욕을 종종 먹게 된다. 인터넷 기사에 달리는 댓글은 그나마 양반이다. 굳이 그걸 찾아서 읽어보지 않으면 되기 때문이다. 하지만 취재를 하기 위해서는 꼭 만나야 하는 사람이 있고, 물어야 하는 질문이 있다. 그것이

민감한 사안일 때는 좋은 이야기를 듣지 못한다. 심지어 대놓고 욕설을 듣기도 한다. 경찰서에서 수습기자 생활을 하던 시절, 민감한 사건을 취재하다가 욕을 들은 적이 있다. 당시 성북동 부잣집에 절도가 발생해 경찰이 수사 중이었는데, 범인이 잡히기도 전에 절도 발생 사실이 언론에 보도되어 버렸다. 내가 보도한 것은 아니었지만, 모 언론에 보도가 되면서 절도 수사는 난항을 겪었다. 경찰 입장에서는 사건 발생 직후에는 용의자가 수사 정보를 모르도록 언론이 보도하지 않고 기다렸다가, 용의자를 잡아서 사건이 잘 해결됐을 때 이를 홍보해 주길 바라는 습성이 있다. 그런데 미리 보도가 나가니 열이 받은 것이었다.

당시 담당 경찰서의 강력계장은 그 사건에 골머리를 싸매며 사무실에서 줄담배를 피우고 있었다. 사건이 어떻게 해결될지 이목이 집중되던 때, 나는 경과를 듣기 위해 강력계장에게 가서 질문을 했다. 강력계장은 기자 때문에 수사를 망쳤다고 생각해 단단히 화가 난 상태였고, 기자인 나에게 아무 말도 하지 않겠다며 "저리 가라"고 말했다.

나는 수습기자였기에 선배에게 보고하고 지시를 받아야 했다. 선배는 나에게 "그렇다면 경찰이 말 안 해줘서 취재를 못했다고 기사에 쓸 거냐"며 "다시 가서 취재를 해오라"고 시켰다. 생각해 보니 맞는 말이었다. 독자들은 뉴스를 기다리고 있는데, 취재원이 말을 해주지 않는다는 핑계를 대면서 기사를 텅 비게 놔둘 순 없었다. 나는 다시 강력계장에게 갔고, 그래도 사건이 어떻게 진행되고 있는지 한마디 해줄 수 있냐고 물었다. 하지만 그는 기자 때문에 신경이 곤두선 상태에서 기자가 계속 찾아오자 화가 나서 고래고래 소리를 질렀다.

당시 그 강력계장이 내게 한 말은 너무 험악해서 이곳에 적지 않겠다. 그는 내게 육두 문자를 날리고 손가락질을 하면서 "꺼지라"는 요지의 욕설을 했다. 나는 기자생활을 하기 전까지만 해도 면전에 대고 쌍욕을 들어본 적이 단 한 번도 없었다. 너무 어처구니가 없고 인간으로서 모멸감과 수치심을 느꼈지만, 같이 화를 낸다고 해서 나아질 것은 없었다. 다른 상황이었다면 정식으로 문제제기를 했었을 테지만 나는 어떻게든 취재를 해야만 하는 수습기자였다. 강력계장과 사이가 틀어져서 취재를 못한다면 기사를 쓸 수 없고, 독자들에게 소식을 전할 수 없었다. 결국 치밀어 오르는 서러움을 꾹 누른 채 산산조각난 자존심을 뒤로하고 터벅터벅 걸어 나왔다.

경찰서 밖으로 나오니 밤하늘이 캄캄했다. 나도 모르게 눈물이 차오르기 시작했다. 내가 기자생활을 시작하면서 스스로와 약속한 게 있다면, 일하면서 절대 눈물을 흘리지 않겠다는 것이었다. 기자생활을 시작할 당시, 나는 어리고 세상 물정도 몰랐지만 프로답지 못한 모습을 보이긴 싫었다. 그런데 내 의지와 상관없이 눈물이 차오르자 너무 당황스러웠다. 결국 나는 '눈물이 차오르는 건 어쩔 수 없지만, 흘리진 않겠다'고 다짐했다. 생각해 보니 애초 나 자신과의 약속도 '눈물을 흘리지 않겠다'였다. 나는 눈에 눈물이 그렁그렁한 채로 언론사 입사동기 중 가장 성격이 대담한 동기에게 전화를 걸어 자초지종을 말했다. 그는 "괜찮다"며 위로해 주었고, 통화를 하는 동안 눈물을 모두 말리며 '흘리지 않았다.'

기자생활을 하다 보면 이런 순간이 종종 온다. 어쩌면 기분 나쁜 이야기를 듣는 것, 욕설을 듣는 것까지 종종 기자로서 감당해야 할 어려움과 거쳐야 할 관문일 지도 모르겠다. 기자생활 초반에는 누군가가 욕을 하고 윽박지르면 가슴이 벌렁거리고 눈물이 차올랐다. 하지만 이제는 눈물이 차오르기는커녕 심장박동 수도 변하지 않는다. 지금

의 나는 어떤 괴팍한 사람 앞에서도 평정심을 유지하면서 상대방을 진정시키고 대화를 시도할 수 있다. 그렇기에 나는 과거의 경험이 꼭 나쁘다고 생각하지도 않고, 이로 인해 원한을 쌓고 있지도 않다. 다양한 경험을 통해 나 자신이 더욱 강해지고 성장하는 것을 느끼고 있기 때문이다.

물론 예나 지금이나 어떤 사람으로부터도 나쁜 말도, 욕도 절대 듣고 싶진 않다. 하지만 어차피 가끔은 싫은 소리도 듣고 욕도 먹어야 하는 게 인생이라면, 기자생활을 통해 이를 견뎌낼 수 있는 배짱을 기르는 것도 나쁘지 않을 것 같다.

하기 싫은 취재도 종종 하게 하나요?

취재를 하고 싶은 것만 골라할 수 있다면 참 좋을 것 같다. 내가 좋아하는 연예인만 골라서 인터뷰하고, 가보고 싶은 맛집을 찾아다니며 리뷰 기사를 쓰고, 보고 싶은 영화를 본 뒤 감상평을 쓰고, 개인적으로 관심을 갖고 있는 정책만 알아보며, 심심할 때만 사건사고 취재를 하는 것이다. 하지만 단언컨대, 기자생활을 하면서 이런 나날은 절대. 오지 않을 것이다(만약, 그런 생활을 하고 싶다면 혼자 하고 싶은 일을 하면서 블로그에다 쓰는 수밖에 없다).

기사는 기본적으로 독자를 대상으로 쓰는 것이다. 독자들이 알아야 할 뉴스는 내가 하고 싶은 취재와 일치하지 않는다. 독자들의 취향은 정말 다양하며, 이 세상에서 일어나는 오만 분야의 것들을 최대한 폭넓게 알려줘야 한다. 그러니 나 자신의 취향 따위는 취미생활에서나 즐기든지 고이 접어둬야 한다(물론 하고 싶은 취재를 하는 경우도 당연히 있다).

가고 싶지 않은 곳도 가야 한다. 기자들 용어로는 갑작스레 자신의 담당 분야와 다른 취재를 하게 된 것을 두고 '총을 맞는다'는 표현을 쓰는데, 총도 자주 맞는다.

생각해 보라. 과연 누가 끔찍한 살인사건이 일어났을 때 그 사건의 전모를 상세하게 알고 싶겠는가? 나도 살인사건을 취재하면서 가해자의 주거지와 장례식장을 누빈 적이 있지만, 솔직히 꿈에 나올까 봐 두렵다. 지금까지 불이 어떻게 났고, 교통사고가 어떻게 발생했는지도 개인적으로는 관심이 없었지만, 독자들에게 알려야 했기에 상세히 취재해서 기사를 쓰곤 했다.

휴가 때 계획을 세워 가족이나 친구와 여행을 가는 건 얼마나 즐거운가? 하지만 기자의 일은 그런 것이 아니다. 갑작스럽게 제대로 짐도 싸지 못한 상태에서 총알같이 지방으로 날아가서 취재를 해야 하곤 한다. 기자를 싫어하는 사람을 만나야 하는 일도 비일비재하다. 거대한 참사가 일어났을 때, 유족들이 오열하는 모습을 취재하는 것을 원하는 사람은 없을 것이다. 말을 거는 것이 고역인 것은 둘째치고서라도, 타인의 고통을 지켜보는 것은 내게도 고통이자 트라우마다. 내가 유족의 입장이라도 그 상황에서 기자들이 와 취재를 해댄다면 거부감이 들 것 같다.

그럼에도 불구하고 때때로 기자들은 유족에게 다가가 위로의 말을 건네고 인터뷰를 해야만 한다. 어떤 사고는 단순히 개인사가 아니라 국가적인 차원의 사고이기 때문이다. 기자들은 최대한 현장에 머무르며 당사자들을 만나 이야기를 들어야 사안을 깊이 취재해 꼭 필요한 뉴스를 전달할 수 있다. 취재가 부담스럽고 껄끄럽다고 해서 멀찍이 앉아 편한 취재만 한다면, 세상에 필요한 뉴스들은 전달되지 못한다. 취재 과열로 인한 역기능도 있지만, 취재 과정을 통해 세상의 부조리함이 알려지고, 이로 인해 바로잡히는 것들도 많은 게 사실이다.

모든 취재에는 원치 않는 순간이 있다. 그렇기에 굉장한 용기와 인내심이 필요하다.

하지만 진실보다 취재의 편의나 기자의 희망을 앞세우는 순간, 기자는 기자로서의 역할을 하지 못하게 된다. 이리 치이고 저리 치이면서 하기 싫은 취재도 하고, 부담스러운 사람도 만나고, 가기 싫은 곳도 가고, 알고 싶지 않은 것도 알아내야 하는 것이 기자다.

어쩌면 이런 인고(忍苦)의 과정을 거쳐서 기사를 쓰기 때문에 기자에게 기사는 '조개속의 진주'처럼 값지게 느껴지는 것일지 모른다. 때로는 힘들게 공들여 쓴 기사를 보면 자식같이 느껴질 때가 있다. 나 역시 내 기사를 일일이 가위로 오려서 스크랩해 집에 소중히 보관하고 있다. 그것이 얼마나 큰 고난과 노력의 부산물인지 잘 알고 있기 때문이다.

기자는 '총을 맞아도' 현장을 누비고 기사를 쓴다.

이 잔을 제게서
거두어 주시기를

환상을 가진 사람들은 사물을 이상적으로 보는 습성이 있다. 기자 지망생들은 기자에 대한 환상을 갖고 있기 때문에 유려한 문체의 기사, 통찰력이 돋보이는 칼럼, 멋진 특종만 떠올리면서 꿈을 키운다. 그리고 자신이 그런 기사를 우러러보듯이, 기자생활을 하면 자신의 이름 석 자로 그럴듯한 기사를 쓰고, 이로 인해 달콤한 칭송을 받을 수 있을 줄 안다.

물론 기자생활을 열심히 하다 보면 그런 순간이 올 수 있다. 하지만 그런 순간은 빙산의 일각일 뿐이다. 어떤 기사는 쓴다고 해서 누가 우러러봐 주는 것도 아니고 부귀영화를 누리는 것도 아니며, 오히려 곤혹스러운 상황에 처하게 되기도 한다. 그럼에도 불구하고 기자들은 기사를 쓴다. 어차피 좋은 소리를 듣거나 부귀영화를 누리기 위해 기자생활을 하는 것도 아니기 때문이다. 나도 기자생활을 하는 동안 이런 경험을 숱하게 했다.

군대 내 가혹 행위 이슈가 불거지던 때, 나는 사회부 사건팀 기자로서 군내 내 폭행문제를 취재하고 있었다. 마침 이와 관련해 안타까운 사연을 갖고 있는 가족에 대한 제보를 접하게 됐고, 취재에 착수하게 됐다. 제보 내용은 군대에서 지속적인 폭행을 당해 정신 이상이 생긴 탓에 집에서 은둔하며 지내고 있는 20대 남성에 관한 것이었다. 취재 과정에서 남성이 군대에서 쓴 일기를 비롯해 병원진단서, 입대 관련 기록 등을 모두 확인할 수 있었다.

자초지종은 이랬다. 남성은 군대에 가기 전까지만 해도 정상적인 아이였다. 중학교 때는 교내에서 운동선수를 했고, 고등학생 때는 반장을 할 정도로 성격이 활달했다. 하지만 군대에서 첫 휴가를 나왔을 땐 뭔가 이상해져 있었다. 뺨이 부어 있고 입안은 상처투성이인 데다, "나는 바보야"라는 말만 반복했다. 부모가 이유를 묻자 그는 "군대 가면 맞아 죽을 거니 돌아가지 않겠다. 탈영해버리겠다"고 말했다고 한다. 남성은 입대한 지 얼마 되지 않아 영창에 다녀온 상태였다. 부모는 어렴풋이 싸움 때문이라는 이야기를 들었지만, 구체적인 내용은 몰랐다.

남성의 아버지는 '부선망 독자(아버지가 없는 외아들)'로 군대를 면제받은 까닭에 막연히 군대에 대한 동경이 있었다. 아들만큼은 군대를 만기 제대시키고 싶다는 생각에 다시 군대로 등을 떠밀었다. 하지만 얼마 후, 군대에서는 아들의 정신이 이상해진 것 같으니 병원에 가서 진단을 받아보라는 소식을 전해왔다. 남성은 혼자 횡설수설하며 정상적인 대화가 불가능한 사람으로 변해 있었고, 정신병원에서는 '양극성 정동장애(기분이 너무 좋거나 우울한 증상을 보이며 감정에 기복이 오는 장애)'

를 진단했다. 군에서는 전역을 권유했지만, 아버지는 "군에서 완치해서 전역시켜주면 좋겠다"는 의견을 전했다. 하지만 병세는 나아지지 않았다.

뒤늦게 발견한 병영일기에는 군대 내에서 폭행을 당한 기록과 본인 스스로도 정신이 이상해져 가는 것을 자각하고 정신을 놓지 않으려고 발버둥 친 내용이 적혀 있었다. 하지만 이상해진 정신은 회복되지 않았다. 남성은 입대 전까지만 해도 부모에게 욕을 한 적이 없었는데, 제대 이후에는 욕을 하고 폭행까지 일삼았다. 집에 틀어박혀 지내면서 그동안 키우던 애완견마저 때려죽였다고 했다. 가족은 정신질환 치료비를 자비로 부담하면서 지쳐가고 있었다.

취재를 하고 자료를 확인하긴 했지만, 기사를 쓰기 위해서는 당사자를 만나야 했다. 하지만 가족은 "지금 혼자 집에서 팬티만 입고 지내고 있고 걸핏하면 화를 내고 폭행을 가하는데……"라며 걱정했다. 나는 업무에 있어서는 남녀를 구분하는 것을 싫어하지만, 아무래도 팬티만 입고 은둔생활을 하는 20대 남성의 집에 여기자가 찾아가서 인터뷰를 할 수는 없었다. 결국 남자 후배 기자에게 당사자의 인터뷰 부분을 취재해달라고 부탁했다. 후배 기자가 찾아가서 인터뷰를 요청하니, 당사자는 팬티만 입은 채 "군대가 내 인생을 망쳤다"는 말만 반복했다.

문제는 기사가 실린 뒤였다. 가족은 안타까운 사연이 실린 것에 대해 "고맙다"고 인사를 전해왔지만, 남성은 노발대발하면서 후배 기자에게 연락을 해왔다. 기사가 익명으로 실렸음에도 내용을 보고 자신의 이야기인 줄 알아차린 것이다. 그는 자신을 인터뷰한 후배 기자에게 자신은 정상인이며(원래 정신질환을 앓는 사람 상당수는 자신이 정상인이라며 약 복용을 거절하곤 한다), 기사에 실린 내용은 모두 잘못됐다며 내 휴대전화번호를 요구했다. 후배 기자는 나에게 얼른 당사자에게 전화를 해보라고 했다. 순간 덜컥 겁이 났다. 당사자는 정신 이상을 앓고 있었고, 애완견을 때려죽이고 부모까지 폭행한 사람이었다. 욕을 한 바가지 먹는 건 둘째 치고서라도, 회사에 찾아와서 나에게 해코지하지 않을지 걱정이 됐다.

내가 전화를 망설이는 동안 당사자는 후배 기자에게 계속 전화를 했고, "이샘물 기자 나이는 몇 살이냐. 나보다 어린 사람이면 참지 못하겠다(실제로 그는 나보다 나이가 한 살 많았다)", "이샘물 기자는 미친 사람이니 고소하겠다"는 온갖 기상천외한 말로 협박을 가했다. 나는 심호흡을 크게 한 번 하고 당사자에게 전화를 걸었다. 하지만 웬걸, 그토록 기다렸다면서 그는 "바쁘니까 나중에 통화하자"면서 나를 피했다. 뒤늦게 알게 된 사실이지만, 그의 가족이 남성에게 "사실 그대로 쓴 것인데 틀린 내용이 뭐가 있느냐. 너를 도와주려고 쓴 건데 그런 식으로 하면 안 된다"고 따끔하게 말하자, 당사자는 수그러들었다고 한다.

무엇보다도 다행스러운 것은, 기사가 나간 뒤로 남성의 삶이 달라졌다는 것이다. 기사를 보고 자극을 받더니 이제는 정상인으로 살아보겠다며 달라진 모습을 보이기 위해 열심히 살기 시작했다고 한다. 공무원 시험을 준비하겠다며 갑자기 밤늦게까지 공부를 하고, 운동도 다니게 됐다. 게다가 부모를 부를 때도 욕을 일삼았는데, 이제는 "아버지", "어머니"라고 부르니 개과천선을 한 셈이다.

당시 일은 잘 해결이 되어서 다행이지만, 사실 어떤 기사를 쓸 때 그로 인한 파장과 내가 감당해야 할 것들은 예측할 수 없는 게 대부분이다. 당사자가 이번 일로 인해 나에게 찾아와서 해코지를 하거나 부모를 원망하며 또다시 폭행을 가했다면 정말 생각만 해도 끔찍하다. 이런 기사를 쓴다고 해서 내가 부귀영화를 누리는 것도 아니고, 보상이나 명예가 주어지는 것도 아니다. 되레 때때로 예상치 못한 고뇌와 시련을 겪는 것은 기자 몫이다.

그럼에도 불구하고 사회의 치부를 드러내는 것은 기자의 숙명인 것 같다. 그것이야말로 기자의 존재 이유이고, 기자가 해야 할 일이기 때문이다. 그래서 기사를 쓰는 것이 종종 기자 개인에게 감당해야 할 고통을 수반한다는 것을 알면서도, 기사를 쓰는 것을 택하게 된다. 가끔은 피하고 싶을 때도, 도망가고 싶을 때도 있다. 하지만 지나고 보면 감당하지 못할 시련도 없는 것 같다. 그렇기에 때로는 독배 맛이 나는 쓰디쓴 잔도 마시게 된다.

기자들은 평소에 스트레스를
많이 받나요?

언론사에서 기자생활을 하다가 비교적 업무 강도가 낮은 직장으로 이직한 분을 만난 적이 있다. 그분은 인생 선배로서 이런저런 얘기를 하다가, "이곳에서는 기자생활할 때 쏟은 에너지의 반만 쏟아도 충분히 열심히 일할 수 있더라"고 말했다. 그 직장 자체가 업무 강도가 낮아서이기도 하지만, 기자생활이 다른 곳에 비해 그만큼 빡세다(?)는 것이기도 했다.

나는 기자생활이 다른 직업에 비해 노동 강도가 세다거나 고생스럽다고 생각하지는 않는다. 다른 직업을 내가 경험해 보지 않았기도 하고, 노동 강도라는 것은 개인의 역량이나 업무처리 속도 등에 따른 주관적인 느낌일 수 있기 때문이다. 게다가 지금까지 만난 취재원들 중 자신이 편하게 일한다고 말하는 사람은 별로 보지 못했다. 각자 자신의 일이 가장 고생스럽고 힘들다고 생각 혹은 착각하면서 살아가기 때문에, 기자도 그런 직업 중 하나일 뿐이다.

하지만 확실히, 기자들은 지금까지 내가 본 대부분의 직장인들에 비해 스트레스를 더 많이 받는 것 같긴 하다. 아무래도 '하루' 단위로 삶이 굴러가기 때문인 듯하다. 대부분의 직장인들이 처리하는 업무 프로젝트나 보고서 가운데 매일 새로운 것을 작성해

야 하는 것은 별로 없을 것이다. 이에 반해 기자들은 하루 단위로 매일 기사를 기획하고 써 나가야 한다. 오늘 놓치면 내일은 쓸 수 없으며, 무조건 정해진 시간 내에 완성해야만 한다.

매일 뉴스를 생산한다는 것은 매일 시험 성적표가 나오는 것과 같다. 기자들은 매일 아침 출근해 신문을 읽으면서 오늘 내가 놓친 뉴스는 무엇인지, 똑같은 기사를 다른 기자들은 어떻게 썼는지 등을 체크한다. 내가 숨기고 싶어도 실력이 탄로 나기 마련이다. 때로는 내가 기사에 대해 의미 부여와 가치 판단을 제대로 하지 못해 눈 뜨고도 중요한 기사를 놓치기도 하고, 아예 모르던 뉴스가 다른 신문에 불쑥 튀어나와 낙종하기도 한다.

특정 분야의 뉴스를 열심히 비교하다 보면, 누가 취재를 잘하는지가 보인다. 그게 매일 나라면 참 좋겠지만, 그런 경우는 거의 없다. 나는 한 명인데, 나와 같은 분야를 취재하는 다른 언론사의 기자들은 수십 명, 수백 명이기 때문이다. 아무리 열심히 일해도 몸은 하나이고 인간이다 보니, 놓치는 뉴스가 있기 마련이다. 다른 신문에 단독기사가 나와서 낙종하는 것을 기자들의 은어로 '물을 먹는다'고 표현하는데, 물을 자주 먹을 수밖에 없다.

잘 모르는 분야라도 일단 이슈가 터지면 빠르고 정확하게 취재를 해서 기사를 써야 하는 것도, 때로는 스트레스일 수 있다. 나도 이런 경험을 숱하게 했다. 한번은 산업부로 부서를 옮긴 뒤 조선 등의 분야를 담당하게 됐는데, 새 부서로 배치받자마자 대우조선해양의 대규모 손실 이슈가 터졌다. 나는 조선업계에 대해 아는 것이 거의 없었다. 하지만 최대한 빨리 이슈를 소화하고 문제를 간파해 관련된 기획기사를 써야 했다. 누

118

구도 내게 "새로 왔으니 천천히 공부하고 기사는 나중에 쓰라"고 기다려 주지 않는다. '내일은 없다'는 각오로 어떻게든 취재해 기사를 써야지, 절대 "못한다"는 말은 할 수 없다.

나는 기자라는 직업을 사랑하지만, 그렇다고 기자생활을 하면서 스트레스를 받지 않는 것은 절대 아니다. 기자는 연차가 젊은 기자도 주도적으로 일할 수 있는 직업이지만, 그만큼 자신이 맡은 분야에 대한 책임도 따른다. 잘 모르는 이슈가 터져서 급박하게 기사를 써야 할 때, 시간은 촉박한데 취재가 되지 않을 때, 일이 잘 풀리지 않거나 어렵다고 해서 물러서거나 회피할 수 없다. 이럴 때는 당연히 스트레스를 받는다. 무엇이 진실인지 혼란스러운 상황에서 어떻게든 기자로서 현장에서 판단해 기사를 써야 할 때, 갑작스러운 사건사고로 오랫동안 준비해온 기사가 빠질 때, 열심히 일했는데도 물을 먹을 때 등도 마찬가지다.

하지만 불꽃같이 치열하게 일하는 순간이 일단락되고, 밤늦게 집에 돌아가는 길에 느끼는 기분은 나쁘지 않다. 이렇게 기자로서 받는 훈련이 내 개인의 역량 향상에는 엄청난 기여를 하고 있기 때문이다. 젊은 날에 이토록 압축적으로 치열하게 많은 것을 배우고 경험하게 하고, 찰나의 판단 능력을 길러주고, 가시적인 성취를 내도록 하는 직업은 많지 않다. 기자로서 스트레스 받는 것은 피할 수 없지만, 이로 인해 하루 종일 괴로움에 휩싸일지, 하루의 어느 지점에서 훌훌 털어버리고 긍정적으로 바라볼지는 본인의 선택에 달렸다.

Q&A

기자생활 중 가장
힘든 순간은 언제인가요?

기자마다 가장 힘든 순간은 다르겠지만, 그래도 기자들이 가장 힘든 순간은 '오보를 냈을 때'가 아닐까 싶다. 기자들이 가장 두려워하는 것은 오보이기 때문이다. 반대로 말하자면, 기자의 자신감은 '사실 보도'에서 나온다. 자신의 기사가 틀린 부분이 전혀 없다면, 어떤 비난이나 어려움도 감내할 수 있다. 일단 사실에 기반을 두고 쓴 기사라면, 그다음부터는 '의견이나 시각의 문제'가 되기 때문이다. 그 의견이나 시각 자체는 사람마다 다를 수 있다.

오보는 거창한 데서 나오는 게 아니다. 사소한 것도 오보일 수 있다. 일례로 나는 약품에 대한 기사를 쓸 때, '항균(抗菌)제'라는 말을 '향균제'라는 말로 잘못 쓴 적이 있다. 'ㅏ'와 'ㅑ'의 차이긴 하지만, 향균제가 결코 항균제가 될 수는 없다. 기사가 나간 뒤에야 내가 단어를 잘못 썼다는 것을 알고 부랴부랴 바로잡은 적이 있다. 사람의 이름이나 소속, 나이를 잘못 쓰게 되는 경우도 있다. 한번은 '숭실사이버대' 교수를 '숭실대' 교수로 잘못 적었다가 뒤늦게 고친 적이 있다. 이런 것들은 두 손 들고 인정할 수밖에 없는 오보다.

그 외에도 잘못된 보도를 하고 정정한 적이 있지만, 이를 소개하는 것은 내게는 떠올리고 싶지 않은 끔찍한 기억을 되살리는 것과 같다. 기자에게 있어서 오보는 정말 치명적인 실수이며, 가장 하지 말아야 할 일이다. 기자의 역할 자체가 사회에서 일어나는 일을 정확하게 보도하는 것인데, 그걸 못하는 순간 기자로서의 가치는 땅바닥에 떨어지게 된다.

나는 명백한 오보라면 깨끗이 바로잡아야 한다고 생각한다. 그렇다고 바로잡는 과정이 간단하고 쉬운 것만은 아니다. 우선 회사에 내가 어떤 오보를 내서 어떻게 수정하게 됐는지를 알리는 것은 굉장히 부끄럽고 창피하며 고통스러운 일이다. 언론사마다 과정은 다르겠지만, 대형 언론사의 경우 바로잡아야 한다는 판단이 들더라도, 기자가 마음대로 고치는 것이 아니다. 보고를 통해 결재를 올리고, 일련의 결재 절차를 거쳐야 수정이 된다.

기자에게 오보가 두려운 것은, 기자는 본인의 이름을 달고 기사를 쓰는 직업이기 때문이다. 기자가 오보를 몇 차례 내는 순간, 그 기자가 쓴 기사는 더 이상 믿을 수 없는 기사가 된다. 나 역시 다른 언론사에 실린 기사를 본 뒤 그 내용이 사실인지 확인할 때, 미세하더라도 틀린 내용이 많았다면 그다음부터는 그 기자의 기사를 온전히 믿지 못하게 된다. 나의 경우에도 마찬가지다. 내 기사에 오보가 있다면 내 기사는 믿을 수 없는 기사가 될 터이니, 그것만큼 두려운 게 없다. 오보는 기자로서의 자존심을 스스로 무너뜨린 것이니, 인생의 오점이 생기는 기분이다.

오보를 내지 않으려면 약간의 강박증 증세를 발휘해야 한다. 일단 기사를 쓰고 나면 단어 하나하나를 살피면서 그게 맞는지 다시 체크하고 또 체크하는 식이다. 아무리

열심히 확인하고 수차례 읽었더라도, 인간인지라 실수하는 부분이 생길 수 있다. 그렇더라도 오보는 오보다. 그러니 최대한 정확한 기사를 쓰기 위해 기자들은 꼼꼼히 확인하고 거듭 확인한다.

이런 과정을 거치다 보면 성격이 예민해지기도 한다. 가끔은 밤에 자다가도 혹시 내가 쓴 기사에 사람 나이가 틀리지 않았는지 등 사소한 것이 확인하고 싶어져서 벌떡 일어날 때가 있다. 원래 나는 어떤 상황에서도 잠을 푹 잘 자는 성격이었는데, 어느새 시도 때도 없이 기사 내용을 떠올리면서 노트북을 켜는 예민한 성격의 소유자로 변해버렸다. 그래도 오보를 내서 뒤늦게 정정해야 할 때 느끼는 고통에 비하면, 강박증 환자처럼 단어 하나를 확인하고 또 확인할 때 느끼는 번거로움, 그로 인한 불면증세는 아무것도 아니다.

오보를 알고도
정정하지 않는 것은
기자의 직무유기!

Q&A

재밌는 기사,
아름다운 기사만 쓰면 안 되나요?

어떤 사람들은 "기자들은 자극적인 것만 보도한다"고 비판한다. 이런 사람들은 대체로 신문 전체를 열심히 보지 않기 때문에 기자들이 보도하는 수많은 '전혀 자극적이지 않은 기사'는 기억하지 않고 자극적인 기사만 떠올리는 습성이 있다. 신문에는 자극적인 뉴스가 실리는 것이 사실이다. 여기서 '자극적'이라 함은 인터넷 뉴스에 나오는 선정적인 뉴스를 말하는 것이 아니라, 가끔은 고개를 돌리게 되는 끔찍한 사건사고나 부정부패를 말한다.

기자들도 재밌는 기사, 아름다운 기사만 쓸 수 있다면 참 좋을 것 같다. 하지만 세상에는 재밌는 일, 아름다운 일만 발생하지 않는다. 더러운 일도, 통탄할 일도, 복장 터지는 일도 생긴다. 그것도 조금 생기는 게 아니라 아주 많이 생긴다. 사회에서 일어나는 일을 보도해야 하는 임무를 가진 기자가, 자신이 싫어하는 일이라고 해서 보도를 하지 않는다면 어떻게 될까. 독자들은 세상에서 발생하는 수많은 일에 문외한이 되어버리고 말 것이다.

누군가는 기사를 '가장 빠른 역사의 초고'라고 부른다. 우리가 배우고 있는 역사도 상당수는 언론의 보도를 통해 조금씩 조각이 맞춰진 것이다. 지금도 과거의 사회상 중 상당수는 과거 언론 보도를 통해 엿볼 수 있다. 그런데 어느 사회나 어두운 면과 밝은 면이 공존한다. 기자는 그런 것들을 자체적으로 검열해 선별하는 게 아니라, 최대한 있는 그대로 알리는 역할을 한다. 기분 나쁜 뉴스라고 해서 빼버리는 순간 은폐와 조작이 되어버릴 수 있기 때문이다.

사람들은 '주관적인 기사'와 '객관적인 기사'를 이야기하지만, 나는 기사란 기본적으로 주관적인 것이라 생각한다. 무엇이 뉴스인지를 판단하는 것 자체가 주관적인 행위이기 때문이다. 누군가는 보육정책에 대한 관심은 하나도 없는 반면 빈곤정책에 관심은 많고, 누군가는 빈곤정책에 전혀 관심이 없는 반면 보육정책에 관심이 많을 수 있다. 또 누군가는 정치 뉴스에만 관심이 있고 주식, 증권, 부동산 등 경제문제에는 일절 관심이 없을 수 있고, 누군가는 경제 뉴스만 열심히 읽고 정치적인 이슈는 쳐다보지도 않을 정도로 관심이 없을 수 있다.

그럼에도 불구하고 뉴스 생산자들은 무엇이 기삿거리인지를 판단해 분량을 정하고, 신문에 게재해야 한다. 어떤 사안이 신문이나 방송에 보도되어야 하는지, 얼마만큼의 비중으로 보도해야 하는지, 무엇을 앞세워서 보도해야 하는지는 철저히 주관적인 행위다. 다만 그 선택이 올바른 건지, 보도한 내용이 공정했는지는 '객관성'과는 별개로 판단해야 할 문제다.

그래도 어느 분야의 뉴스이건 공통된 것이 있다면, '누군가'는 알아야 하거나 알고 싶어 하는 뉴스라는 것이다. 그렇기 때문에 기자는 그 내용이 좋건 싫건 간에 취재를 하고, 기사를 써야만 한다. 어쩌면 기자에게 중요한 것은 '예민한 감성'이나 '자신만의 취향', '뚜렷한 정치관'이 아니라 '풍부한 호기심'일지 모른다. 개인적인 취향은 제쳐두고, 다양한 사안에 호기심을 갖고 집요하게 취재해 내는 근성이 있어야 취재를 잘할 수 있을 것이다.

때로는 대중이 외면하고 싶은 내용도 있고, 재미는 없지만 꼭 필요한 뉴스도 있다. 그 복잡다단한 세상을 취재하는 기자는 화려하고 우아한 취재 현장에서 정장을 빼입고 노트북을 두들길 줄도 알아야 하지만, 운동화를 신고 구정물에 손과 발을 담글 줄도 알아야 한다. 그때 필요한 것은 세상에 대한 폭넓은 호기심과 열린 마음일 것이다.

신문은 세상의 모든 일을 일일이 보고하는 '역사의 초고'이다.

측량할 수 없는
기사의 가치

열심히 일하는 기자일수록 '착각쟁이'일 확률이 높은 듯하다. 가장 흔한 착각은 자기가 세상에서 제일 고생스럽게 일한다는 착각인데, 이는 너무 흔한 착각이니 제쳐두기로 한다. 그에 못지않게 많이들 하는 착각은, 자기 기사가 세상에서 가장 중요하다고 생각하는 것이다. 세상 모든 독자들이 나의 기사를 애타게 기다리고 있고, 그렇기에 아무리 힘들어도 기사를 완성해야만 한다는 착각이다. 나 역시 굉장한 착각쟁이로 기자생활을 한 적이 부지기수였다.

어쩌면 내가 쓰는 기사는 다수의 관심은 받지 못할 수도 있고, 읽는 사람도 대충 읽어 넘길 수 있다. 하지만 나는 모든 사람이 내 기사를 읽기만을 애타게 기다리고 있고, 기사를 읽는 사람들이 단어 하나까지 꼼꼼하게 읽으면서 음미한다고 착각한다. 이런 착각을 해야만 기자로서 사력을 다해 취재를 하고 기사를 쓰게 되기 때문이다. 실제로 어떤 독자들은 기사를 토씨 하나까지 유심히 읽고 이와 관련된 자신의 생각을 메일로 보내기도 한다.

내 기사의 가치에 대한 착각이 심해지면 가끔 무모한 일을 저지르기도 하는데, 나 역시 그런 적이 있다.

2013년, 한국과 헝가리가 무역대표부를 설치하기로 합의했다고 발표한 지 25

주년(9월 13일)을 맞아 역사적인 의미를 조명해 보는 기획기사를 준비할 때였다.

기사 게재 일정은 8월 셋째 주쯤 갑자기 정해졌기에, 나는 서둘러 이와 관련된 취재를 하기 시작했다. 기사는 25주년을 하루 앞둔 9월 12일자에 실려야 하는데, 나는 8월 마지막 주부터 9월 첫 주까지는 볼리비아로 해외 출장을 다녀오기로 예정되어 있었다.

헝가리와 무역대표부를 설치하기로 합의한 건 1988년. 그해는 내가 태어난 해였다. 그 당시의 내가 외교적인 상황을 알았을 리는 만무했고, 헝가리에 대해 별도로 공부한 지식도 거의 없다시피 했다. 그럼에도 '기자이기 때문에' 어떻게든 취재해 한 면에 걸친 기사를 써야 했다. 급하게 자료를 찾아보고, 당시의 주역들을 수소문했다. 일단 출장 전에는 당시 외무부에서 일하던, 지금은 은퇴한 전직 고위 관료를 만나서 부랴부랴 인터뷰를 했다.

전면 기사를 써야 하는데, 출장에서 돌아온 뒤 취재하고 기사 쓸 시간은 고작 사흘 남짓에 불과했다. 게다가 출장을 떠나기 전에 취재한 내용만으로 기사를 쓰기엔 역부족이었다. 나는 출장이 끝나면 과거 국정원 직원, 대통령 정책보좌관 등을 추가로 인터뷰하기로 약속을 잡아두었다. 그렇게 마음 한쪽에 숙제를 남겨둔 채 볼리비아로 떠났다.

당시 출장은 한 장애인 단체가 주최하는 프로그램이었다. 장애를 가진 대학생들이 스스로 연수 계획을 세워 실행하는 것을 취재하는 것이었다. 나와 대학생들, 스태프 등을 포함해 출장 인원은 10명 정도였다. 우리는 각종 기관을 방문하느라 정신없이 시간을 보냈다. 그리고 마지막 날, 출장을 무사히 마치고 볼리비아 산타크루즈 공항에서 짐을 수속했다.

우리 일행이 공항에 도착한 시간은 비행기가 뜨기 무려 3시간 전이었다. 우리는 짐을 부쳤기에 공항에 들어가 소지품 검사를 받았고, 공항식당에서 아침을 먹고 수다를 떨면서 시간을 보냈다. 당시만 해도 그 공항이 인천공항처럼 소지품 검사를 한 번만 받으면 되는 줄 알고 태평하게 있던 것이었다. 그런데 웬걸, 탑승구로 가려면 재차 소지품 검사와 탑승 수속을 받아야 했다. 우리가 그걸 깨달은 시간은 비행기가 뜨기 고작 1시간 전이었다.

재빨리 줄을 섰지만, 이미 줄은 너무나도 길어진 상태였다. 그래도 우리는 "설마 탑승객을 내버려두고 가겠느냐"며 일단 줄을 서서 기다렸다. 하지만 탑승 시간은 점점 다가오고 있었다. 탑승 시간이 10분 남짓 남았을 때였을까. 우리는 그제야 발등에 불이 떨어져 줄 앞쪽으로 갈 방법을 수소문했다. 마침 공항 직원이 우리가 탑승해야 할 비행기를 언급하며 "따라오라"고 손짓을 했다. 우리는 '드디어 살았다'는 생각에 우르르 따라갔다.

하지만 상황은 전혀 엉뚱하게 돌아갔다. 그 직원은 우리가 너무 늦어서 비행기를 탈 수 없다며, 공항 로비로 내보낸 것이었다. 그 와중에 항공사 측은 우리가 부친 짐을 별도로 빼놓은 채 떠나버리고야 말았다. 우리와 함께 비행기를 놓친 여행

객은 어림잡아 70여 명은 되어보였다. 나중에 알고 보니 이 공항에서는 이런 일이 하루가 멀다 하고 벌어진다고 했다.

한국과 산타크루즈 공항은 직항이 없다. 미국을 거쳐 가야 하는데, 문제는 미국으로 가는 비행기도 많지 않다는 것이었다. 우리가 이용한 아메리칸 항공을 이용하면 추가요금 부과 없이 탑승일자를 변경해 출발할 수 있지만, 이 역시 남는 좌석이 다음 날 1개, 그다음 날 2개 식으로 턱없이 부족하긴 마찬가지였다. 당시는 9월 첫 주라 대학생들은 해외 연수로 인해 수업을 한 주 빠진 상태였고, 모두가 한국에 빨리 돌아가야 하는 상황이었다.

문제는 나도 한국에 계획대로 돌아가지 않으면 기사가 펑크 날 상황이었다는 것이다. 볼리비아에서 한국으로 돌아가려면 경유 시간을 포함해 최소한 이틀은 걸린다. 곧장 돌아가도 겨우 보충 인터뷰를 해서 기사를 쓸 수 있는데, 하루나 이틀 뒤에 출발하면 인터뷰를 줄줄이 취소해야 했다. 인터뷰 대상자도 시간이 아무 때나 나지 않기 때문이다.

내가 헝가리 기사를 쓰기로 한 코너는 당시 우리 신문에 매주 목요일마다 게재되던 '내러티브 리포트'라는 코너였다. 인터뷰 일정이 틀어지면 기사를 제때 쓸 수 없게 되고, 기사를 쓰지 못하면 내러티브 리포트 코너는 자동으로 한 주 공백이 생긴다. 매주 나가던 코너가 갑자기 펑크나는 것은 독자에 대한 약속을 저버리는 것이고, 조직에도 폐를 끼치는 것이었다.

게다가 이번 기사는 9월 13일이라는 특정 날짜를 기념해 쓰는 것인 만큼, 그 날짜를 넘겨버리면 더 이상 '25주년'이라는 기념일의 의미가 없게 된다. 기사 자체를 못 쓰게 되면, 내가 사전에 인터뷰한 내용도 모두 물거품이 되는 것이다. 아무리 은퇴한 관료라지만 인터뷰를 위해 기꺼이 시간을 내주고 자료 협조를 해줬는데, 이런 일이 생기면 안 됐다.

당시 우리가 타려던 아메리칸 항공에 수소문하니 다음 날 출발하는 비행기 중 남은 좌석은 하나뿐이었다. 수많은 대학생과 스태프도 한국에 빨리 가야 한다고 발을 동동 구르고 있는데, 명색이 기자랍시고 "내가 먼저 가야겠다"고 이기심을 부릴 순 없었다. 그렇다고 무작정 볼리비아에서 비행기를 기다리며 취재를 미룰 수도 없었다. 결국 나는 눈을 질끈 감고 최대한 빨리 한국에 갈 수 있는 다른 비행기를 알아보기 시작했다. 아메리칸 항공을 깨끗이 포기하고, 새 비행기 표를 사면 곧장 출발해 일정에 차질 없이 한국에 도착할 수 있었다. 결국 나는 눈물을 머금고 사비 350만 원을 털어 새 비행기 표를 사서 한국으로 돌아왔다.

한국에 도착해 정신없이 짐을 푼 뒤 차질 없이 인터뷰를 하고, 기사를 작성했다. 예정대로 기사는 9월 12일자에 전면으로 실렸다. 나는 정말 최선을 다해 당시 주역들의 목소리를 들었고, 역사의 기록을 기사로 남겼다. 인터뷰 당사자들도 본인들이 조각조각 알고 있던 기억이 한데 어우러져 기사화된 것을 보고 "많이 배웠다"며 나를 격려해 주었다. 무척이나 뿌듯했다.

막상 기사가 나온 뒤에야 정신이 번쩍 들면서 비행기를 놓친 것에 대한 회한이 밀려오기 시작했다. 주변에서는 "그냥 비행기 사정이 생겨서 늦는다고 말을 하지, 왜 사비를 털어서 그렇게까지 했느냐"며 혀를 끌끌 찼다. 지금 생각해 보면 굳이 내가 350만 원을 내고 한국으로 곧장 날아오지 않았더라도, 사정을 말했으면 다른 기자에게 일부 인터뷰를 부탁하는 등 대안을 찾을 수 있었을 것이다. 정 불상사가 발생해서 기사 게재가 무산됐더라도 세상이 무너지는 것은 아니다. 하지만 당시의 나는 마치 세상의 모든 독자가 9월 12일에 게재되는 내 기사를 기다리고 있어서, 어떻게든 내가 취재해 계획대로 기사를 출고해야만 한다는 거대한 착각에 빠져 있었다. 그 착각에 빠져 기사 하나에 350만 원을 쓴 셈이다.

다행히 모든 것은 해피엔딩으로 끝났다. 자초지종에 대한 사유서를 쓰고 증빙 자료를 제공한 끝에, 회사에서는 비행기 표값 전액을 되돌려 주었다. 일이 잘 풀려서일까. 나는 기사 하나를 위해 카드로 350만 원어치 비행기 표를 과감히 긁었던 선택을 지금도 후회하지는 않는다. 열심히 공들여 쓴 기사의 가치는 측량할 수 없음을 알고 있기 때문이다.

본인이 쓰고 싶은 기사를 재량껏 쓸 수 있나요?

실력 대로 보상을 받을 수 있고, 노력하는 만큼 성취가 나올 가능성이 높은 직종이 바로 기자라고 생각한다. 여기서 말하는 보상은 물질적인 보상이 아니라 스스로 느끼는 성취감과 만족 같은 것을 뜻한다. 모든 기자는 자신의 이름을 달고 기사를 쓴다. 자신이 취재하지도 않은 기사에는 이름을 얹을 수 없고, 취재한 기사에서 이름이 빠질 수도 없다. 물론 코딱지만 한 기사인데 취재기자는 너무나 많을 때, 덕지덕지 이름을 열거하기보다 일부 이름은 빼는 게 편집상 좋을 때 등 예외적인 경우를 제외하고는 말이다.

게다가 기자들이 누군가? 허구한 날 기사로 남의 이야기를 쓰는 사람들이다. 누군가 열심히 취재한 기사를 가로채 자신의 이름을 슬쩍 넣었다간 금세 소문이 나고 뒷이야기에 오르기 마련이다. 그러니 남의 성취를 가로채는 것은 거의 불가능한 구조다.

어떤 사람들은 "어차피 기자가 기사를 써도 윗사람들이 다 고친다"고 말하는데, 이것이야말로 '성급한 일반화의 오류'에 빠진 편견이라고 생각한다. 적어도 내가 알고 있는 한, 모든 언론사에서는 기사를 쓰면 상사가 데스킹(desking, 다듬는 과정)을 한다. 아무래도 자기가 쓴 글은 논리적인 모순이나 이상한 문장, 어려운 단어 등을 제대로 감별해내기가 어렵다. 그러니 독자의 이해를 돕기 위해 제삼자가 기사를 다듬고 고치는 것이다. 물론 데스킹도 사람이 하는 일이다 보니 모든 게 만족스러울 수는 없다. 기자의 초고를 잘못 이해하고 고쳐서 잘못된 내용으로 수정될 수도 있다. 그러니 기자들은 데스킹이 된 기사를 다시 한 번 꼼꼼히 살펴보고, 재차 수정할 내용이 있으면 상사에게 이야기해 고친다.

이때 사안을 어떻게 판단할 것인지, 기사를 어떻게 쓰는 게 좋을지 이견이 있을 수는 있다. 하지만 내가 생각하기에 데스킹은 언론사 간부들이 기자를 쥐락펴락하면서 영향력을 행사하기 위해 거치는 과정은 아니다. 불특정 다수가 보는 공공의 이익을 위해 쓰인 글은, 최소한의 견제 장치가 필요하다. 기자가 누구의 손도 거치지 않고 자기 맘대로 기사를 쓴다면, 사심을 갖고 신문 지면을 남용할 수 있다. 최소한의 공정성과 정확성을 담보하기 위해서는 제삼자의 눈과 손이 필요하다.

경험상 상사가 내 기사를 가장 많이 고쳤을 때는, 내가 기사를 가장 엉성하게 썼을 때였다. 어려운 내용을 제대로 이해가 가지 않게 쓰거나, 논리적인 오류를 범했을 때 가장 많은 수정 과정을 거쳤다. 취재가 미흡했거나 기사에 빠진 내용이 너무 많을 때는 추가 취재를 해서 기사를 새로 쓰라는 주문을 받기도 했다. 상사의 데스킹을 거친 뒤에도 혹시 잘못된 용어가 있다면 교열기자가 전화를 하고, 확인을 거쳐 수정을 한다. 기사는 직속 상사뿐 아니라 언론사에 있는 수많은 사람의 눈을 거친 뒤 발행된다.

어쨌거나 기자로 일하면서 쓰고 싶은 기사를 재량껏 쓰려면, 여러 가지 박자가 맞아야 할 것 같다. 중요한 이슈를 빈틈없이 취재해야 하고, 해당 이슈의 보도 시의도 적절해야 한다. 아울러 손댈 곳이 별로 없을 정도로 기사를 아주 잘 써야 한다.

Q&A

기자도
편하게 살 수 있나요?

....

기자라는 직업과 가장 양립할 수 없는 삶의 형태가 있다면 바로 '편한 삶'이 아닐까 싶다. 나는 정말이지 기자가 된 이후로 단 한시도 편하게 살아본 적이 없는 것 같다. 쉬는 날에도 휴대전화가 울리면 무슨 일이 있는 건 아닌지 깜짝깜짝 놀라곤 하는데, 그래도 혹시나 중요한 전화가 올까 봐 휴대전화를 무음으로 해놓을 수도 없고 참 고민스럽다. 그럼에도 불구하고 '편한 삶' 외에 '재밌는 삶', '배우는 삶', '다이내믹한 삶', '보람 있는 삶' 등은 가능하니 수많은 '불편함' 속에서도 기자생활을 꿋꿋이 해나가는 게 아닐까 한다.

이 부분은 정말 확실하게 말할 수 있을 것 같다. 단언컨대, 편한 삶을 추구하는 사람이라면 기자가 되어서는 안 된다고 생각한다. 나는 기본적으로 기자는 사서 고생하는 직업이라고 본다. 가만히 있어도 여기저기서 이슈가 터지기 때문에 한 시라도 조용히 있을 수 없는 직업이지만, 설령 아무 이슈가 없더라도 본인이 스스로 기삿거리를 발굴하고 다녀야 기사를 통해 자신의 존재 가치를 증명할 수 있기 때문이다. 자의건 타의건 고생하기는 매한가지다.

게다가 '편안한 삶'을 추구하다가는 기자로서의 존재 가치를 잃어버릴 수도 있다. 아무 의미도 재미도 없는, 누구도 읽지 않는 기사를 쓴다면 참 편할 것이다. 누구도 어떤 반응도 보이지 않기 때문이다. 하지만 이런 기사를 쓰고 싶은 기자는 어디에도 없다.

남을 칭찬해 주고 홍보해 주는 기사만 쓰면 참 편할지도 모른다. 남이 원하는 대로, 써 달라는 대로 써주는 것만큼 편하고 쉬운 일이 없다. 각종 기관에서 보도자료를 내는 것을 그대로 베껴 쓰고, 불러주고 주문하는 대로 받아쓰면 그만이다. 하지만 그렇게 하는 순간 기자는 기자로서의 본분을 잃고 만다. 시키는 대로 받아쓰기만 하는 일이라면, 굳이 인간이 머리를 싸매가며 기사를 쓸 이유가 없다. 로봇이 양식에 맞춰 기사를 쓰면 된다.

기자들은 때때로 항의 전화에 시달리고, 누군가와 관계가 틀어질 것을 알면서도 기사를 쓴다. 마음이 불편하고 몸이 불편해질 것을 알면서도, 기자의 의무가 무엇인지를 알기에 본분에 충실한 삶을 사는 것이다. 나 역시 그런 선택을 수차례 했고, 앞으로도 해야 할 것이다.

한번은 여성가족부 대변인실에서 국제이주기구(IOM) 사무총장이 장관과 대담을 할 예정이라며 취재를 요청한 적이 있다. 나는 이주에 관심이 많았기에 흔쾌히 승낙하고, 국제이주기구와 질문지를 주고받으며 기사를 준비하고 있었다. 그런데 여성부 측에서 "기사에는 장관님 멘트가 많이 들어가게 해주는 거냐", "문답 형식으로 써 달라", "사진은 장관님과 사무총장님이 나란히 찍은 모습으로 나오게 해달라"며 '제사보다 젯밥에 관심을 둔' 요청을 해왔다.

지금도 그렇지만 당시에도 다문화와 국제이주에 대한 이슈가 한국사회에서 중요하게

다뤄지고 있었다. 나는 이와 관련된 국제기구의 수장인 사무총장의 메시지에 중점을 두고 기사를 쓸 예정이었다. 이에 소신껏 "중요한 건 정책이지 장관님 동정이 아니지 않냐"고 말했다. 그러자 여성부는 "취재는 없던 일로 하고 장관님은 기자 없이 면담만 하겠다"고 답했다.

정책을 다루는 부서에서, 장관의 동정이 원하는 대로 실리지 않는다는 이유로 취재를 취소하다니……. 앞뒤가 바뀌어도 한참 바뀌었다고 생각했다. 결국 나는 일련의 과정에 대해 문제점을 지적하는 기자 칼럼을 썼다. 기사가 나가면 여성부가 발칵 뒤집힐 게 자명했다. 게다가 기사가 게재된 날은 내가 여성부 간부들과 점심을 먹기로 약속해 둔 날이었다.

아니나 다를까, 기사가 나온 날 여성부는 난리가 났다. 식사 자리도 그 기사 때문에 내내 분위기가 심각해졌다. 여성부 대변인실은 물론이고 당시 장관까지 내게 전화를 걸어 해명성 발언을 해왔다. 기사로 인해 이렇게 시끄러운 일이 생길 거란 건 예상하고 있었다.

누구도 오래전에 잡아놓은 식사 자리를 망치고 싶은 사람은 없다. 취재원과 얼굴을 붉히고 싶은 사람도, 항의 전화와 해명성 전화를 달가워하는 기자도 없다. 비판성 칼럼을 쓴다고 누가 칭찬을 해주거나 대단하게 봐주는 것도 아니다. 오히려 가능하면 접촉을 피하고 싶은 '바이러스' 같은 존재로 여기기 십상이다. 그럼에도 불구하고 기자는 불편함을 감수하면서 보도를 해야만 한다. 그렇게 불편함과 불쾌감을 감수하고도 기사를 쓰는 걸 보면, 이 직업은 물리적으로나 정신적으로나 '편한 삶'과는 거리가 참 멀다.

하루, 일주일, 한 달 등 특정 기간 동안 써야 하는 기사가 정해져 있나요?

일정 기간 동안 써야 할 기사의 개수가 기자에게는 정해져 있지 않다. 기사를 여러 개 쓰는 날도 있는 반면, 한 건도 쓰지 않는 날도 있다. 언론사마다 다르긴 하겠지만 분명한 것은, 매일 뭐라도 기사를 쓸 만한 거리를 보고해야 한다는 것이다. 당장 기사를 쓸 만한 거리가 없다면, 무슨 취재를 하고 있는데 어떻게 진행 중이라는 것이라도 보고해야 한다. 그러니 기사를 쓰는 날이건 쓰지 않는 날이건, 가만히 앉아서 놀고먹는 날은 없는 셈이다.

기자들은 며칠 연속으로 발제거리가 없으면 매우 압박감을 느낀다. 그렇기에 누굴 만나서 뭘 물어서라도 어떻게든 발제거리를 가져오곤 한다. 나도 가끔씩 발제할 거리가 없을 때는 땅을 파고 하늘을 휘저어서라도 건져오고 싶을 때가 있다. 그만큼 발제에 대한 압박이 크다.

기자가 발제에 대한 압박을 느끼는 건 너무나 자연스럽고 당연한 현상이다. 기자의 본분이 취재를 해서 발제를 하고 기사를 쓰는 것인데, 기사의 직전 단계인 발제를 하지 않는다는 것은 기자로서 직무유기다. 그렇기에 기자들은 다음 날 발제거리가 없으면 여기저기 사람을 만나러 다니거나 머리를 싸매고 인터넷을 뒤져서라도 발제할 거리를 찾는다. 혹은 매주 열리는 회의를 통해 특정 요일에 발제할 기획기사 소재를 미리 정하고, 추후 보충 취재를 한 뒤 발제하기도 한다.

수습기자 혹은 초보기자 때 가장 많이 훈련시키는 게 있다면, 바로 발제거리를 찾아오는 것이다. 기자생활 내내 매일같이 어떻게든 기삿거리를 찾아와야 하므로 사전 훈련을 시키는 것이다. 수습기자 때는 보통 1~2시간에 한 번씩 기삿거리를 찾아서 선배에게 보고하는 훈련을 한다. 나는 수습생활을 마치고 부서에 배치받은 뒤에도 발제거리가 없을 때는 쉬는 날에도 인터넷을 뒤지고, 취재원을 만나거나 취재 현장에 가곤했다. 출근해서 "오늘은 아무것도 기사로 쓸 만한 것이 없다"고 말하는 것만큼 무책임한 처사가 없기 때문이다.

어떤 출입처는 가만히 있어도 이슈가 빵빵 터지고 보도자료가 많이 나오는 반면, 어떤 출입처는 기삿거리를 발굴하지 않으면 별다른 소재가 없다. 어느 출입처라도 본인이 기사에 대한 열정이 있으면 기사를 많이 쓸 수 있다. 자신이 맡은 분야에 거대한 이슈가 터진 게 아니라면, 평소 부지런히 기삿거리를 발굴하는 기자가 기사도 많이 쓸 수밖에 없다.

기자들이 기삿거리를 많이 발굴하려고 하는 것은 그것이 본분이자 의무이기 때문이지, 그로 인해 무슨 이득을 보기 때문이 아니다. 물론 기사를 많이 쓰면 보람은 있지만, 기사를 많이 쓴다고 해서 인센티브를 주는 것은 아니다(일부 언론사에서는 있는지 모르지만 나는 알지 못한다). 기자가 무슨 숫자적인 수치를 달성해야 하는 영업사원은 아니기 때문이다.

또한 기사를 많이 쓰는 것도 좋지만, 그에 못지않게 중요한 것은 양질의 기사를 쓰는 것이 아닌가 한다. 어떤 기자들은 1면에 나오는 기사, 커다랗게 실리는 기사에 자신의 이름을 실을 때 보람을 느끼기도 하는데, 사실 기자생활을 하다 보면 커다란 기사를 쓰더라도 그냥 무덤덤한 경우가 있고, 조그만 기사를 쓰더라도 커다란 보람을 느낄 때가 있다. 신문 한 귀퉁에 작게 실린 기사라도 중요한 이슈를 차별화되게 썼을 때 주변에서 큰 호응을 얻곤 하기 때문이다.

어쨌거나 기자는 누구도 기사를 몇 개 쓰라고 압박을 가하면서 숫자를 세지 않지만, 스스로 압박을 느끼며 발제거리를 찾아와야 하는 직업이다. 스스로 압박을 느끼지 못하면 백날 남이 던져주는 자료나 받아쓰고 이슈를 따라가는 데 급급한 무능한 기자로 남을 뿐이다.

영업사원
no!

기자는
기사를 취재하는 사람이지
영업사원이 아니다.

도전
해봐!

3

가시밭길이라도　　　이 길이라면 좋아

내 인생을
바꾼 5주

  기자가 되고 싶다는 사람 중에는 마치 본인은 인생의 쓴맛, 단맛을 다 알기 때문에 근엄하게 앉아서 시국을 논하며 사회를 품평해야 한다는 듯한 '애 늙은이' 부류의 사람들이 있다. 기자가 되기 전의 나는 이런 부류와는 거리가 멀었다. 세상사에 대한 지식과 경험으로 따진다면 내 수준과 식견은 학교 주변을 맴도는 '우물 안 개구리'이자 '까막눈' 수준이었다.

  그래서였을까. 내가 체험한 인턴기자 경험은 마치 원시림에서 살고 있던 토인이 문명의 이기(利器)를 접했을 때 느끼는 신선한 충격과도 비슷했다. 토인 중 문명에 거부감과 환멸을 느끼는 사람이 있는 반면 문명에 매료되어 마약처럼 빠져드는 사람이 있다면, 나는 후자였다.

  내가 인턴기자 경험을 한 것은 대학교 3학년 여름이었다. 인턴 기간은 5주로 첫 주는 교육을 받거나 주어진 프로젝트를 하고, 나머지 4주 동안은 2주씩 각기 다른 부서에서 취재 보조를 했던 걸로 기억한다. 언론사 인턴은 대학 시절 내가 했던 유일한 인턴 경험이었기 때문에 무척이나 특별하게 다가왔다. 나는 신문을 더욱 꼼꼼히 읽기 시작했고, 신문에서 이름을 봤던 기자 선배들을 실물로 마주했을 때는 연예인이라도 만난 것처럼 들떴다.

당시 내가 처음으로 배치받은 부서는 교육복지부였다. 배치 직후, 일선 학교에서 학업성취도 평가를 시행하는 날 학교 현장을 취재하라는 지시를 받았다. 서울의 한 초등학교는 학생들이 학업성취도 평가를 보지 않고 체험학습을 하도록 했는데, 학생들은 학교 인근에 있는 조그마한 산에 가서 뛰놀며 시간을 보냈다. 나는 그날 무슨 지시를 받을지 전혀 예측하지 못했고 구두를 신고 출근했다가 난데없이 아이들을 따라 산속에 들어가야 했다.

아이들은 신나게 산속을 누비며 뛰어다녔다. 나는 이들로부터 최대한 많은 이야기를 듣고 메모해야 한다는 생각에 구두에 흙이 들어가는지도 모르고 같이 뛰어다녔다. 취재를 마친 뒤에는 재빨리 내용을 보내야 했는데, 그런 박진감 넘치는 상황이 흥미진진했다.

내 인생에 이토록 심장박동 수가 빨라지는 순간, 설레고 두근거리는 순간이 얼마나 있었던가. 생각해 보니 밋밋한 내 삶에는 이 같은 순간이 많지 않았다. 나는 주어진 기회를 활용해 할 수 있는 한 최대한의 에너지를 털어 열심히 임해야겠다고 다짐했다.

하지만 나의 브레이크 없는 열정은 사고를 부르고야 말았다. 시험을 마친 초등학생들을 인터뷰하라는 지시를 받았는데, 의욕만 앞서서 초등학교에 무단 침입을 해버린 것이었다. 내가 초등학교에 도착한 시간은 점심시간이었다. 외부인은 마음대로 학교 건물에 들어가서도, 인터뷰를 하겠다며 학교 현장에 들어가서도 당연히 안 됐다.

하지만 당시 나는 취재에 눈이 멀어 있는 상태였고, 학교 규정에도 문외한이었다. 무작정 초등학교 건물에 들어갔고, 복도에서 급식 중인 학생들에게 "학업성취도 평가를 마치고 난 뒤에 소감이 어떠냐"고 질문하기 시작했다. 초등학생들은 열화와 같은 반응을 보이며 내 주위로 몰려들기 시작했다. 그리고는 큰 소리로 물었다. "우와~ 진짜 기자예요?!"

나는 학생들의 소감을 듣고 싶었는데, 오히려 학생들이 내게 질문 공세를 퍼부으며 마치 동물원 원숭이를 보듯 내 주위를 둘러싸기 시작했다. 기자가 그렇게 신기하고 관심 가는 대상이던가? 기분이 좋아지려고 하던 순간, 1분도 되지 않아 웬 중년 여성이 나타났다. 담임선생님이었다. 그는 내게 자초지종을 물었고, 내 대답이 끝나자마자 복도가 떠나가라고 소리를 질렀다. "당신 지금 여기서 뭐 하는 짓이야! 당장 나가요!"

나는 초등학생들 앞에서 '인기 폭발의 기자 누나'에서 담임선생님의 호통을 듣고 쫓겨나는 처참한 잡상인 신세로 전락하고야 말았다. 거기서 쫓겨나는 데 그쳤다면 그나마 나았을지 모른다. 그 담임선생님은 내게 연락처를 물었고, 내가 인턴 기자 명함을 건네자마자 "해당 언론사에 연락해 책임을 묻겠다"며 엄포를 놓았다. 순간 머릿속이 하얘지기 시작했다.

곧장 선배 기자에게 자초지종을 설명했다. 선배는 점심을 먹으러 오라고 했다.

나는 터벅터벅 식당으로 걸어가기 시작했다. 얼마 지나지 않아, 모르는 번호로 전화가 걸려왔다. 그 담임선생님이었다. 그는 "당신이 아까 한 행동이 잘못됐다는 걸 인정하느냐"고 물었다. 나는 내 행동이 무단 침입이었다는 것을 깨닫고는 "인정한다. 죄송하다"고 사과했다. 하지만 그 질문은 나를 옭아매기 위한 함정이었다. 그 선생님은 "방금 한 말을 모두 녹음해 두었다. 잘못을 인정했으니 지금부터 손해배상 청구를 하겠다"는 게 아닌가.

통화는 한참 동안 지속됐다. 요지는 같았다. 내가 잘못을 했고, 잘못을 인정했으니 언론사에 손해배상 청구를 하고 모든 책임을 묻겠다는 것이었다. 나는 빨리 전화를 마무리하고 싶었지만 상대방은 전화를 끊지 않았다. 내가 선배 기자를 만나러 식당에 도착한 뒤에도 그분의 전화는 계속됐다. 서서히 울고 싶어지기 시작했다.

이를 보다 못한 선배 기자가 전화를 건네받았다. 내 목소리는 떨리고 위축됐던 반면, 선배의 목소리는 너무 담담했다. 선배는 자신이 서울시교육청 출입기자 누구라고 밝힌 뒤, 인턴기자의 행동에 대한 책임은 자신에게 있으니 모든 책임 사항은 자신에게 돌리면 된다고 말하고는 전화를 마무리 지었다. 나는 물의를 일으켰다는 생각에 고개를 들 수 없을 정도로 창피했지만, 한편으로는 예측불허의 황당한 상황에서도 침착함을 유지하는 기자의 대담함이 부러워졌다. 그날 나는 기자라는 직업에 대해 더욱 큰 선망과 존경심을 갖게 되었다.

내게 있어서 인턴기자 경험은 '지금까지 내가 살아온 삶과 완전히 다른 딴 세상'을 체험하는 것과도 같았다.

산업부에서 배치받았을 때도 흥미진진했다. 한 선배가 내게 자동차 전시장 취재를 지시했는데 그 전시장은 당시 억대를 호가했던 고급 외제차를 전시하고 있었다. 선배는 "요새 그 차가 많이 팔린다고 하는데, 고객층이 누구인지 조사해 보라"고 말했다. 나는 지난번 '초등학교 무단 침입 사태'를 상기하며, 섣불리 기자라고 말해선 안 될 것 같다는 생각에 고민에 잠겼다. 그리고는 순간 아이디어가 떠올라 인근 문구점을 들러 커다란 대학노트를 사서 전시장으로 향했다.

자동차 전시장에 들어가자 직원들은 내게 "어떻게 오셨냐"고 물었다. 딱 봐도 행색이 여대생인 내가, 수억 원대의 외제차를 사겠다고 전시장에 왔을 리가 만무했다. 부모님의 차를 보러 왔다고 해도 이상했을 것이다. 나는 대학노트를 끼고 깍듯이 인사를 한 뒤 말했다.

"저는 마케팅 동아리에서 활동하는 대학생인데요. 저희 동아리에서 다음 발표 주제가 수입 외제차에 대한 것이라서요. 선배들이 외제차 마케팅에 대해 미리 공부하라고 숙제를 내줬는데, 제가 이 분야에 대해 지식이 거의 없어서 좀 배울 수 있을까 해서 왔습니다……" 수입차 전시장 직원들은 이런 '희한한 대학생'을 신기한 눈으로 바라보는 한편, 반가운 표정으로 맞아주었다. 그들은 내게 잠시 앉으라고 한 뒤 친절하게 설명을 해주었다. 자신들의 고객은 주로 연예인, 운동선수, 강남의 사모님 등이라고 말했다. 나는 취재가 되어 간다는 생각에 신이 나기 시작했다. 설명 내용을 꼬박꼬박 대학노트에 기록했다. 누구도 내가 인턴 '기자'라고 의심하지 않는 듯했다. 나는 인사를 꾸벅 하고 전시장을 나온 뒤 기자 선배에게 들뜬 목소리로 전화를 걸어 내용을 보고했다. 하지만 취재가 됐다는 생각은 나만의 착각이었다.

선배는 내게 해당 자동차를 사 간 운동선수가 누구인지, 연예인이 누구인지, 강남 사모님은 누구의 사모님인지를 구체적으로 취재해 오라고 했다. 들뜬 마음이 사라지는 데 걸린 시간은 5초에 불과했다. 나는 다시 대학노트를 끼고 자동차 전시장으로 향해야 했다. 그리고는 "마케팅 발표를 실제 사례를 들어가면서 해야 하니 고객 이름이 필요하다"는 구차한 변명을 늘어놓았다. 하지만 고객 정보를 알아내는 건 불가능에 가까웠다. 수입차 전시장 직원들은 내게 "고객 정보는 알려줄 수 없다"는 말만 되풀이했고, 나는 아무런 소득 없이 전시장을 나와야 했다. "안 된다고 합니다", "못 합니다"는 말만은 하고 싶지 않았지만, 취재 실패를 보고해야 했다. 안 되면 끝낼 줄 알았는데, 선배는 물러서지 않았다. 다른 전시장을 취재해서라도 알아내라고 했다. 그때부터 나는 온갖 전시장을 수소문했다. 아무리 취재해도 고객 이름을 알아내지 못했다. 결국 또다시 취재 실패를 보고해야만 했다. 선배는 말했다.

"취재원들은 당연히 기자에게 내용을 알려주지 않으려고 하죠. 하지만 그렇다고 해서 알아내지 못하면 기자가 아닌 거예요."

순간 머릿속에 형광등이 들어왔다. 누구나 알아낼 수 있는 정보라면 굳이 기자가 필요하지 않을 것이다. 정보를 쉽게 접할 수 있다면 기자는 존재하지 않아도 된다. 하지만 일반인들은 알아내지 못하는 정보, 알 수 없는 정보를 취재해서 전달하는 사람들이 기자가 아닌가. 나는 그제야 내가 왜 '안 되면 되게 하라'는 훈련을 받아야 했는지 알게 되었다.

짧다면 짧고 길다면 긴 5주의 인턴생활 동안, 나는 그동안 내가 살아왔던 세상과는 완전히 다른 생활을 경험했다. 과거에도 분명히 같은 공간에서 살아 숨 쉬고 있었는데, 인턴 '기자'라는 이름으로 본 곳은 너무도 다른 새롭고 다양한 곳이었다. 마치 별나라 여행이라도 한 것 같은 느낌이었다. 그리고 그 별나라 여행에서 보고 듣고 배우는 모든 것들이 때론 고되더라도 무척이나 재미있게 느껴졌다.

인턴기자를 체험한 사람들의 반응은 딱 두 가지라고 한다. 꼭 기자가 되어야겠다는 사람, 그리고 절대 기자가 되지 말아야겠다는 사람이다. 나는 인턴기자를 마치면서 다짐했다. 이렇게 흥미진진한 별나라에 꼭 정식으로 긴 여행을 와야겠다고 말이다.

기자가 되기 전에
어떤 경험을 하는 게 좋나요?

인턴 기자 경험을 해볼 것을 적극 추천한다. 인턴 경험이야말로 기자라는 직업의 민낯을 가장 가까이서 볼 수 있기 때문이다. 주의할 것은 인턴 경험이 있어야 언론사 입사에 유리하다는 뜻은 절대 아니라는 것이다. 언론사에는 해마다 인턴 경험이 없는 수많은 사람들이 입사하고 있고, 그들 중 상당수가 기자라는 직업에 만족하면서 일하고 있다. 이들처럼 기자라는 직업에 대해 거의 모르다가 입사한 뒤 적성에 잘 맞는다고 생각할 수 있는 것은 행운이지만, 자신이 이 직업과 잘 맞는지 사전에 가늠해 보고 싶다면 인턴만큼 좋은 제도가 없다고 생각한다.

기자들 중에 직업에 대한 만족도가 높은 것으로 따지자면 나는 굉장히 상위의 분포에 위치하고 있는 사람이다. 주변 기자들도 나의 '직업 만족'에 혀를 내두를 정도다. 누군가가 기자라는 직업을 피고인석에 앉혀 놓고 검사처럼 온갖 죄명을 대면서 단점을 말하면, 마치 나는 거액의 수임료를 받은 변호인이라도 되는 양 이를 반박하면서 기자라는 직업의 장점을 말하곤 한다. 주변 사람들은 이런 나를 천연기념물처럼 보기도 한다.

일에 만족한다는 것은 그 직업의 좋은 점만 보면서 즐겁게만 생활한다는 의미는 아니다. 나는 인턴 경험을 통해 기자가 되어야겠다는 열망과 확신을 갖게 됐지만, 다른 한편으로는 인턴 경험을 통해 기자라는 직업에 대해 비현실적인 환상도 갖지 않게 되었다. 거창한 기대를 하지 않았고 단점은 감수할 각오를 했기 때문에 쉽게 절망하지 않는다는 얘기다.

인턴 경험은 그 직업의 장점을 보면서 애착을 갖는 계기이기도 하지만, 수면 아래에 감춰진 수많은 고생과 난관을 가까이서 보면서 '이런 것을 감내하고도 이 직업을 택하겠는가'라는 질문에 스스로 답을 찾는 계기가 되기도 한다. 수많은 단점을 감당할 수 있을지는 누군가의 말만 듣거나 상상하는 것보다 직접 체험해보는 게 가장 현실적이기 때문이다. 그것은 노예가 어깨에 짐을 얹고 하루하루를 고난을 견딜 수 있을지 체험해 본다는 의미가 아니라, 수많은 단점을 참을 수 있을 만큼 직업의 장점에 매료될 수 있는지를 말하는 것이다.

내게 인턴생활은 하루하루가 예측할 수 없는 삶이었다. 매 순간 손에 땀을 쥐지 않는 때가 없었고, 쉽게 되는 일도 없었으며, 느긋하게 처리할 수 있는 일도 없었다. 매일 다른 곳에서 새로운 것을 취재해야 했고, 칼퇴근 또한 불가능했다. 신체적으로 고생을 하기도, 막히는 취재 앞에서 좌절도 했고, 누군가로부터 상스러운 소리를 듣는 일도 종종 있었다.

하지만 그보다 더 강렬했던 기억은, 기자라는 직업이 하는 모든 일이 너무나 흥미롭고 재미있었다는 것이다. 힘들었던 기억은 시간이 지나면 흐릿해져 갔다. 누가 나에게 무슨 욕을 했는지도 지금은 골똘히 생각해야 상세히 떠오르지, 뚜렷하게 마음에 담기지는 않았다. 오히려 내 마음에 나이테로 남은 것은 하루하루 다른 세상을 맛보면서 내면이 성장하고 지식이 확장됐다는 것이었으며, 취재 현장에 갔을 때 가슴이 두근거린 기억이다.

인턴기자 경험은 실제 기자생활과 유사한 면도 있었다. 당시 각 부서에서 일하는 인턴 동기들은 저녁 늦게나 밤이 되어서야 일이 끝나곤 했는데, 다 같이 모여서 차라도 한 잔 마시려면 밤이 어둑어둑해져야 했다. 우리는 24시간 카페에 가서 새벽 1, 2시까지 수다를 떨곤 했다. 기자가 된 지금도 입사 동기들과 모이려면 밤 12시는 되어야 모두가 한자리에 모일 수 있다. 나는 이렇게 피곤하고 사생활이 없는 삶을 감당할 수 있을지를 스스로에게 질문하곤 했다. 그리고 기자생활이 즐겁다면 얼마든지 감내할 수 있다는 결론을 내리게 되었다. 그리고 인턴생활을 마친 뒤에는 기자를 꿈꾸는 '상사병'에 걸려서 매일같이 속을 끓이며 지냈다.

엄밀히 말하면 기자가 되기 전에는 '최대한 다양한 경험'을 해보는 게 좋다. 뭐든지 닥치는 대로 해봐야 무엇이 자신에게 맞고, 맞지 않는지를 알 수 있다. 다른 직업을 체험해 보며 적성에 맞는지 가늠해 보는 것도 좋지만, 기자를 꿈꾼다면 인턴기자라는 옷을 입어보고 그 옷이 자신에게 맞는지 거울에 서 보는 것도 좋다고 본다.

매순간 고충을 감내하고도 남음이 있는 기자의 길

기자의 하루 일과는
어떻게 되나요?

취재 기자들은 외근직인 데다 각자 취재 환경도 부서, 출입처에 따라 판이하기 때문에 스케줄은 제각기 다르다. 때문에 기본적으로 해야 할 취재를 열심히 하고 기사를 제때 출고하면 누구도 "하루 스케줄이 어떻게 되냐", "어디 가서 뭐 하느냐"고 물으며 불필요한 내정 간섭을 하지 않는다. 그러다 보니 다른 기자들이 어떻게 사는지는 자세히 모르니 기자들끼리도 종종 상대방이 하루를 어떻게 보내는지 궁금해하기도 한다.

고로 전제를 말하자면, 지금부터 내가 설명하는 기자의 일과는 철저히 나 자신이 보고 듣고 주변에서 목격한 것에 바탕을 둔 것이다. 내가 경험하거나 듣지 못한 부서, 주변에서 보지 못한 종류의 기자들은 얼마든지 다른 일과를 보내고 있다는 걸 염두에 두길 바란다.

우선 기자들이 출근하자마자 가장 먼저 하는 일은 조간신문을 보는 것이다. 다 같이 쓴 기사라면 내 기사와 남의 기사가 어떻게 다른지를 비교하고, 내가 놓친 기사는 무엇인지, 나만 쓴 기사는 무엇인지를 확인한다. 즉, 특종과 낙종을 확인하고 내 기사의 우수함을 확인하고 뿌듯해하거나, 부실함을 확인한 뒤 가슴을 치며 괴로워하는 과정이라고 보면 된다.

그렇다면 그 수많은 신문을 언제 다 보느냐고 신기해하는 분들이 있다. 기자건 독자건 진짜 신문 하나를 꼼꼼하게 읽으려면 한 시간은 넘게 걸릴 것이다. 하지만 기자들은 일단 신문을 획획 넘기면서 자기가 맡은 분야의 기사를 체크한다. 숙달이 되면 기사 제목과 내용을 쓱 훑어봐도 내가 리뷰를 해야 하는 기사인지 아닌지 척 봐도 빠르게 판별이 가능하다.

이 중 낙종한 기사는 기사 내용이 맞는지 출입처에 확인하는 과정을 거친다. 기자들이 리뷰를 하는 시간은 대개 오전 7~8시 전후인데, 상당수의 취재원들이 출근 중이거나 출근을 하기 전이다. 그래도 민폐를 무릅쓰고 취재원에게 전화를 걸어서 "어느 신문에 무슨 기사가 났는데 보셨느냐, 내용이 맞느냐"는 등의 질문을 해야 한다. 그 기사가 오보라면 쓰지 않아도 되지만, 내용이 맞는 데다 사안이 중대하기까지 하다면 추가 취재를 해서 기사를 써야 한다.

첨언하자면, 석간신문은 오전에 취재와 기사 작성을 완료하기 때문에 출근시간이 무척이나 빠르다. 내가 주변에서 본 석간신문 기자들은 오전 6시 반까지 출근하곤 했다. 대신 오전에 기사 업무가 끝나기 때문에 오후에는 보다 여유롭다는 특징이 있다. 통신사 기자들도 석간신문 못지않게 출근이 빠른 경우가 있었다. 통신사의 특성상 마감시간이 정해져 있는 게 아니라, 인터넷에 최대한 빨리 기사를 띄워서 뉴스를 공급해야 하기 때문이다.

리뷰가 끝나면 '발제'를 하는데, 즉 오늘 무슨 기사를 쓰겠다는 관련 요지와 내용을 보고한다. 기자들이 발제를 하면 각 부서에서는 이를 취합해서 부서장이 회의에 들어

가고, 회의를 통해 다음 날 지면 구성이 어떻게 될지가 대략 정해진다. 따라서 대부분의 '보도자료(취재원들이 보도를 위해 제공하는 자료)'가 오전에 이메일로 들어오는데, 많게는 수십 건이 되기도 한다. 오전에는 재빨리 보도자료를 확인한 뒤 정리해 발제를 해야 한다.

정신없이 발제를 마치고 나면 취재를 시작하는데, 나 같은 경우 급한 취재라면 곧장 했지만, 그렇지 않다면 잠깐이라도 여러 신문을 꼼꼼히 읽어본 뒤 취재에 임하곤 했다. 사회의 다양한 이슈를 파악하고 있어야 그에 발맞춰 시의적절한 아이템을 발굴할 수 있기 때문이다.

다음 날 기사 계획은 보통 오후가 되면 확정이 되지만, 저녁까지도 시시각각 변한다. 내 발제가 채택됐다면 오후에는 기사를 써야 하고, 그게 아니라면 계속 취재를 한다. 이때 실시간으로 인터넷에 각종 기사들이 뜨기 시작하는데, 그것 또한 일일이 체크하면서 혹시나 내가 발제에서 놓친 것은 없는지, 추가로 챙겨서 기사를 써야 할 사안은 없는지를 확인해야 한다.

시시각각 변하는 사안이나 분량이 긴 기사를 썼을 때는 밤늦게까지 추가 취재를 하고 기사를 고치거나 확인하는 과정을 거치기도 한다. 하지만 그럴 필요가 없다면 주로 저녁에는 취재를 하거나 취재원을 만난다. 오후나 저녁에 취재해야 할 일이 터지면 꼼짝없이 약속을 미루거나 취재원과의 약속 자리에 가서 노트북을 두들기며 전화 취재를 하기도 한다.

일주일에 한 번쯤은 회사에 들어가 기획회의를 하기도 한다. 일반 회사와 달리 기자들의 기획회의는 저녁이나 되어야 시작하는 경우가 많다. 대낮에는 각자 현장에서 취재를 하느라 바쁘고, 오후에는 기사를 써야 하니 기사 마감이 끝난 저녁에야 모든 팀원들이 모이기 쉽기 때문이다. 그러니 회의를 하면 저녁 시간을 훌쩍 넘겨서 종종 밤 8, 9시가 되어서야 밥을 먹곤 한다.

여기서 염두에 둘 것은, 취재는 기자가 시간을 정할 수 있는 게 아니라는 것이다. 기자가 기사 쓰는 시간, 회의하는 시간을 피해서 터지는 이슈는 없다. 갑작스레 터진 이슈에 밤늦게까지 매달리는 경우도 많다. 아니, 이런 경우가 허다하다 하겠다. 기자의 일과에는 항상 변수가 가득하다.

'삶의 기록자'인 기자들의 삶은?

Q&A

기자라는 직업을 선택할 때 염두에 두어야 할 게 있나요?

나는 기자라는 직업을 꿈꾸는 사람들은, '기자가 하는 일'을 진심으로 즐길 수 있을지를 곰곰이 생각해 봐야 한다고 본다. 기자가 하는 일, 즉 '취재'를 진정으로 좋아하는지를 생각해보라는 것이다. 기자의 삶에서 가장 중요하고도 긴 시간을 차지하는 것이 취재다. 기자가 출근해 일하는 날에 기사를 쓰지 않는 날은 있어도 취재를 하지 않는 날은 없다. 때로는 취재를 하기 위해 밥을 제때 못 먹기도, 잠을 제때 못 자기도 한다. 취재를 좋아하지 않는다면 각종 고난의 순간이 닥칠 때마다 자신의 삶이 혹사당하고 있다고 느낄지도 모른다.

기자를 꿈꾸는 사람들 중에 일부는 기자라는 직업의 본질과 상관없는 요소를 들면서 기자를 꿈꾼다. 예를 들어, 취재를 그다지 좋아하진 않지만, 기자라는 직업을 이용해 다른 것을 얻고 싶어서 꿈꾼다. 이런 사람들의 특징은 기자가 되면 대폭 실망해버리고야 만다는 것이다.

우선 멋있어 보여서 직업을 택하는 사람들이다. 기자들이 TV에 나와서 유명인에게 마이크를 들이대며 질문을 하고, 취재수첩에 무언가를 휘갈겨 적는 모습이 '있어 보여서' 기자를 지망하는 사람들이 있다. 하지만 이는 환상일 뿐이다. 실제로 기자를 멋있거나 대단하게 봐주는 사람은 거의 없다. 오히려 상사로부터 꾸지람을 듣거나 취재원으로부터 취재를 거절당하고, 자신의 기사에 수많은 악성 댓글이 달리는 초라한 모습이 현실에 보다 가깝다. 카메라 세례를 받으며 유명인에게 마이크를 들이대는 것도 처음에는 설레더라도 나중에는 넌덜머리가 날 수 있다. 더위와 추위를 견디며 누군가가 나타나기만을 기다리다가, 고작 몇 초 말을 걸 수 있을 뿐이기 때문이다. 고작 그 몇 마디 듣겠다고 수 시간 발을 동동 구른 신세가 기구하게 느껴지는 순간, 제발 아무 일도 터지지 말아 달라고 간절히 기원하게 되는 자신을 발견할지도 모른다.

승부욕이나 성취욕 때문에 직업을 택하는 사람들도 있다. 이런 사람들은 기사를 통해 자신의 이름을 만방에 알리는 것에 쾌감을 느끼고, 단독이나 특종기사를 통해 타인을 앞질렀을 때 승리감을 느낀다. 실제로 나는 누군가를 이기고 싶다는 생각에 기자생활을 열심히 한다는 사람도 봤다. 기자생활은 매일 신문 지면을 통해 특종과 낙종을 확인할 수 있어서 일종의 '성적표'가 나오는 직업이기 때문에, 승부욕이 있으면 업무에 원동력이 될 수는 있다. 하지만 현실은 내 마음대로 되지 않는다. 온갖 신문에는 단독 기사가 하루가 멀다 하고 쏟아져 나오고, 아무리 열심히 취재해도 놓치는 게 있기 마련이다. 이기고 싶지만 지는 순간이 더 많다. 승부욕과 성취감을 충족하고 싶었지만, 현실은 자존심에 상처 나는 순간이 더 많다. 이런 사람들은 기자생활을 하는 내내 스트레스를 받고 빠르게 방전되어 버린다.

사회정의를 실현하기 위해 기자를 꿈꾸는 사람들도 있다. 하지만 기자는 사회운동가나 정치인이 아니다. 기자는 기본적으로 사회에서 일어나는 일들을 취재해 빠르고 정확하게 전달하는 사람이다. 기자가 누군가의 편을 들면서 이념적인 목적을 실현하려 하거나 기사를 통해 본인의 야망을 이루려고 하는 순간, 기사는 왜곡되고 믿을 수 없게 된다. 자신만의 정의를 실현하기 위해 기자가 되려는 사람들은, 자신의 뜻대로 세상이 굴러가지 않을 때 거세게 분노하고 불평하다가 '현실과 이상'을 운운하며 기자라는 직업에 실망한다.

내가 생각할 때 기사를 통해 제도가 바뀌고 사회가 바뀌는 것은 '긍정적인 외부 효과'일 뿐이지, 기사를 쓰는 목적이 될 수는 없다. 무언가를 바꿔놓기 위해 기사를 쓴다면, 기자의 펜은 때때로 칼이나 주먹으로 남용될 수 있기 때문이다. 꼭 필요한 진실을 촘촘히 취재하고 용기 있게 드러냈다면, 진실의 힘이 세상을 바꿀 수 있다. 역사는 그렇게 흘러왔다.

나는 기자는 '기자로서 존재하는 삶'을 살 줄 알아야 한다고 생각한다. 독일의 철학자 에리히 프롬(Erich Fromm)의 『소유냐 존재냐』라는 책을 보면 '소유하는 삶'과 '존재하는 삶'의 차이에 대한 설명이 나온다. 소유하는 삶은 더 많이 가질수록 만족감을 느끼는 것인 반면 존재하는 삶은 무언가로 존재한다는 것만으로도 충족감을 느낄 수 있는 것이다.

사랑을 예로 들자면, 소유하는 사람은 상대방을 구속하고 가두며 지배하려 한다. 프롬의 표현으로는 "이런 종류의 사랑은 생명감을 불러일으키기는커녕 목을 조여서 마비시키고 질식시켜서 죽이는 행위이다." 이런 사람들은 결혼하는 순간, 상대방의 마음을 사려고 애쓸 필요가 없다고 느낀다. 사랑이 하나의 재산이 됐기 때문이다. 반면 존재하는 사람은 상대방을 소유하려고 하는 게 아니라, 활동 상태의 하나로 '사랑하는 존재'로 머문다. 그렇기에 끊임없이 상대방의 마음을 얻고 움직이기 위해 베푸는 데 힘을 기울이며 살아간다.

기자라는 직업을 소유하려는 사람은 멋져 보이고 인정받거나 개인적인 야망을 이루는 순간을 더 많이 누릴수록 만족감을 느낄 것이다. 하지만 이들은 이내 이 같은 것들을 소유할 수 없다는 것을 깨닫고 기자라는 직업에 회의감을 느낄지 모른다. 혹은 자신이 희망했던 걸 얻는 순간, 기자로서 성장을 멈출지 모른다. 하지만 기자로 존재하는 사람은 취재하고 일하는 것 자체에 즐거움을 느끼는 사람들이다. 이런 사람들이야말로 가장 큰 만족감을 느끼면서 일할 수 있고, 장기적으로 더 좋은 기사를 많이 쓰면서 행복하게 살아갈 것이다.

기자는 '기자로서 존재하는 삶'을 살아간다.

아무도 끝을
알 수 없는 터널

"최소한 1, 2년은 준비해야 합격하잖아", "처음부터 대형 언론사에 입사할 확률은 낮아."

신문사 입사를 준비하고 있을 때, 이 같은 얘기를 종종 듣곤 했다. "처음부터 큰 언론사에 입사하는 사람은 극히 일부에 불과하니 눈을 좀 낮추는 게 낫다", "대학 4학년 때 합격하는 경우는 많지 않으니 최소한 졸업 후 1, 2년은 생각하고 준비를 해야 할 거다"는 식의 말들이었다. 언론사 입사시험을 앞둔 사람들 사이에서는 이 같은 추측과 소문이 난무한다.

대다수의 언론사 입사 희망자들은 '스터디(공부 모임)'라는 것을 통해 준비를 한다. 적게는 서너 명, 많게는 대여섯 명씩 팀을 꾸려서 정보를 나누고 조언을 해주는 식이다. 수많은 소문들은 스터디를 통해 우후죽순 전파되는데, 그런 말을 하는 사람 중에는 언론사 시험 최종전형에 가봤거나, 언론사 인턴 경험이 있는 이들이 많으니 완전히 뜬소문도 아니었다.

스터디는 모임별로 다양하게 진행된다. 신문 가짓수는 많은데 모두 꼼꼼히 읽기에는 한계가 있으니 한 사람씩 담당 신문을 정해 정독한 뒤 주요 기사에 대한 정보를 공유하는 게 보통이었다. 시사 이슈와 관련된 주제를 정해 토론을 하기도 한다. 모여서 시간을 정해 놓고 논술과 작문을 써본 뒤 글을 돌려 읽으면서 조언을 해주고, 면접 연습을 하기도 한다.

내가 스터디를 시작한 건 4학년 1학기를 코앞에 둔 2011년 2월이었다. 나는 언론사 시험을 치르기까지 스터디 기간이 남들보다 짧다는 생각에 불안과 초조함에 휩싸여 있었다. 물론 대학 때 미디어학을 전공했고, 대학 3학년 여름방학 때 언론사에서 인턴도 했기에 정보에 완전히 '깜깜이'는 아니었다. 하지만 나는 한 학기 동안 미국에 교환학생을 갔다가 갓 귀국한 상태였다. 미국에서 인터넷을 사용하긴 했지만, 한국 뉴스를 얻는 데에는 한계가 있었다.

교환학생을 마치고 바로 4학년이 되었고, 공채 일정이 상반기부터 뜨는 걸 감안하면 입사 준비를 할 시간은 단 몇 개월에 불과했다. 실제로 내가 치른 언론사 시험은 그해 7월에 합격 발표가 났고 곧장 스터디를 관뒀으니, 내가 스터디를 한 기간은 5개월 남짓이었다.

내게 있어서 언론사 입사시험은 캄캄한 터널 속을 걷는 것과 같았다. 어떤 사람들은 언론사 시험을 '언론 고시'라고 표현하기도 하는데, 내 생각에는 언론사 시험은 '고시'와는 결이 좀 다르다. 고시처럼 어렵고 경쟁이 치열한 것은 맞지만, 공부를 오래 하거나 많이 한다고 해서 합격할 가능성이 높아지는 건 아니기 때문이다. 최소한 몇 년을 공부해야 한다는 정답도 없다. 어떤 사람은 거의 준비를 하지 않고도 합격하고, 어떤 사람은 수년째 준비하면서도 줄줄이 낙방한다. 일반적인 '고시'라면 별다른 준비 없이 합격하는 사람은 없을 것이다.

그러니 언론사 시험이라는 캄캄한 터널을 걷는 사람들은 그 길의 끝이 어딘지를 도무지 예측할 수가 없다. 누군가는 터널에 들어가자마자 끝을 보는 반면, 누군가는 한참을 걸어도 도무지 끝을 찾지 못하다가 결국 포기하고 돌아가기 때문이다. 번번이 면접과 최종전형에만 도달해 희미한 빛만 본 뒤 줄줄이 낙방하며 계속 캄캄한 터널 속을 걷는 백수들도 있다.

하지만 소문에 휘둘리고 위축될 순 없었다. 지레 겁먹고 낙방을 각오하기에는 빨리 많은 독자들과 접촉하고 싶다는 열망이 컸고, 1~2년을 염두에 두고 공부하자는 식의 태도를 갖기도 싫었다. '합격에 1년 이상은 걸리겠다'고 생각하고 임한다면 과연 매 순간을 진지하고 치열하게 임할 수 있을까? 그런 자세로는 조만간 보게 될 상당수의 시험을 실전이 아닌 연습처럼 생각하고 치를 게 뻔했다. 나는 어떻게든 된다고 생각하고 그해에 합격하고 싶었다.

빨리 기자가 되고 싶다는 열망이 크다면, 그만한 노력도 뒷받침되어야 했다. 나는 한국의 뉴스와 멀어져 있던 한 학기라는 시간 공백을 메우기 위해 최대한 빨리 시사 이슈를 섭렵하겠다고 다짐하고, 매일 신문 네댓 개를 정독하기 시작했다. 당시 우리 학교 상점은 오전 8시 반쯤 문을 열고서 신문을 종류별로 걸어놓고 판매했는데, 9시만 되어도 상당수 신문이 바닥나기 일쑤였다. 나는 매일 8시 반에 그 상점에 가서 신문을 샀다. 매일 같은 시간에 신문을 네댓 개씩 사가다 보니, 상점

주인이 "신문 장사하냐"며 농담조로 묻기도 했다.

나 역시 여느 언론사 입사 준비생처럼 스터디를 했다. 우스운 얘기지만 어떤 스터디는 나름대로 문턱이 높다. 언론사 최종전형에 가봤거나 인턴 경험이 있어야만 받아주는 경우도 있고, 글을 보내보라고 한 뒤 필력을 검증한 후 받아주는 경우도 있다. 이런 스터디는 사람을 모집할 때 '명품 스터디'를 자처하며 구성원들의 우수성을 홍보하기도 한다.

하지만 나는 그냥 학교 선배들과 다른 학교 선배 몇 명이 조촐하게 꾸린 스터디에 합류했다. 어차피 언론사에 입사하지 못한 사람들이라면 다들 실력은 고만고만할 것이었기 때문이다. 우리 스터디원 중에 언론사 인턴 경험이 있는 사람은 나밖에 없었고, 대형 언론사의 필기시험을 통과해 본 사람도 거의 없었다. 지금 생각해도 그런 것은 정말 중요하지 않다.

다들 거창한 경험이나 노하우는 없었지만, 우리는 서로의 글을 관심 있게 읽고 코멘트해 주면서 즐겁게 공부했다. 사실 되돌아보면 스터디를 하는 것 자체가 언론사 입사 준비에 얼마나 도움이 되는지는 모르겠다. 다만 언론사 시험을 준비하는 과정이 외롭고 고단하므로, 각자가 계속 동기를 갖고 도전할 수 있도록 의지를 북돋워 주는 것은 중요한 것 같다.

나는 정말 간절하게 빨리 기자가 되고 싶었다. 솔직히 대학에 들어갈 때도, 그 정도의 간절한 열망과 애타는 동경을 갖고 특정 대학을 희망하진 않았던 것 같다. 하지만 기자의 꿈만큼은 너무 컸던 만큼, 입사시험을 치를 때 '내가 가진 모든 것을 최대한 털어서 임하겠다'고 다짐했다. 자기소개서를 쓸 때도 마치 요리사가 소중한 사람을 위해 요리를 준비하듯, 예술가가 작품을 만들면서 고심하듯, 고민하고 또 고민하면서 한 줄 한 줄 써 내려갔다.

신기한 것은 마음이 간절히 희망하다 보니 몸도 함께 반응하더라는 것이다. 나는 중학교 때부터 매일 손으로 일기를 쓰는 습관이 있었기에, 몇 시간씩 손글씨를 써도 한 번도 힘들다고 느낀 적이 없었다. 그런데 언론사 필기시험을 치를 때는, 예쁜 글씨로 좋은 글을 쓰고 싶다는 생각에 나도 모르게 힘을 주고 말았다. 시험이 끝났는데 엄지손가락이 얼얼하면서 통증이 느껴졌다. 그 통증의 강도가 어찌나 셌던지 이틀이나 지속됐다.

필기시험을 치르면 채점을 하고 합격자를 발표할 때까지 통상 몇 주가 소요되는데, 나는 결과를 빨리 알고 싶어서 못 견딜 지경이었다. 가만히 있다가도 필기시험만 생각하면 밥이 넘어가지 않았다. 심지어 씹어 넘기는 음식은 먹기가 힘이 들 정도였다. 결국 매일 국수를 마시다시피 하면서 삼켰다. 나는 평소 성격이 예민하거나 시험에 목을 매는 사람이 아니었다. 그런데 언론사 입사시험 때만큼은 이런 이상한 현상이 발생했다.

내가 입사시험을 얼마나 잘 친 건지, 합격의 이유가 뭐였는지는 지금도 모른다. 당시 나는 아는 것도 많지 않았고, 글솜씨도 특출나지 않았을 뿐더러, 능수능란한 달변가도 아니었다. 하지만 확실하게 말할 수 있는 것은, 당시 내가 할 수 있는 한에서는 최선을 다했다는 것이다. 내 능력 밖이라서 불가항력적인 부분은 어쩔 수 없었지만, 적어도 더 노력할 수 있는 여지를 남기며 임하지는 않았다. 이번이 마지막 기회이며, 다른 기회는 없다고 생각했다.

되돌아보면, 언론사 시험에서 가장 중요한 것은 기자가 되고 싶다는 열망인 것 같다. 간절한 열망이 있어야 매일 신문을 네댓 개씩 구입해 꼼꼼히 읽게 되고, 자기소개서 한 문장을 쓰면서도 몇 시간을 고민하게 된다. 손가락 통증이 생길 정도로 온 힘을 다해 글을 쓰는 힘도 열망이 없다면 나오지 않는다. 정말 꼭 기자가 되어야겠다고 생각하는 사람에게는 자기도 몰랐던 괴력의 에너지가 나오고, 그 치열함으로 일할 때 좋은 결과도 뒤따라오는 것 같다.

입사 준비기간이 짧고, 지식도 부족하고, 여건도 불리한 것은 중요하지 않다. 간절하게 원하는 사람은 어떻게든 되는 방법을 찾고, 결국 되도록 만든다. 나는 운 좋게 원하는 언론사에 한 번에 합격했지만, 진심으로 원하는 사람은 '어렵다더라'는 소문보다 자신의 마음의 소리에 더 귀를 기울이며 노력에 시간을 쓴다. 그러니 기자가 되고 싶다면, '이보다 더 노력할 순 없다'고 단언할 수 있을 정도로 간절히 꿈을 꾸고 있는지 생각해 봐야 할 것이다.

Q & A

기자가 되려면
스펙이 좋아야 하나요?

결론 부터 말하자면 기자가 되기 위해 스펙이 좋아야 하는 것은 아니다. 별다른 스펙이 없더라도 기자가 될 수 있다. 하지만 아무것도 하지 않고 무지렁이처럼 살더라도 기자가 될 수 있으니 태평하게 놀면서 허황된 환상을 키우라는 뜻은 아니다. 실제로 기자들 중에는 정말 스펙이 좋은 사람도 많다. 그러나 그들이 합격할 수 있었던 것은 스펙 때문이 아니라, 여러 가지 스펙을 쌓을 정도로 열심히 노력하며 살아왔기 때문이 아닐까? 노력하는 데 익숙한 사람은 매사에 성실하고 진지하게 임한다.

내 주변을 살펴보면 스펙은 언론사 지원자들이 어떤 삶을 살아왔는지에 대한 하나의 참고자료는 될 수 있지만, 평가 잣대는 못 되는 듯하다. 화려한 스펙을 지니고도 언론사 시험에 낙방하는 사람들도 많다. 해외 명문대에서 대학원 학위를 받은 사람, 토익 만점에 외국어를 유창하게 구사하는 사람, 언론사 여러 곳에서 인턴을 한 사람을 비롯해 각종 화려한 이력을 자랑하는 사람들이 낙방한 사례는 너무도 흔하다.

그동안 보고 듣고 경험한 것을 통해 '스펙'에 대한 주관적인 의견을 말해보자면 다음과 같겠다.

첫 번째, 다양한 경험을 하는 것은 매우 도움이 된다. 여러 가지 경험을 해봐야 자신이 어떤 적성과 직업에 맞는지를 알게 되고, 사회를 보는 눈을 기르며, 나름의 가치관을 형성해나갈 수 있기 때문이다. 기자는 기본적으로 사회에 대해 호기심을 갖고 취재하는 사람들이다. 각종 경험을 하다 보면 왜 기자가 되고 싶은지, 어떤 기자가 되고 싶은지 자신만의 해답을 찾기가 용이하다. 나 역시 대학생 때 언론사 인턴을 하고, '대학생 기자단'과 같은 외부 활동을 하며 많은 것을 배우고 느꼈고, 그걸 토대로 자기소개서를 썼다.

다만, 화려한 깃털을 갖고 있는 공작새처럼 휘황찬란한 경험 자체만 많이 해볼 필요는 없다. 경험은 이력서에 몇 줄 넣기 위해서 하는 게 아니라, 많은 것을 보고 느끼며 내적으로 성장하기 위해서 하는 것이다. 수많은 경험을 하더라도 그냥 '재미있었다', '별로였다'는 식의 느낌만 받고 끝난다면, 의미가 없다. 여행이건 인턴이건 봉사활동이건, 횟수가 많지 않더라도 인생의 분기점이 될 만한 내실 있는 경험이 필요하다.

두 번째, 외국어는 잘하면 좋지만, 언론사가 명기한 하한선을 넘는다면 '외국어를 이유로' 낙방할 일은 없는 것 같다. 상당수 언론사들은 채용 공고를 낼 때 '토익 몇 점'이라는 식으로 기준을 제시한다. 그 기본 요건을 넘긴다면, 다른 뛰어난 요소를 갖추고 있음에도 불구하고 외국어가 유창하지 않다는 이유로 떨어졌다는 사례는 못 들어봤다. 전형 과정에서 영어 인터뷰나 외신을 토대로 한 기사 작성을 요구하는 곳도 있지만, 완벽하지 못해도 합격할 순 있다.

다만 요즘 같은 시대에 '나는 한국어로만 취재하고 기사를 쓸 테니 외국어는 공부하지 않겠다'는 식의 태도는 곤란하다. 기자로 일하다 보면 종종 외국인을 만나서 인터

뷰해야 할 일도 있고, 외국에 가서 취재할 일도 있다. 통역자가 있는 경우도 있지만, 이왕이면 외국어가 유창한 사람에게 더 많은 기회가 오는 법이다. 게다가 국제부로 배치되면 영어 뉴스를 읽고 기사를 써야 한다. 당장 유창하지 않더라도, 입사 이후 꾸준히 공부해야 할 부분이다.

세 번째, 대학원을 나온다고 해서 유리한 것은 아니다. 상당수 언론사들이 채용요건으로 '대졸 이상'을 명시하고 있는데, 아직까지는 언론사에 학사 학위 소지자들이 많이 입사하고 있다. 종종 대학원 학위를 받은 사람들이 입사하기는 하지만, 의사나 변호사처럼 전문 자격증이 있는 게 아닌 이상 별도의 우대를 받았다는 소식은 들어보지 못했다. 다만 기자가 되어서 취재를 할 때는 특정 분야에 전문 지식이 많으면 일을 빨리 배우기에는 유리한 것 같다.

네 번째, 대학에 다닐 때 '학보사' 일을 했다고 해서 유리한 것은 아니다. 어차피 취재하고 기사를 쓰는 것은 입사한 이후에 제대로 배우게 된다. 물론 기자라는 직업을 직·간접적으로 사전에 체험해 보는 것은 언론사 지원자에게 기자라는 직업에 대한 확신을 주고, 여러 에피소드와 추억을 만들어주기 때문에 도움이 된다고 본다. 하지만 꼭 학보사일 필요는 없다. 언론사 인턴이나 대외활동을 통해서도 기자라는 직업을 체험해볼 수 있고, 꼭 관련 경험이 아니더라도 기자라는 직업에 대한 통찰과 깊은 확신을 얻을 수 있다.

Q & A

어떤 책을 읽는 게 도움이 되나요?

··

특정 분야의 책을 가려 읽기보다 무슨 책이든 많이 읽어야 한다고 생각한다. 지금까진 내가 본 기자 대부분은 독서를 좋아한다. 시간이 없어서 읽지 못했다는 얘기는 들어봤어도, 책 읽는 걸 싫어한다는 얘기는 들어보지 못했다. 풍부한 독서는 언론사 입사뿐 아니라, 기자생활에도 도움이 된다.

우선 대부분의 언론사는 입사시험에서 필기시험을 치른다. 논술이 될 수도, 작문이 될 수도 있다. 본능적으로 글을 잘 쓰는 사람이 있을 수는 있지만, 일반적으로 다양한 글을 많이 읽어 봐야 글쓰기 실력도 길러지는 법이다. 게다가 입사시험 때 쓰는 글에는 남다른 통찰력과 풍부한 콘텐츠가 담겨야 유리하다. 채점관들은 수많은 글을 읽어야 하는데, 매일 신문에 나오고 모두가 흔히 본 내용의 글이 눈길을 끌 수 있겠는가. 신선한 소재와 발상으로 글을 쓰려면 독서를 통해 방대한 지식을 쌓아두는 게 좋다.

더욱이 기자들은 기본적으로 기사를 써야 하는 사람들이다. 즉, 아무리 취재를 많이, 잘했다고 하더라도 글로써 제대로 표현해 내지 못하면 의미가 없다. 글을 쓰는 것을 업으로 삼는 사람이라면, 글을 더 잘 쓰기 위해 끊임없이 고민하고 노력해야 한다. 좋

은 글은 다양한 글을 읽는 데서 나온다. 같은 취재를 했더라도 기사를 밋밋하게 쓰는 사람이 있고, 기가 차게 잘 쓰는 사람이 있다. 기사를 잘 쓰고 싶지 않은 기자는 없을 것이다. 그리고 기사는 독자를 위한 것이다. 독자를 위해 더 좋은 글을 쓰고 싶다는 열망이 없으면 기자로서의 직업 정신을 상실한 사람일지 모른다.

나의 경우 어릴 때부터 책을 많이 읽으면서 자랐고, 지금도 독서에 대한 욕심이 상당하다. 기자시험을 준비하던 대학생 때도 책을 많이 읽었다. 학교 도서관에서는 책을 5권까지 빌릴 수 있었는데, 나는 한 번에 다 읽지도 못하면서 괜한 욕심에 늘 5권을 꽉 채워서 빌리곤 했다. 지하철을 탈 때도 틈틈이 책을 읽기 위해 가방 속에는 최소 2권씩 넣고 다녀, 가방이 항상 돌덩이처럼 무거웠다. 책의 종류는 다양했다. 철학, 사회과학을 비롯해 역사에 대한 책이나 소설도 읽었다. 나는 한 가지 책만 계속 읽는 것에 대해서 지루함을 느끼기 때문에, 여러 종류의 책을 한꺼번에 쌓아둔 채 이 책, 저 책을 번갈아가면서 읽는다.

이렇게 다양한 책을 읽어둔 것이 언론사 입사시험에 도움이 된 것은 물론이다. 사실 필기시험을 치르는 사람의 고민은 '어떻게 하면 내 글을 수많은 다른 글과 차별화할 것인가'이다. 입사시험에서 내 글이 어떤 평가를 받았는지는 모르지만, 당시 나는 '나의 모든 지식을 최대한 털어 글을 쓰겠다'는 다짐을 했다. 사소한 지식이라도 머릿속에 담은 것이 없으면 글의 소재로 쓸 만한 게 없는 법이다. 나는 철학책을 읽으며 했던 고민과 역사적 지식, 소설을 읽으며 느낀 상상력을 최대한 동원해 글을 썼다.

모든 책에는 조금이라도 배울 점이 담겨 있다. 기자를 꿈꾼다면, 가능한 한 많은 책을 읽어서 지식을 쌓고 내공을 키워서 좋은 글을 쓰겠다는 열망이 있어야 할 것이다.

면접 준비는
어떻게 했나요?

면접은 상대방이 나 자신과 내가 가진 생각에 대해 알아가는 과정이라고 생각한다. 언론사 면접에서는 나에 대한 질문을 비롯해 해당 언론사, 그리고 시사적인 이슈에 대한 질문을 주로 받게 된다. 면접 준비는 거창한 게 아니라, 언론사에서 질문할 법한 사안에 대해서 평소 고민한 것을 토대로 나름대로 근거를 들어 이야기할 수 있으면 된다고 생각한다. 나 같은 경우, 평소 일기를 써온 게 면접 준비에 가장 큰 도움이 됐다. 나는 중학교 1학년 때부터 거의 하루도 빠짐없이 일기를 쓰고 있는데, 일기를 쓰다 보면 그날 경험한 것을 토대로 느낀 것과 나 자신의 가치관에 대해 상당 부분 정리가 된다. 굳이 독후감을 쓰지 않아도 특정 책을 읽고 느낀 점을 자연스레 적게 되고, 인턴이건 봉사활동이건 특정 경험을 할 때마다 그로 인해 내가 배운 것과 얻은 교훈을 생각하고 정리하게 된다.

나는 기자를 꿈꿀 때부터, 내가 왜 기자가 되어야 하는지에 대해 일기에 자주 적었다. 기자가 되어야겠다는 생각을 굳히기 전부터 각종 직업군을 나열한 뒤 장점과 단점을 적고, 무엇이 내게 가장 적합할지 이유를 적어보곤 했다. 언론사 인턴을 하면서도 그

날 경험을 토대로 기자라는 직업에 대해 느낀 바를 적었고, 내가 왜 기자가 되고 싶은지를 생각했다.

세상에 똑같은 사람은 없듯이, 면접에 대한 대답도 정답은 없을 것이다. 어느 답이 됐든, 타당한 근거를 갖고 솔직하고 분명하게 자신의 소신을 밝히면 된다. 기자가 되고 싶은 이유도 사람마다 다를 것이고, 정답도 없다. 어쨌거나 내가 아는 바로는 상당수의 언론사에서는 자기소개서건 면접이건 간에, 왜 기자가 되고 싶은지에 대해 말해야 하는 과정이 있다. 이 질문에 대해 깊이 생각하고 나름대로의 관점을 가져야 할 것이다.

면접관이 면접에 임할 때, 아무 배경 없이 지원자의 얼굴만 보고 질문을 하는 것은 아니다. 면접관들은 지원자가 쓴 자기소개서와 이력서 등을 보면서 질문을 던진다. 그렇기에 나는 면접에 임하기 전에 내가 쓴 자기소개서와 이력서 등을 쭉 살펴봤고, 이를 토대로 면접관이 나에게 물어볼 수 있을 법한 '질문 리스트'를 쭉 뽑은 뒤 일기에 대답을 적어보았다.

예를 들면 당시 나는 이력서 취미란에 '역사책 읽고 고민하기'를 적었는데, 누군가는 내게 무슨 역사책이 기억에 남았냐고 물어볼 것 같았다. 그렇기에 그동안 읽은 역사책 중 기억에 남는 책을 떠올려 봤고, 기자라는 직업과 관련지어 느낀 점을 생각해 봤다. 실제로 면접 때 내가 받은 질문은 예상한 질문 범위 내에 있었다.

조금 어려운 질문은 시사 이슈에 대한 것이었다. 나름대로 나올 법한 질문을 쭉 만들어서 일기에 질문과 답변을 적어보긴 했지만 범위가 너무 넓었다. 실제로 면접에서는 내가 생각했던 범위를 대폭 벗어나는 질문이 나와서 중간중간 말문이 막히기도 했다.

그래도 최대한 다양한 신문을 꼼꼼히 읽고, 여러 현안에 대해 나의 생각을 정리해 보는 건 도움이 됐다.

나는 기자가 되고 싶다는 생각이 너무 간절해서, 면접 때 너무나도 떨릴 것 같았다. 긴장을 최소화하는 방편으로 '지피지기(知彼知己)' 전술(?)을 택했다. 나 자신도 알아야 하지만, 상대방에 대해서도 최대한 알자는 것이었다. 면접에는 언론사 간부들이 들어올 것인 만큼, 언론사 간부의 이름을 한 명씩 검색해서 그분들이 최근에 쓴 칼럼 수십 개를 쭉 읽었다. 언론사 간부의 칼럼을 읽는 것 자체가 면접에 도움이 되는 것은 아니지만, 최소한 정체불명의 면접관과 대화하는 것보다 상대방이 누군지라도 알면 긴장이 덜 될 것이라 여겼다.

실제로 나는 면접에서 면접관 5명 중 4명은 한눈에 이름과 직책을 알아볼 수 있었다. 그분들의 얼굴 사진과 함께 게재된 칼럼을 사전에 읽었기 때문이다. 물론 그럼에도 불구하고 막상 면접에서는 너무 떨렸고, 수차례 심호흡을 해봐도 마음이 가라앉질 않았다. 하지만 상대방이 누군지 조차 몰랐다면 더욱 떨리고 당황했을 것 같다.

어떤 지원자들은 면접 때 해당 언론사의 성향에 맞춘 대답을 해야 하는 것 아니냐고도 하는데, 대다수 언론사에서는 그렇지 않다고 채용 웹사이트 등에서 밝히고 있다. 실제로 주변 기자들 중에는 밖에서 보는 해당 언론사의 성향과 전혀 다른 가치관을 갖고 살아가는 사람도 많다. 어느 조직이건 다양한 의견을 가진 구성원들이 있어야 건강한 조직을 형성하는 법이다.

동굴 속에서
쑥과 마늘을 먹다

취재원들이 "수습기자 생활에 대해 TV에서 봤는데, 정말 힘들겠더라"며 혀를 끌끌 찬 적이 있다. 그들이 본 프로그램은 모 다큐멘터리였는데, 수습기자의 일상을 카메라에 담은 것이었다. 그들은 그 프로그램을 통해 처음으로 수습기자의 생활이 어떤지를 알게 된 듯했다. 그 프로그램을 본 사람 중 상당수는 내게 그 프로그램을 언급하며 "기자가 얼마나 힘든 직업인지 알게 됐다"며 안쓰럽다는 듯한 동정의 눈길을 보냈다

나는 해당 프로그램을 보지 않은 상태였는데, 이야기를 자주 듣다 보니 호기심이 생겼다. 얼마나 생생하게 수습기자의 생활을 그렸기에 이렇게 회자되는지 기대를 잔뜩 갖고 인터넷으로 영상을 틀었다. 그런데 웬걸, 솔직히 완전히 실망스러웠다. 이렇게 울퉁불퉁한 현실을 이토록 밋밋하게 담아내다니! 일반인들의 눈에는 그 모습도 굉장히 고달프게 보였겠지만, 기자가 볼 때는 현실과는 너무도 동떨어진 '싱거운' 장면이 많아 공감할 수 없었다.

잠깐 설명하자면, 기자들은 언론사에 갓 입사하면 6개월은 수습기자의 신분이고, 수습을 무사히 마치면 정식으로 임용된다. 회사마다 프로그램이 조금씩 다르긴 하지만, 나 같은 경우 1개월은 회사에서 교육을 받고, 3~4개월은 경찰서에 배

치되어 '진짜 수습생활'을 했다.

수습기자 시절에는 경찰서에 마련된 '2진 기자실'이라는 곳에서 잠을 자야 하고, 집에는 토요일 딱 하루만 다녀올 수 있다. 바닥에 등을 붙이고 잠을 잘 시간은 하루에 1~2시간밖에 주어지지 않으며, 나머지 시간은 계속 사건사고 등을 취재해 선배에게 보고해야 한다.

TV 프로그램이 실망스러웠던 이유는, 거친 현실을 오롯이 담아내지 못했기 때문이었다. 다큐멘터리에는 수습기자가 새벽에 형사당직실에 가서 사건을 취재해 오는 장면이 나온다. 수습기자가 사건을 물어보자 경찰은 순순히 알려주고, 수습기자는 다른 경찰서로 이동한다.

하지만 이런 장면은 현실에서는 거의 볼 수 없다. 경찰도 수습기자가 아직 기사를 쓸 권한이 거의 없는 '수습'이라는 것을 알고 있다. 그렇기에 사건을 알려주기는 커녕 형사당직실 문도 열어주지 않고 매몰차게 내쫓는 경우가 대다수다. 그럼에도 불구하고 수습기자들은 어떻게든 취재를 해야 하기에 경찰에게 끈질기게 들러붙는다. 그럴 때마다 대부분의 경찰은 난색을 표하는데, 일부는 소리도 지르고 인상도 쓰면서 수습기자를 잡상인처럼 내쫓는다.

내가 수습 때 본 한 여기자는 형사당직실 문틈을 비집고 사건을 묻기도 했다. 그때 경찰이 문을 거칠게 닫아버려 여기자의 손에 들려있던 휴대전화가 바닥에 '쿵' 소리를 내며 떨어졌다. 기자는 속상해했지만 경찰은 본 척도 하지 않았다.

하지만 역시 카메라의 힘은 강한가 보다. 전국에 방영되는 카메라 앞에서 평소 수습기자에게 하던 대로 성질을 부리며 내쫓는 경찰은 없었다. 하긴, 누가 그렇게 수습기자를 벌레 보듯 하는 모습으로 카메라 앞에 서고 싶겠는가. 물론 그렇다고 내가 수습기자에게 매몰차게 대하는 경찰을 나쁘게 생각하는 것은 아니다. 밤낮 없이 계속 찾아와서 자잘한 사건사고를 알려달라며 귀찮게 하는 수습기자의 존재가, 내가 경찰이라도 귀찮을 것 같다.

두 번째 실망스러웠던 장면은, 그 다큐멘터리에서는 선배들이 무척이나 체면을 차리면서 후배에게 지도 편달을 하고 있는 것이었다. 고작 조금 듣기 껄끄러운 소리를 하는 장면을 보여주고는 수습기자가 그로 인해 상심하는 듯한 모습을 담은 것도 참 비현실적이었다.

현실은 그렇지 않다. 제대로 된 사건을 가져오지 못하면 선배에게 제대로 혼이 난다. 특히 보고를 제때 못하거나 늦잠을 자는 등 기본을 어길 경우 날벼락이 떨어진다. 물론 온화한 성품의 선배도 있긴 하지만, 수습기자에게만큼은 모두 엄하게 매일같이 혼을 낸다. 실제로 수습기자들이 대거 경찰서에 배치되는 겨울에서 봄 사이, 수습들을 교육하는 '1진 기자'들이 가득 차 있는 경찰서 '1진 기자실'에 가면 이를 금세 알아차릴 수 있다. 아침마다 수습기자의 보고를 받은 뒤 야단을 치고 있는 1진 기자들로 인해 기자실은 매우 시끄럽다. 제삼자가 기자실에 와서 1진 기자들의 전화통화를 들으면 모두 인격파탄자로 여길지도 모른다.

나는 이 역시 카메라의 힘을 여실히 보여준 것이라고 생각한다. 과연 어느 1진 기자가 전국에 방영되는 방송 프로그램 속에서 '성격 파탄의 마귀할멈 같은 선배 기자'로 비치고 싶겠는가. 후배에게 지적도 하지만, 상식과 체면을 갖춘 멋진 모습으로 보이고 싶었을 것이다. 물론 1진 기자들은 수습기자를 교육하기 위해 일부러 더 엄한 모습으로 가장을 하고, 많이 혼내는 경향이 있다. 그럼에도 불구하고 혼낼 때는 정말 무섭게 혼낸다. 수습기자들은 선배가 무서워서 자신의 한계를 뛰어넘으며 부담스러운 취재를 하고, 돌파력을 기르기 때문이다. 나 역시 수습 때는 선배 기자가 무척이나 무서웠고, 세상에서 나를 해칠 사람은 선배밖에 없어 보였기 때문에 선배가 시킨 취재만큼은 현장에서 두려움 없이 임하곤 했다.

세 번째 실망스러웠던 점은, 그 다큐멘터리는 수습기자의 정신적인 고통에 대해 담아내지 못하고 있었다는 것이다. 물론 내가 방송 전문가는 아니기 때문에 정신적인 고통을 어떻게 담아낼 수 있을지 방법은 모른다. 하지만 수습기자 생활을 해본 사람이라면 정신적인 고통의 비중이 얼마나 큰지 알고 있고, 그렇기에 어떻게든 그것을 그려내기 위해 노력했을 것이다.

수습기자 때는 일단 거의 제정신이 아닌 상태에서 생활을 한다. 극단적으로 수면이 부족한 상태에서, 쉴 새 없이 취재 지시가 이어진다. 제아무리 좋아하는 일을 한다고 하더라도 끊임없이 신체가 고통을 당하는 가운데 일을 즐길 수 있는 사람은 많지 않다. 잠을 충분히 자지 못해 멍한 상태에서도 일을 제대로 정확히 또 빠르게 해내야 한다. 그 와중에 시도 때도 없이 선배로부터 혼이 나고, 취재원으로부터 각종 상스러운 소리도 듣는다. 스트레스가 끊이지 않는 상황에서 과연 본인이 수습생활을 무사히 마칠 수 있을지 의심하면서 시간을 보낸다.

적지 않은 기자들이 수습기자 때 기자생활을 관둔다. 오랫동안 기자를 꿈꿔왔고 높은 경쟁률을 뚫고 합격했음에도 불구하고, 그런 생활을 몇 개월간 이어간다는 게 도저히 견딜 수 없을 정도로 끔찍하게 여겨지기 때문이다. 혹은 수습 기간 도중 건강에 이상이 와 기자생활에 대해 회의가 들어 관두기도 한다.

언론계 일각에서는 '수습은 인간이 아니다'는 말도 있다. 수습생활을 무사히 마치기 전까지는 정식 기자로 여기지 않는다는 의미다. 단군신화에 나오는 곰이 인간이 되기 위해 쑥과 마늘을 먹는 것처럼, 수습들도 경찰서에서 눈물을 삼키고 고통을 견디며 시간을 보낸다.

수습 때는 정말 시간이 가지 않는다. 인생에서 시간이 가장 느리게 갔던 때라고 해도 과언이 아니다. 신체적인 한계를 견디면서 불가능에 도전해야 하는 그 순간이 무척이나 힘들기 때문이다. 나는 매일 '하루만 더 버티자'는 생각으로 일주일을 버티고, 한 달을 버티고, 석 달을 버텨서 수습을 마쳤다. 그렇다고 수습생활이 무슨 인간을 고문하는 개념은 아니다. 돌파력과 끈기, 근성을 기르며 취재하는 법을 배우고, 기자로서의 소양을 다지는 과정이다.

기자들은 마치 남자들이 군대생활에 대해 두고두고 말하듯이 수습생활에 대해 이야기하며 추억을 곱씹곤 한다. 나는 수습 시절만 생각하면 없던 힘도 불끈 샘솟는 듯한 느낌이 든다. 너무 힘든 상황에서 어려운 일에 도전해야 했기에, '수습생활도 거쳤는데 무슨 일인들 못 하겠나'하는 생각이 드는 것이다. 수습 시절도 견뎠으니 그 어떤 것도 다 견딜 수 있을 것만 같다. 그것은 수습생활이 그만큼 힘들다는 것이기도 하다. 그렇기에 언론사에 있는 기자들은 신입기자들에게 수습생활에 대해 "무엇을 상상하든 그 이상이 될 것이다"라고 말한다.

Q & A

수습기자 생활은
어떻게 진행되나요?

수습 기자 운영 시스템은 언론사마다 조금씩 다르지만, 대체로 비슷하다. 집에 보내주지 않고 잠을 잘 시간도 거의 주지 않은 채, 끊임없이 취재를 시킨다는 것이 기본 골격이다.

물론 시대가 변하면서 지나치게 힘든 문화는 사라지고 있고, 상당수 언론사에서 수습기자 교육 시스템을 바꾸고 있는 것도 사실이다. 내가 수습기자 생활을 하던 때와 사회부 1진 기자로 수습기자를 교육할 때도 달라진 점이 있었다. 어떤 언론사는 경찰서 수습생활 기간을 대폭 줄이거나, 운영하지 않는 곳도 있다. 어쨌거나 내가 지금부터 설명하는 수습기자 생활은 지금도 대체로 비슷하게 유지되고 있는, 내가 직접 경험한 것에 바탕을 둔 것임을 미리 알려둔다.

우선 경찰서에는 '2진 기자실'이라고 하는, 수습기자들을 위한 공간이 있다. 말이 기자실이지 일반 다른 기관에 있는 기자실과는 판이하다. 기사 송고를 위한 공간이라기보다 그냥 잠을 잘 수 있도록 이불이 깔려 있거나 2층 침대가 몇 개 있는 게 보통이다. 지금은 비교적 깔끔해졌지만, 내가 수습생활을 하던 때는 거의 돼지우리 수준으로 지저분했다. 바닥에 이불만 덜렁 놓여 있었는데, 대체 언제 세탁했는지 알 수 없을 정도로 고약한 냄새가 났고 심지어 여기저기 헤어져 너덜너덜하기까지 했다.

2진 기자실이 그토록 형편없이 더러운 이유는, 수습기자들에게 잠을 잘 시간이 하루에 1, 2시간밖에 주어지지 않기 때문이다. 수습기자들이 2진 기자실에 도착하는 시점은 길에 쓰러져서라도 자고 싶을 정도로 피로가 극에 달한 시점이다. 게다가 잠을 잘 시간도 극도로 부족하기 때문에, 옷도 갈아입지 않고 2진 기자실에 그대로 누워서 눈을 붙인다. 그 정도 상태가 되면 이불에서 냄새가 나든 말든, 누가 침을 흘렸든 말든 그냥 덮고 자게 된다.

수습기자들은 일요일 새벽에 경찰서에 도착해서 토요일 새벽에야 집에 갈 수 있다. 꼬박 6일은 경찰서에서 취재를 하다가 2진 기자실에서 눈을 붙이는 시스템이다. 그런데 대부분의 2진 기자실은 남녀 구분이 없다. 그렇기에 남녀 수습기자들은 새벽에 한 방에서 잠을 잔다. 무척이나 이상하게 느껴지지만, 1, 2시간밖에 눈을 못 붙이니 신경 쓸 여력이 없다. 극도로 피곤하면 내 옆에서 자는 생명체가 남자인지 여자인지 외계인인지 상관하지 않게 된다.

2진 기자실은 정말 좁다. 작은 곳은 고작 대여섯 명이 칼잠을 잘 수 있을 정도의 크기인데, 수습기자들이 한창 많이 배치되어 10명이 넘을 때는 1, 2시간마저 잠을 잘 공간이 없다. 그렇다고 경찰서가 아닌 다른 곳에서 임의로 자면 선배에게 혼이 나는 데다, 안 그래도 잘 시간이 부족한 마당에 다른 곳을 왔다 갔다 할 여력도 없다. 결국 잠자는 수습기자의 몸을 조금 옆으로 밀고서 끼어서 칼잠을 자거나, 누군가의 발바닥 밑에 겨우 공간을 확보해 눈을 붙이기도 한다. 나 역시 잠을 자다 보니 남자 기자의 발바닥이 얼굴 앞에 있던 때가 있었다.

수습생활은 정말 전쟁 같다. 나는 새벽 4시쯤 2진 기자실에 들어와 잠을 자고, 5시에 일어나서 취재를 하러 나가야 했다. 그런데 다른 언론사는 새벽 2시쯤 들어와서 4시에 일어나서 나갔고, 또 다른 언론사는 3시쯤 들어와서 4시 반쯤 나갔다. 서로 취침 시간과 기상 시간이 다른데, 너무 피곤한 상태라 잠을 잘 때는 꼭 알람을 여러 개 맞춰놓고 자야 한다.

문제는 각자 알람 시간이 다르다는 것이다. 나는 이제 막 눈을 붙여야 하는데 타사 기자의 알람이 마구 울려댈 때는 정말 괴롭다. 어떤 기자는 너무 피곤한 나머지 알람 소리를 듣지 못하기도 한다. 컴컴한 방 속에서 알람이 울리면 어디선가 짜증을 내는 듯한 탄식이 들리고, 누군가는 귀를 막고 누군가는 스르륵 일어나는 모습이 연출된다. 또 누군가는 코를 드르렁거리며 골기도 하고, 비몽사몽간에 내가 베고 있던 베개를 어느새 빼앗기도 한다.

어쨌거나 잠자는 시간을 제외한 시간은 모두 주로 경찰서를 돌면서 사건사고 취재를 해야 한다. 보통은 2시간, 짧을 때는 1시간마다 선배에게 기삿거리를 보고해야 한다. 보고할 거리가 많이 있으면 좋겠지만, 경찰서에서 기사로 쓸 만한 사건사고는 많지 않다. 기삿거리를 가져오지 못하면 선배에게 혼이 나고, "보고거리 없습니다"라는 말은 절대 해선 안 된다.

게다가 기삿거리도 안 되는 사건조차 경찰로부터 얻기가 쉽지 않다. 그럼에도 불구하고 뭐라도 찾기 위해 경찰서 형사과, 강력팀, 정보계, 외사계, 보안계, 여성청소년계, 교통조사계 등 다양한 과를 돌면서 사건사고를 얻어 와야 한다. 면박도 당하고 서러움도 겪는데, 이때 어떻게든 낯선 경찰을 만나 대화하는 훈련을 통해 낯짝을 두껍게 키우게 된다.

선배 기자들에게 많이
혼이 나나요?

수습 기자들은 선배로부터 정말 많이 혼난다. 가끔 인턴기자 경험을 해봤거나 다른 사적인 자리에서 기자들을 만나본 학생들은 "기자 선배들이 너무 잘해주셨다", "정말 따뜻한 성품이더라"고 감탄을 하곤 하지만, 아무리 성격이 좋은 기자라도 사회부에서 수습 교육을 맡았을 때만큼은 후배들에게 정말 따끔하게 혼을 낸다. 수습 시절이야말로 인내심의 한계를 시험하는 상황에서 기자로서의 근성과 돌파력을 길러줄 수 있는 유일무이한 기회가 아닌가 생각한다.

내가 사회부에서 수습기자 생활을 끝낼 때쯤, 나를 담당했던 1진 선배(사회부에서 수습 교육을 담당하는 현장 기자)는 내게 이런 말을 했다. "너도 나중에 수습 받아보면 선배들의 심정을 이해할 거다." 그 말을 듣고 3년쯤 뒤, 나도 사회부에 배치되어 수습 교육을 담당하게 됐다. 그리고 그토록 모질게 나를 벼랑 끝으로 내몰던 선배들을 십분 이해하게 되었다.

수습기자 시절은 가장 낮은 곳에서 기자로서의 기본을 배우는 시간이다. 어떤 인생을 산다고 하더라도, 수습기자 시절만큼의 비참함에 처하는 상황은 많지 않을 것이다. 경찰로부터 문전박대당하고, 취재원으로부터 취재를 거절당하고, 취재를 제대로 해오지 못해 선배로부터 번번이 혼이 난다. '발가락의 때'가 되어보고 싶다면 수습기자야말로 적합한 경험이다.

누군가에게 듣기 좋은 이야기를 하고 칭찬을 받기는 참 쉽다. 하지만 쓴소리를 하면서 악역을 맡는 것은 무척이나 어려운 일이다. 당사자가 불쾌해하고, 각종 뒷이야기에 오르내리기 일쑤다. 그럼에도 불구하고 선배 기자들은 기꺼이 악역을 맡곤 한다.

비유하자면 이런 것이다. 그저 남의 아이를 보는 사람들은 귀여워해 주고 예뻐해 주기만 하면 된다. 그 아이의 양육과 성장에 책임이 없기 때문이다. 하지만 부모는 다르다. 때론 따끔하게 야단도 치고, 원하는 것이라도 다 들어주진 말아야 한다. 부모에게는 아이가 인내심과 근성, 독립심을 기르고, 건전한 성품을 지닌 성인으로 성장하도록 해야 할 책임이 있다.

나도 수습기자 시절에 선배들로부터 정말 많이 혼났다. 그때는 종종 '정말 잔인하다', '너무하다'는 생각도 했지만, 지금 돌아보면 선배들이 무섭게 굴어야 했던 이유는 분명히 있었다. 내가 당시 취재를 열심히 했던 주요 원동력은 호랑이 같은 선배들이었기 때문이다.

수습기자 시절에는 밤낮없이 취재만 하면서 잠도 거의 못 자고, 제대로 씻지도 못하며 일한다. 그런 극단적인 상황에 부닥치면 지극히 기본적인 욕구만 지닌 로봇이 되기 시작한다. 내 머릿속에 든 유일한 생각도 '어떻게 하면 5분이라도 더 잘 수 있을까'였다. 너무 졸린 나머지 화장실에서 문을 걸어 잠그고 변기에 앉아 알람을 맞춘 뒤 5분간 쪽잠을 자기도 했다.

그런데 사회부 기자들은 각종 사건사고 현장에서 민첩하게 움직이고, 치열하게 취재해야 한다. 게다가 불친절하기 짝이 없는 취재원도 정말 많이 만난다. 날 때부터 두꺼운 낯짝을 지니고 아무에게나 말을 잘 거는 사람도, 상처받는 것을 두려워하지 않는 사람도 없다. 하지만 수습기자 시절에는 선배들이 "어떻게든 취재를 해와"라고 불호령을 내리기 때문에 부담스러운 사람에게도 눈을 질끈 감고 말을 걸고, 아무리 피곤하고 힘들어도 현장을 지킨다.

어려운 취재에 처음부터 즐거워서 뛰어드는 사람은 없다. 어쩌면 인간이란 기본적으로 '구제불능'의 존재라서, 선배가 마냥 웃으며 "이 취재는 힘드시면 하지 않아도 돼요", "현장에 늦게 가도 괜찮아요", "인터뷰에 실패하면 어쩔 수 없는 거죠"라고 말하면, 절대 하지 않을지 모른다. 갑작스레 터지는 이슈에 피로와 싸우며 뛰어들어야 하는 기자는 특히 그렇다.

수습기자들은 그렇게 "무조건 해와"라는 지시를 받다 보면, 처음에는 도무지 안 될 것 같지만 어떻게든 방법을 찾으면 되는 게 있다는 것을 알게 된다. '안 될 거야'보다는 '될 방법을 찾자'는 궁리를 하게 된다. 낯선 사람에게 다가가는 것에도 한결 부담을 덜 느끼게 되고, 어려운 상황을 돌파하는 자신의 모습에 때론 감탄도 하면서 부쩍 성장하는 모습을 발견한다.

수습기자 시절 가장
큰 고비는 무엇이었나요?

수습 기자 생활은 세상에서 가장 낮은 존재가 되어 가장 낮은 곳을 훑고 다니는 경험이다. 내가 알고 싶지 않은 것도 상세히 파헤쳐야 하고, 만나고 싶지 않은 사람도 만나야 한다. 누구도 자신이 싫어하는 일을 반복적으로 해야 하는 것을 즐거워하지 않을 것이다.

나 같은 경우, 사회의 어두운 단면을 지속적으로 마주해야 한다는 게 가장 힘들었다. 나는 평소 공포나 스릴러 영화를 보는 것을 싫어한다. 행복한 생각만 하고, 아름다운 장면만 보며 살고 싶었다. 누군가가 나쁜 짓을 저지르고, 사고를 당하고, 슬퍼하며 가슴 치는 것은 보는 것조차 싫었다. 하지만 경찰서에 오는 사람들이 행복해서 그냥 놀러 오는 사람들이던가? 나는 매일같이 사건사고를 저지른 사람이나 마주하게 된 사람들, 그로 인한 피해자들을 만나 취재를 해야 했다.

나는 경찰서에서 잠을 자면서 수습기자 생활을 하기 전까지만 해도, 세상에 그렇게 많은 범죄가 일어나는지 알지 못했다. 내게 경찰서는 먼 존재였다. 처음 짐 가방을 들고 캄캄한 경찰서 기자실로 들어갈 때만 해도, 주위를 두리번거리며 과연 내가 이곳에 발을 들여놓아도 되는지를 한참을 고민했다.

내가 수습기자로 생활할 때까지만 해도 몇몇 경찰서 형사계는 출입이 자유로웠다. 처음 배치받았던 노원경찰서 형사계에서는 밤을 새우면서 취재했는데, 당시 받았던 충격은 지금도 잊을 수 없다. 술을 먹고 행패를 부리다 경찰서로 온 사람들이 하루에 많게는 수십 명이나 되었다. 말끔한 차림의 직장인도 술을 마신 뒤 주사를 부리며 경찰서로 향했다. 어떤 이들은 자신의 '진상 행동'을 다음 날에는 전혀 기억하지 못했다.

30대쯤으로 보이는 한 젊은이도 겉모습은 멀쩡한 회사원이었는데, 경찰서에 와서 고래고래 소리를 지르고 경찰을 협박하며 주사를 부렸다. 나는 겁이 나 벽에 붙어서 그를 지켜보기만 했다. 남성의 행패가 심해지자 경찰은 "당신 행동이 정상인지 저 기자한테 물어보라"며 혀를 끌끌 찼다. 그러자 그 남성은 나에게 다가오면서 "기자 누나!!!"를 외쳤다. 온몸에 소름이 쫙 돋았다. 결국 통제 불능 상태의 남성은 수갑을 차게 됐고, 이내 곯아떨어졌다.

그 정도는 양반이었다. 살인, 살인미수와 같은 사건은 정말 끔찍했다. 언젠가 20대 젊은이가 PC방에서 중고생들에게 커터칼을 들이대며 "죽여버리겠다"고 협박한 적이 있었다. 지구대에 달려가니 그 젊은이가 앉아 있었다. 취재를 해야 하니 일단 명함을 주고 말을 걸었다. 대화를 나눈 뒤 뒤를 돌아 나오는데, 갑자기 명함을 준 게 후회가 되어서 가슴을 쳤다.

살인사건은 지금도 떠올리기가 싫다. 살인을 저지르고 자살을 한 사람의 주거지를 찾아가서 평소 생활을 수소문한 적이 있다. 극단적인 범죄를 저지르고 저세상 사람이 된 인물의 행적을 알아나가는 건 정말 고통스러웠다. 그의 빈소에 찾아가 가족을 만나 그들의 슬픔을 취재할 때는 더욱 힘들었다.

세상에 '변사사건'이 그토록 많다는 것도 수습기자 생활을 하면서 알게 되었다. 집에서 혼자 외롭게 살다가 한참이 지나서 시신으로 발견되는 사람은 의외로 많았다. 스스로 극단적인 선택을 하는 사람도 종종 있었다. 수많은 죽음을 목격하고 그 과정을 취재하면서, 인생이 참 덧없다는 생각에 커다란 상실감을 느끼곤 했다.

각종 비극적인 사건을 취재하기 위해 발을 한 걸음 내디딜 때마다, 마치 누군가가 내게 절망이라는 것을 숟가락에 가득 담아 내 입에 꾸역꾸역 떠먹이는 듯한 느낌이었다. 그 절망은 먹기 싫다고 뱉어낼 수 없는 것이었다. 어떻게든 절망을 부여안고 취재를 해야만 했다. 그렇게 매일 새벽 3, 4시까지 사건사고 현장을, 병원과 장례식장을, 경찰서를 돌아다니곤 했다. 술에 취해 비틀거리는 사람들 틈에서 졸음을 이겨가며, 칠흑 같은 적막을 뚫고 취재 현장으로 향했다. 밤늦게 택시를 타고 경찰서를 오가는 길이 그렇게 외롭고 고달플 수가 없었다.

그때 겪었던 절망과 고통은 그전까지만 해도 '샌님'이던 나를 단단하게 만들어 주었다. 수습이 끝난 뒤 한번은 밤늦게 취재가 끝났는데, 누군가가 "이 시간에 혼자 집에 갈 수 있느냐"고 물었다. 수습기자 시절에 새벽 3, 4시에도 혼자 택시를 타고 사건사고 현장을 돌아다녔는데, 왜 밤 12시, 1시에 못 다닌단 말인가? 나는 "수습기자 생활도 거쳤는데 무슨 일이든 못 하고 어디든 못 가겠느냐"고 답하며 웃었다.

수습기자 생활은 사람을 정신적으로도 성숙하게 해준다. 나는 숱한 어려움에 봉착하고 수많은 죽음을 목격하면서, 왜 살아야 하는지를 고민했다. 돈과 명예에 집착하며 뭔가를 쌓아놓더라도 부질없이 끝이 나는 건 순식간이었다. 나는 인생에서 중요한 가치가 무엇인지를 생각하게 되면서 좀 더 가치 있는 삶을 지향할 수 있게 되었다.

이 정도는
각오해야지

사회부로 배치받은 지 얼마 되지 않았을 때, 정부기관에 취재 차 전화를 했다가 우연히 보건복지부 관료와 통화를 하게 됐다. 해당 정부기관에서 파견근무를 하는 분이었다. 내가 보건복지부를 출입할 당시에는 안면이 없었지만, 이것도 인연이라며 반갑게 대화를 나누게 되었다. 그분도 오랜 기간 파견근무로 인해 '전 보건복지부 출입기자'가 반갑게 느껴졌을 테고, 나 역시 경찰을 취재하다가 옛 출입처 사람을 만나니 친정식구 만난 것 마냥 기뻤다. 우리는 반가운 마음에 조만간 만나서 점심을 먹기로 약속했다. 2014년 7월이었다.

약속했던 날 나는 문자를 보냈다. '편하신 시간, 장소 알려주시면 그리로 가겠습니다.^^' 오전 10시 50분경, 답장이 왔다. '서울파이낸스센터 지하 1층 ○○○○ 예약했어요.^^' 나는 '이따 뵙겠다'고 문자를 보낸 뒤 종로경찰서에서 취재를 하고 있었다. 그런데 갑자기 휴대전화에 뉴스 속보가 떴다. 광주에서 세월호 현장 지원 활동을 마치고 복귀하던 소방헬기가 추락해 5명이 숨졌다는 소식이었다. 소방헬기는 이날 오전 10시 53분에 추락했다.

큰 사건이 터지면 어김없이 사건사고 담당 기자가 투입된다. 나와 동료들은 어수선한 분위기에서 "혹시 누구라도 곧장 현장에 가야 하는 것 아니냐"는 말을 주고받기 시작했다. 나는 왠지 내가 가게 될 것 같은 예감에 사로잡혔다. 1시간 뒤에는 점심 약속 장소로 향해야 했는데도 말이다. '왜 슬픈 예감은 틀린 적이 없나'라는 말처럼, 나는 진짜 현장 취재기자로 낙점됐다. 팀장으로부터 곧장 최대한 빨리 현장에 가라는 지시를 받았다.

하는 수 없이 나는 약속을 깨야 한다는 요지의 사과 문자를 장황하게 보내야 했다. 반가워하면서 만나자고 할 땐 언제고, 약속 시간 1시간 전에 펑크 내버리는 사람이라니, 내가 상대방이라도 야속할 것 같았다. 그나마 점심 장소가 상대방의 직장과 가까워서 다행이지, 멀리서 오는 길이었으면 더 미안할 뻔했다.

곧장 회사로 달려갔고, 간단하게 짐을 챙긴 뒤 동료 기자 1명과 차를 타고 재빨리 광주로 향했다. 아무리 빨리 간다고 하더라도 오후 늦게 도착할 것이었다. 신문사는 지방에 배달되는 신문을 저녁에 마감하고, 최종판 신문을 밤늦게 마감한다. 우리가 취재할 수 있는 시간은 많지 않았다. 도착해서 누구를 어떻게 취재해야 할지도 모르는 상황에서 일단 달려갔다.

처음 도착한 곳은 광주의 모 병원이었다. 숨진 분들은 강원도 소방본부 소속의 소방관들이었다. 헬기가 바닥에 처참하게 추락한 까닭에 시신도 제대로 남아 있지 않았다. 추락 현장에는 경찰통제선이 쳐 있는 채로 일부 잔해가 남아 있었고, 주민들은 웅성거리고 있었다.

헬기가 추락한 장소는 아파트와 중학교의 중간 지점이었는데, 사고 당시는 학생들이 수업을 받던 때였다. 헬기가 추락지점에서 조금만 벗어났어도 대형 인명 피해로 번질 수도 있는 상황이었다. 헬기는 수직으로 추락했는데, 조종사가 헬기가 통제 불능이란 것을 직감하고 더 큰 참사를 피하기 위해 일부러 그 지점에 떨어진 것이 아니냐는 분석이 나오고 있었다. 헬기 사고는 단순히 개인의 일이 아니라 공적인, 국가적인 이슈였다. 당사자들은 소방관들로서 공무를 수행하고 있었고, 게다가 당시의 핫이슈였던 세월호와 관련된 현장 지원을 마치고 돌아오는 길이었다. 헬기 추락이라는 제2의 참사는 왜 발생한 것인지, 우리가 이로 인해 돌아봐야 할 것은 무엇인지를 취재해 알리는 것은 기자로서 당연한 일이었다.

나는 오후에는 사고 현장 주변에서 목격자를 수소문했다. 사고 현장 바로 옆에 있는 학교로 가 교사들을 만났고, 아파트 주민들도 만났다. 다행히 그분들로부터 자초지종을 들을 수 있었다. 그다음이 고비였다. 목격자 취재를 마친 뒤, 병원으로 돌아가 유족들을 취재해야 했다. 날이 어둑어둑해질 무렵, 나를 포함한 대부분의 취재진은 병원으로 향했다. 정부 당국은 유족에게 상황 설명을 위한 자리를 마련했지만, 취재진의 접근은 일절 허용하지 않았다.

우리는 병원 밖에 우두커니 서서 유족들을 기다리기 시작했다. 이윽고 눈물로 얼굴이 범벅된 사람들이 병원에 들어오기 시작했다. 누군가의 이름을 애타게 부르면서 하염없이 오열하고 있었다. 갑작스러운 사고로 가족을 잃은 모습, 순직 소방관들의 유족이었다. 누가 과연 타인의 슬픔을 목격하고 싶겠는가? 나는 기자로서 국가적인 사고를 취재해야 했지만, 그 순간만큼은 이곳에 취재자로 있다는 사실이 무척이나 원망스럽게 느껴졌다. 소방관들은 누군가의 아들이었고, 오빠였고, 아빠였다. 나는 자식을 낳아보지는 않았지만 오빠와 아빠를 가족으로 둔 한 가정의 딸이자 동생이었다. "오빠", "아빠", "○○야"라는 눈물 젖은 절규를 들을 때마다 마음의 살점이 찢겨나가는 것처럼 고통이 밀려오기 시작했다.

사건사고가 닥치면 그로 인한 피해자들은 큰 슬픔을 겪어내야 한다. 어떤 사람은 기자들이 유족에게 다가가는 것 자체를 '취재 욕심'이라 부르며, 이런 기자들을 '기레기'라고 손가락질하기도 한다. 하지만 나는 기자생활을 하면서 유족을 취재하고 싶어 하는 기자는 본 적이 없다. 유족 취재야말로 기자가 너무나도 피하고 싶은 산 중의 산이다. 제정신일 바에야 타인의 아픔을 이용하려고 할 수가 없으며, 그런 식의 취재 욕심은 부려도 아무 득도 없다.

그럼에도 불구하고 기자들이 유족을 취재하고, 사고 현장에 뛰어드는 것은 왜일까? 기자가 세상에 존재하는 수많은 일들에 눈을 감는 순간, 우리 사회가 알아야 할 중요한 것들을 놓치고 부조리도 숨겨질 수 있기 때문이 아닐까 싶다. 그렇기에 기자는 어떻게든 불편함과 얼굴을 마주해야 하고 진실을 찾아야 하는 것이다. 그런데 이런 순간은 무척이나 다양하기 때문에, 누구도 예측할 수 없다. 시시때때로 달라지는 고통의 순간을 어떻게 마주해야 하는지 누구도 가르쳐준 적도, 가르쳐줄 수도 없다. 시행착오를 겪어야 한다.

나는 이 거대한 참사가 당사자에게 가져다준 크나큰 고통 앞에서 평상시 기사를 쓰던 'ABC'를 지키지 못했다. 기자들은 보통 기사를 쓸 때 '어떤 이름을 가진', '어떤 직책의 누가', '나이가 몇 살인 사람이', '뭐라고 말했는지'에 대해 상세한 정보를 넣는다. 광주 헬기 추락사고 유족들은 오열했지만, 나는 이들 앞에서 평소처럼 취재할 수가 없었다. 눈물을 흘리며 슬퍼하는 사람에게 "누구의 유족이시냐", "무슨 관계이시냐"고 할 순 없었다.

유족에게 말 한마디 걸지 못했지만, 현장을 떠날 순 없었다. 사고가 정확히 어떻게 일어났는지, 제대로 수습이 되고 있는 건지, 짚어야 할 문제는 무엇인지 등 아직 모르는 것이 많았기 때문이다. 무슨 일이 일어날지도 몰랐다. 정부 당국자는 철수하고 국민들은 TV를 끄고 신문을 덮더라도, 기자들은 현장에서 생생하게 눈을 뜨고 있어야 했다. 혹시나 국민들이 알아야 할 중요한 사안, 우리가 모르고 있던 진실이 그 와중에 고개를 들지도 몰랐다.

정부에서는 유족들을 관광버스에 태운 뒤 모텔에 바래다줬다. 나는 동료 기자와 함께 회사 차를 타고 그 버스를 뒤쫓아 갔다. 최소한 그분들이 어디 계신지는 알아야 무슨 일이 일어났을 때 곧장 달려갈 수 있고, 현장에 촉각을 곤두세우고 있을 수 있었다. 물론 우리는 모텔 근처에만 다다른 채 멀찍이 바라보기만 하고 직접 찾아가서 말을 걸지는 못했다. 유족들이 모두 들어간 뒤, 우리는 모텔 인근 1층 식당의 야외 테이블에 앉아 그제야 저녁을 먹기 시작했다. 시간은 무려 밤 10시였다. 밥을 먹으면서도 힐끔힐끔 모텔에서 눈을 떼지 못했다.

다음 날 사고 현장에는 분향소가 마련됐다. 시민들은 헬기가 간발의 차이로 도로에 떨어져서 추가 인명피해가 발생하지 않았다는 것을 듣고는 분향소로 찾아와 감사편지를 썼다. 정치인과 행정 당국 관계자들도 잇따라 분향소를 찾았다. 취재진은 분향소에 진을 치고 이런 장면을 지켜보고 있었다. 그러던 중 관광버스가 도착했다. 순직 소방관 유족들이었다. 이들은 내리자마자 또다시 거세게 오열하기 시작했다. 그 모습을 보자니 다시 말로 형언할 수 없는 고통이 밀려오기 시작했다. 왜 내가 이 순간에 취재자로 있을까 하는 원망스러움, 당사자가 원하든 원치 않든 곁에 있어야 한다는 알 수 없는 죄책감, 어떻게 해야 할지 모르는 좌절감, 수많은 감정이 한꺼번에 뒤섞이면서 나는 할 말을 잃어버리고야 말았다.

그 상황에서 취재수첩을 꺼내 상황을 상세히 기록한다는 것 자체가 부적절하게 느껴졌다. 나는 가만히 고개를 조아리고 분향 대열 옆에 우두커니 서 있어야 했다. 아니나 다를까, 그 상황에서 카메라를 꺼낸 기자들은 일부 유족의 거센 반발을 받아야 했다. 유족 일부는 욕설을 하면서 "구경났냐"고 소리치며 "카메라 치우라"고 화를 냈다. 카메라는 즉각 빠졌고, 취재기자들은 침묵을 지킨 채 그 자리에 있었다. 결코 구경하기 위한 게 아니었다. 슬프고 아프지만 주머니 속에 펜과 수첩을 넣어둔 채 그 자리에 서 있어야만 하는, 그 복잡한 운명을 어떻게 설명해야 할까? 그 상황에서 나는 입은 있어도 말은 할 수 없는 존재였다.

안타까운 모습을 안타까운 마음으로 지켜보며 해야 하는 취재, 이런 취재는 아무리 하더라도 익숙해지지도, 좋아지지도 않을 것이다. 하지만 좋은 소식이건 나쁜 소식이건, 독자들은 세상에서 무슨 일이 일어나고 있는지 알아야 한다. 기자가 그것을 좋아하건 싫어하건 말이다. 독자들이 궂은 소식을 알게 하기 위해서는 누군가는 직접 절망에 발을 내딛고 슬픔에 다가설 줄도 알아야 한다. 매일 아침 독자들이 규칙적으로 신문을 받다 볼 수 있게 하기 위해, 누군가는 당장 약속을 깨고 불규칙적인 삶을 살 줄 알아야 한다. 항상 그 누군가로 인해 많은 사람들은 제시간에 빠르고 정확한 뉴스를 얻는다. 어쩌면 기자들은 그 '누군가'가 될 각오를 한 사람들인지 모른다.

Q & A

기자가 되면 돈을 많이 벌 수 있나요?

언론계에서 떠도는 우스갯소리로, 기자생활을 하는 사람 중에는 세 부류가 있다는 말이 있다. 자아실현형, 취미형, 그리고 '생계형'이다. 여기서 생계형이란 먹고 살기 위해 어쩔 수 없이 기자생활을 하고, 월급을 받기 위해 어쩔 수 없이 언론사를 다니는 사람이 해당한다.

단독 취재를 하는 것도, 눈길이 갈 만한 기사를 쓰는 것도 생각만큼 쉽지 않다. 그렇기에 기자들은 "나는 생계형 기자야"라는 자조 섞인 농담을 내뱉으며 자신의 삶을 정당화하기도 한다. 하지만 안타깝게도, 기자는 생계형 직장인으로 살기에 적합한 직업이 아니다. 단순히 먹고 살기 위해 직장을 다니는 것이었다면, 지금이라도 당장 다른 직업을 택하는 게 현명한 방법일 것이다. 세상에는 기자보다 노동 강도가 낮은 직업과 언론사보다 더 많은 월급을 주는 회사들이 많이 있기 때문이다. 생계를 위해 일한다면 당장 그 길을 가야 한다.

내가 밤낮없이, 때론 휴일도 없이 고생하면서 취재를 하면 어떤 사람들은 "와, 이렇게 열심히 일하면 돈 많이 벌겠네요"라고 말하면서 은근히 월급을 궁금해한다. 언론사마

194

다 월급 수준은 다르지만, 평생 기자로만 산다면 거창한 벼락부자가 될 꿈은 접어야 할 것이다. 기자는 돈을 많이 버는 직업도 아니고, 돈의 매력에 이끌려서 저널리즘의 세계에 들어온 사람들도 아니다. 물론 가난해서 굶어 죽었다는 기자 얘기는 들어본 적은 없다. 대부분은 먹고살 정도의 돈은 벌지만 자산가는 되지 못한다는 뜻이다.

과거에는 언론사가 다른 웬만한 대기업보다 월급을 훨씬 많이 주던 시절도 있었다고 들었다. 인터넷이 생겨나기 전, 소수의 언론사만 뉴스시장에 있을 때 얘기다. 하지만 지금은 매체가 무한히 생겨나고 경쟁 또한 치열하다. 일부 언론사가 독보적인 존재로 영향력을 행사하며 구성원들에게 최고의 대우를 해줄 수 있는 시대는 갔다. 그러니 인생의 가치를 돈에 둔다면 기자가 적성에 맞지 않는 사람일 수 있는 만큼, 신중히 판단해야 한다. 돈을 많이 벌고 싶다면 다른 직업을 찾는 게 스스로를 위해서도 좋다. 돈에 가치를 두기 시작하면 기자생활이 한없이 고역스럽게 느껴질 수 있기 때문이다.

기자에게 기본적으로 근무수당은 책정될 수 있지만, 취재를 위해 사람을 만나고 자료를 찾고 고민하고 기사 쓰는 그 모든 시간을 일일이 측정해서 비용으로 산출해 청구하기는 건 불가능에 가깝다. 경제학적으로 생각하면 같은 월급을 받는 상황이면 최소한의 시간만 취재하는 게 이득일 것이고, 근무 시간으로 책정된 시간 외에는 절대 일을 하지 않는 게 효율적일지 모른다. 하지만 그렇게 일과 휴식의 경계를 명확히 가르고, 휴식시간에는 눈과 귀를 모두 막아버리고 산다면 취재의 깊이도 옅어지고 기사의 질도 낮아질 수밖에 없다.

떼돈을 버는 것도 아니고 거창한 보상을 받는 것도 아닌데, 기자들은 밤낮없이 현장에서 치열하게 일하고 고민한다. 그 모습은 어찌 보면 바보 같아 보일 수 있다. 하지만 기자들은 기본적으로 '돈 때문에 직장생활 하는' 사람들과는 다른 가치를 지향하며 산다고 생각한다. 월급 들어오는 날짜보다는 새로운 이슈에 관심이 더 많고, 돈보다는 성취에서 큰 만족을 얻고, 마냥 늘어지게 편한 것보다는 일을 통한 배움에서 즐거움과 기쁨을 느낀다.

그럼에도 불구하고 물질주의에 찌든 사회를 살아가다 보면 가끔은 기자생활이 초라해 보일 수 있다. 기자의 일상에 대한 우스갯소리들이 있다. 예를 들어 '기자와 취재원이 함께 밥을 먹으면, 식사를 마치고 취재원은 외제차를 타고 돌아가는데 기자는 지하철을 타고 집에 돌아간다'는 식이다. 기자들이 만나는 사람 중에는 사회 각계에서 중요한 의사결정을 할 정도의 위치를 가진 사람들이 많은데, 이들을 만나다 보면 상대적인 박탈감이 심할 수 있다. 하지만 세상에는 돈보다 가치 있는 게 많고 그 가치를 아는 사람도 많이 있다.

한번은 중년의 취재원과 식사를 하던 중 그의 친구가 젊은 날에 너무나도 기자가 되고 싶었으나 입사시험에서 떨어진 뒤 사업을 하고 있다는 얘기를 들었다. 언론사는 입사시험에서 떨어진 사람이 더 잘 먹고 잘 산다는 얘기가 있는데, 그 친구 역시 그랬다. 지금은 천문학적인 수입을 올리면서 살고 있다. 그런데 당사자는 돈을 그렇게 많이 벌면서도 지금도 젊은 날에 기자를 못해본 것을 천추의 한으로 삼고 가슴을 치면서 살아가고 있다고 한다.

기자들이야말로 이런 생각을 지니고 살아가는 사람들이 아닐까 싶다. 돈을 많이 번다고 해도 거기서 큰 만족을 얻지는 못하는, 돈을 많이 벌진 못하더라도 기자생활을 하면서 얻는 기쁨을 더 중시할 수 있는 사람들 말이다.

기자도 가끔은
'저녁이 있는 삶'을 살 수 있나요?

동료 기자로부터 들은 일화다. 초등학교 교사로 일하고 있는 친구를 평일 저녁에 만나기로 했는데, 시간을 저녁 7시로 정했다고 한다. 그러자 그 친구는 "그럼 나 퇴근하고 2시간 동안 뭐하라는 얘기야~"라면서 배부른 투정을 했단다. 이 일화를 들은 주변 기자들은 모두 눈이 휘둥그레졌다. 오후 5시에 퇴근을 한다고? 다들 부럽다는 듯이 입을 쩍 벌렸다.

초등학교 교사로 일하는 내 친구도 퇴근 후 운동을 하고, 식사를 한 뒤 시계를 보면 저녁 7시 남짓이라고 한다. 교사도 교사 나름이겠지만, 어쨌든 기자에게 이런 날은 절대 오지 않을 것이다. 휴무일이나 쉬는 날에는 저녁이 있을지 모르지만 기자들은 낮이고 밤이고 끊임없이 이슈에 촉각을 곤두세우고 취재를 해야 하고, 기사 쓸 준비가 되어 있어야 한다.

기자에게 기본적으로 오후 6시 '칼퇴근'은 불가능하다. 언론사마다 초판 기사 발행 시간은 다르겠지만, 보통 6시를 전후로 초판 기사가 발행되면 이를 꼼꼼히 체크해야 한다. 일부 언론사는 초판 기사를 외부에 공개하기도 하는데, 기자들은 부지런히 다른 언론사의 초판 기사를 체크하면서 내가 놓친 기사는 없는지, 추가로 써야 하는 기사는 없는지 등을 확인한다. 기사를 쓰건 안 쓰건 간에 타지에 나온 기사의 사실관계를 확인하는 과정도 거친다.

혹시라도 써야 하는 기사가 생기면 꼼짝없이 취재를 하고, 기사를 쓰느라 저녁 식사를 미뤄야 할 때가 많다. 기자들과 저녁 약속을 잡아보면 애초에 7시로 잡았더라도 무슨 일이 터지면 7시 반, 8시, 심지어 9시 가까이 돼서야 식당에 등장하는 일이 비일비재하다.

물론 기자도 취재원과 약속을 잡고 식사를 한다. 그런데 이때도 늘 휴대전화를 옆에 두고 전화가 오면 곧장 받아야 하며, 필요시에는 취재를 해야 한다. 그렇기에 늘 무거운 노트북을 들고 다니고, 아무리 중요한 자리라도 휴대전화를 실시간 체크한다. 나도 식사 자리에 가서 갑자기 취재를 하고 기사를 쓰느라 빈 테이블에 앉아서 혼자 노트북을 두들긴 적이 한두 번이 아니다. 심지어 중요한 취재원이 시도 때도 없이 저녁 늦게 전화를 하기도 한다. 그럴 땐 꼼짝없이 휴대전화를 들고 나가 한참 동안 통화를 하고 들어와야 한다.

어떤 직장인들은 저녁에 칼퇴근을 한 뒤, 피트니스센터에 가서 운동을 배우고 느긋하게 만찬을 즐기는 삶을 로망으로 삼기도 한다. 하지만 나는 이런 삶이 불가능하다는 것을 진작 깨닫고야 말았다. 저녁 시간에 누군가가 전화하면 곧장 받아서 노트북을 두들겨야 하는데, 운동을 하면 휴대전화를 쥐고 있기가 어렵다. 게다가 운동복을 입고 땀을 뻘뻘 흘리고 있는 와중에 갑자기 현장에 취재를 하러 가야 하면 어떻게 되겠는가? 기자가 운동 중이니 샤워하고 옷을 갈아입을 때까지 기다려 주는 현장은 없다.

게다가 여가생활을 즐기는 중이라 전화를 받지 못했다거나, 운동 중이라 취재를 못 한다고 말하는 무책임한 기자도 없다.

굳이 뭐라도 있는 삶을 살고 싶다면 '아침이 있는 삶', 보다 정확히는 '새벽이 있는 삶'이 그나마 현실적이다. 대부분의 사람들이 잠든 새벽에는 인간이 무슨 일을 내는 일이 드물기 때문에, 천재지변이 아닌 이상에야 큰일이 터질 일이 거의 없다. 그렇기에 전화 올 곳도 없고, 회사에서 나를 찾을 일도 없다. 나 역시 저녁이 있는 삶이 불가능하니 아침이 있는 삶이라도 살아보자는 생각에 새벽에 운동을 하고 있다. 운동을 하는 1시간은, 하루 중 누구의 전화도 오지 않고 어떤 문자도 확인하지 않아도 되는 내게 주어진 유일한 자유시간이다.

가끔 어떤 기자들은 언론사 입사에 지원할 때는 마치 '저녁이 없는 삶'을 감수하고 간이라도 빼줄 수 있을 것처럼 몸을 낮춘다. 역시 화장실에 들어갈 때와 나올 때는 다르다고 했던가. 막상 입사 이후에는 늦은 퇴근과 시도 때도 없이 호출되는 삶에 지쳐서 신세 한탄과 불평불만만 늘어놓을 거라면, 처음부터 다른 길을 가는 게 좋을 거라고 생각한다. 꼭 기자가 되고 싶다면 저녁이 있는 삶에 대한 기대나 희망은 버리는 게 현실적이다.

나는 기자라는 '새벽형 인간'이 되었다.

기자도 계획적인
삶을 살 수 있나요?

현실적으로 기자는 계획적인 삶과는 인연이 없다. 무슨 말이냐면, 기자로서 기획기사를 구상하고 취재 계획을 세우고 용의주도하게 살아갈 줄 알아야 하지만, 언제든 그 계획이 무산될 수 있음을 염두에 두어야 한다는 것이다. 기자들은 계획적인 삶을 살 수 없음을 알면서도 끊임없이 계획을 세우고 사람들과의 약속을 잡는다. 그런 의미에서 기자들은 영원히 불가능에 도전하며 사는 희한한 존재들이다.

기자들 사이에서 '절대 하지 말아야 할 말'이 있는데, "오늘 유난히 조용하다", "최근 우리 출입처엔 별일이 없다"는 식의 말이다. 이런 말을 했다가는 금세 부정(?)이 타 생각지도 못한 이슈가 원자폭탄처럼 날아든다. 나 역시 종로경찰서를 출입하던 당시, "종로에 집회나 시위는 많지만 기사로 쓸 만한 형사사건은 없어"라고 말했다가 호되게 당한 적이 있다. 알려졌다시피 마크 리퍼트(Mark Lippert) 주한 미국 대사가 흉기로 피습을 당하고, 성완종 전(前) 경남기업 회장이 목숨을 끊는 사건이 발생했기 때문이다.

사회부에 있던 시절, 부서 차원에서 야심 차게 MT를 계획했던 적이 있다. 장소는 인천 영종도였고, MT를 준비하는 동료 기자들은 재미있는 프로그램을 만들기 위해 설

문조사도 하고 PPT 자료도 만들어둔 상태였다. 일정은 금요일과 토요일 1박 2일이었는데, 보통 토요일자 신문에는 주말판 기사가 많이 들어가므로 발생 기사는 비교적 적게 쓰게 된다. 우리는 최소한의 당직자만 남겨 두고 MT를 떠났다.

하지만 웬걸, 인천으로 향하는 차 안에서 경기 성남시 판교 테크노밸리 야외공연장에서 추락사고가 발생했다는 속보를 접했다. 우리는 다른 부서도 아닌 사회부 기자들이었기에, 불안함이 엄습해 왔다. 피해 규모가 정확하게 확인되지 않은 상태였는데, 피해규모가 크다면 곧장 되돌아가야 하는 상황이었다. 인천의 횟집에 도착한 직후 사망자 수는 10명이 넘는 것으로 파악됐고(최종적으로 16명이 사망하고 12명이 부상당한 것으로 확인됐다), 우리 중 누군가는 판교 현장에 곧장 달려가야 하는 상황이 닥치고 말았다.

현장에 도착한 기자들 중 일부는 회도 한 젓가락 뜨지도 못하고 곧장 다시 차에 탄 뒤 판교로 가야만 했다. 어떤 기자들은 인천으로 오던 중에 차를 판교로 돌려야 해서 MT에 아예 참석조차 하지 못하게 됐다. MT에 함께하려던 구성원들이 갑자기 판교로 떠나버리자 분위기는 뒤숭숭해졌다. 인천에 남은 기자들도 일부는 바깥에서 계속 전화로 취재를 하거나 노트북을 두들기고 있었다. MT 사회자가 준비해온 프로그램에 집중할 수 있는 사람은 거의 없었다. 역시 기자의 계획은 계획이 아니었던 것이다.

기자라고 해서 무계획적인 삶을 사는 것은 아니다. 기자도 끊임없이 계획을 세우고 미래에 대해 구상한다. 하지만 모든 계획이 이뤄질 거라 믿으면 굉장한 스트레스를 받을 것이다. 그러니 새로운 이슈가 생기면 언제든 계획이 무산될 수 있다는 각오를 하고 살아야 한다. 기자의 숙명은 변화가 가득한 사회에 부응하며 살아야 하는 삶이다. 그러니 새로운 것에 촉각을 곤두세우고, 계획보다는 변화를 중시하는 수밖에 없다.

파이팅.

4

기자에 대한   오해와 진실

인간과
기자 사이에서

기사를 통해 사회의 부조리를 드러내는 일이 누군가의 인생을 파탄 내는 결과를 초래한다면 기자는 어떤 선택을 해야 할까? 그 기사를 쓰는 행위가 부정부패를 저지른 당사자 외에 아무 잘못 없는 제삼자에게도 피해를 주게 된다면? 게다가 그 제삼자가 기자에게 각별한 도움을 준 존재였다면……. 기자가 양심껏 기사를 쓰는 행위는 이해받을 수 있을까?

학창시절 현직 기자로부터 들은 강의에서 '기자는 때론 인간이 될지, 기자가 될지를 선택해야 한다'는 말을 들은 적이 있다. 온전히 기자로서의 양심에 따라 기사를 쓰는 행위가, 가끔은 인간으로서의 '인간성'을 저버리는 행위가 될 수도 있다는 것이다. 그런 경험을 하게 되기까지는 오랜 시일이 걸리지 않았다.

기자생활을 한 지 1년쯤 됐을 때, 당시 나는 보건복지를 담당하는 기자로서 병원을 오가며 취재를 하고 있었고 보건복지부 공무원과 병원 내 의사 및 홍보팀 직원은 많이 만났지만 의료 현장은 많이 체험하지 못한 게 아쉬웠다. 선배 기자들은 내게 다양한 현장을 취재해볼 것을 권했고, 논의 끝에 나는 중환자실을 이틀간 지켜보며 취재하여 '중환자실 24시'라는 기사를 준비해보기로 했다. 그리고 서울의 모 병원 홍보팀에 협조를 구해 중환자실 취재에 대한 승낙을 얻었다.

병원 홍보팀 직원들은 기자의 취재에 협조해 주기 위해 참 많은 고생을 한다. 당시 나는 홍보팀에 "중환자실에 들어갈 때만 의사와 간호사들에게 양해를 구해주면 되니, 나머지 시간엔 굳이 나와 함께 있지 않아도 된다"고 신신당부했다. 있는 그대로의 중환자실 모습을 종일 지켜보고 싶었기에, 병실 한쪽에서 우두커니 서서 바라보고 취재하기만 하면 됐다.

그런데 한 홍보팀 직원은 굳이 사무실로 가지 않고 계속 내 곁을 지켰다. 내가 중환자실을 지킬 필요가 없다고 누누이 말했음에도 그는 이것저것 설명을 해주었다. 덕분에 나는 아침에 의사들이 회진을 도는 것부터 시작해서 새로 들어온 환자, 수술을 마친 환자 등 다양한 모습을 볼 수 있었다. 직원의 소개를 통해 마침 중환자실을 들른 병원 고위 관계자와도 인사를 나누고 안면을 텄다.

꼬박 이틀간 중환자실 취재를 한 결과, 아쉽게도 애초에 계획했던 기삿거리는 발굴할 수 없었다. 죽음과 사투를 벌이면서 생과 사를 넘나드는 환자들의 치열한 모습을 상상했지만, 사실 병실은 하루 전체로 보면 별 변화가 없는 곳이었다. 그곳에는 젊은 나이에 불치병을 앓고 있는 사연을 가진 사람도 없었고, 모두가 70, 80대의 노인 환자들이었다. 다들 코에 줄을 꽂은 채 수면을 취하고 있었기에 대화를 나누는 것도 거의 불가능했다. 홍보팀이 취재를 도와준 것은 고마웠지만, 아쉽게도 당장 기사화하는 것은 어렵게 되었다.

그런데 마침 의료계와 관련된 제보가 접수됐다. 당시는 의사들의 비위행위가 사회 문제로 비화된 시기였다. 한 40대 의사가 여자 환자에게 수면유도제를 투여했다가 사망하자 한강 둔치에 버려 경찰의 수사를 받고 있었기 때문이다. 고도의 윤리성과 전문성이 요구되는 의사가 이런 행위를 했다는 사실은 충격이었다.

제보자들은 그에 못지않은 의사의 비위행위가 있다고 말했다. 자초지종은 이랬다. 한 병원의 대학교수로 일하는 의사가, 수년째 후배 의사인 전공의들을 상습적으로 폭행해왔다는 것이었다. 일을 완벽하게 하지 못할 때마다 뺨을 때리거나 목발을 휘두르고, 수술실 바닥에 머리를 박게 한 뒤 물을 끼얹기도 했다고 했다. 심지어 회진을 돌던 중에 환자 앞에서 전공의를 폭행한 적도 있다고 했다. 제보자들은 이에 대한 물증도 갖고 있었다. 나는 제보자에게 해당 병원이 어느 병원이냐고 물었다. 웬걸, 하필 그 병원이었다. 내가 이틀 간 중환자실을 지켜봤던 병원, 홍보팀이 나를 물심양면 도와줬던 그 병원 말이다.

제보자들은 자신들의 증언은 한 치의 거짓말도 보태지 않은 것이며, 이는 의료계의 악습 근절을 위해 꼭 드러나야 하는 문제라고 강조했다. 추가 취재를 해본 결과 이는 사실이었다. 그런데 의료계 내부에서 이를 감추고 쉬쉬하고 있어 문제가 수년째 반복되고 있었다.

당사자조차도 폭행을 인정했다. 가해자인 교수는 "환자들은 제대로 치료받을 권리가 있는데, 아무리 주의를 줘도 전공의들이 말을 잘 듣지 않았다"고 설명했다. 그리고는 "성격이 급한데 순간적으로 화가 나서 그랬다. 폭력을 정당화하는 건 아니고, 내가 부족해서 그런 것인데 죄송하다"고 말했다. 교수도 기사가 나가면 자신의 사회적인 수명이 끝날지 모른다는 걸 직감했나 보다. 그는 갑자기 한숨을 푹 내쉬더니 "그런데 기사를 꼭 써야 하겠느냐"고 물었다.

이런 상황에서 기자는 과연 어떤 선택을 해야 할까? 그 병원 내 폭행은 그동안 모두가 쉬쉬해온 까닭에 내부적으로 해결되지 않았던 문제였고, 부당행위는 취재를 통해 사실로 드러났다. 가해자가 풀이 죽은 목소리로 "기사를 꼭 써야겠느냐"고 물었다고 해서 "그럼 기사 안 쓸게요"라고 꼬리를 내리는 게 기자로서 올바른 선택일까? 병원 홍보팀이 평소 기자를 도와줬다고 해서 기사를 쓰지 않는 게 기자로서 양심적인 선택일까? 아니라고 생각했다.

결국 나는 기사를 쓰기로 결심하고야 말았다. 엄연히 사실로 드러난 부조리를 취재하고도 개인적인 감정을 앞세워 침묵하는 건 직업인으로서의 양심을 저버리는 행위였다. 나를 도와준 홍보팀 직원에게 미안하지만, 그에게 평소 고마웠다는 이유로 기사를 쓰지 않는다면 나는 '인간'은 될 수 있을지 몰라도 기자로서의 자격은 없는 것이었다. 인간적으로 고맙다면 달리 마음의 표현을 하면 되는 것이고, 기사만큼은 온전히 기자의 잣대로 판단해야 했다.

기사에서 교수의 이름은 익명으로, 병원 이름은 실명으로 게재됐다. 'A 병원에서 B 교수가 폭행했다'는 식으로 모든 것을 익명 처리할 수는 없었다. 그런 소설과도 같은 전체 익명 표기는 기사의 신빙성을 떨어뜨리기에, 독자에 대한 예의가 아니었다. 사실로 파악됐고 취재가 온전히 된 것이라면 최소한의 실명 표기는 해야 했다. 하지만 나는 이로 인해 병원 홍보를 담당하는, 나를 도와준 그 직원에게 은혜를 배신으로 갚은 기자가 되어버리고야 말았다.

기사가 나간 뒤, 병원은 발칵 뒤집혔다. 폭행을 가한 교수는 사직서를 제출했고, 병원은 징계 절차를 밟기로 했다. 보건복지부는 즉각 해당 병원에 대한 실태조사에 나섰다. 대한전공의노조 태스크포스팀은 성명을 내고 "대한병원협회는 낱낱이 조사해야 한다"고 주장했다.

차라리 내가 그 병원 홍보팀으로부터 취재 협조를 받지 않았다면 그나마 상황이 나았을지 모른다. 병원 홍보팀 직원이 무려 이틀 동안이나 취재를 도와줬는데, 제보를 통해 병원 내 비위행위를 고발하는 기사가 나가니 홍보팀이 두 배로 곤란해졌기 때문이다. 심지어 나를 도와줬던 직원은 본인이 직접 기자에게 기사를 제보한 게 아닌지 의심을 받기도 했다. 그는 나에게 비위행위를 제보하기는커녕 병원 홍보를 위해 열심히 도와준 것밖에 없었다. 무척이나 억울했을 것이다. 그는 자신의 결백을 증명하기 위해 또 한 번 진땀을 빼야 했다.

사태가 잠잠해진 뒤, 나는 그 직원을 따로 만나 회포를 풀었다. 중환자실 취재를 도와줘서 얼마나 고마웠는지, 그럼에도 불구하고 내가 기자로서 그런 결정을 해야만 했던 이유, 인간적으로 얼마나 미안했는지에 대해 구구절절 설명했다. 그는 난처한 표정으로 연신 고개를 끄덕이며 내 이야기를 들어줬지만, 나를 얼마나 이해하고 있을지는 지금도 모르겠다.

누군가에게 피해를 주는 경험을 달가워할 사람도, 기분 좋게 떠올릴 사람도 없을 것이다. 그럼에도 불구하고 기자들은 때때로 인간과 기자 사이에서 선택의 기로에 놓일 때, 기자가 되기를 선택한다. 누군가가 인간이 아닌 기자가 됨으로써 인간들이 사는 세상은 한층 나아질 수 있으며, 기자로서의 역할에 충실한 것이야말로 기자의 존재 이유이기 때문이다.

Q & A

기사로 누군가에게
해를 끼친 적이 있나요?

．．

도움이 되는 기사만 쓴다면 참 편할 것 같다. 누군가를 칭찬하는 기사, 홍보해 주는 기사만 쓰면 대체로 좋은 얘기만 들을 수 있을지 모른다. 각종 기관이 배포하는 보도자료만 받아 쓴다면 항의 전화에 시달릴 일도, 누군가의 원망을 들을 일도 없다. 상대방이 보여주고 싶어 하는 모습만 기사화했기 때문이다. 그러면 기자생활이 참 순탄할 것 같다.

하지만 그렇게 생활하는 순간, 기자는 기자로서의 존재 가치를 잃게 된다. 기자는 혼탁한 세상 속에서 진실이 무엇인지를 탐구하고, 남들이 감추려고 하는 것조차 알아내서 수면 위로 드러내는 사람들이기 때문이다. 진실을 밝히는 일은 때때로 누군가에게 고통과 상처가 될 수 있다. 그렇기에 기자라면 누구나 기사로 누군가에게 해를 끼치는 경험을 하게 된다.

나 역시 기사를 통해 누군가에게 의도치 않게 해를 끼친 적이 있다. 상대방이 극악무도한 파렴치범이라면 모르겠지만, 그게 아니었다. 선의에 의해 어떤 행동을 했지만 부적절한 결과물이 나왔고, 그게 사회에 좋지 않은 영향을 끼친 것이었다. 그렇다면 기자는 이를 드러내야 할까, 침묵해야 할까? 의도가 선하다고 해서 모든 행위를 기사화

할 수 없다면, 기자들은 세상에 존재하는 상당수의 부조리를 기사로 쓸 수 없을 것이다. 그런 의미에서 기자라는 직업은 딜레마로 가득 차 있다. 그 딜레마의 상황은 여성가족부에 갓 출입했을 때 다가왔다.

나는 평소 이주민과 다문화 이슈에 관심이 많기에 여성부의 다문화가족 지원정책을 관심 있게 살펴보고 있었다. 당시 여성부로부터 다문화가족 지원사업을 위탁받아 운영하던 한국건강가정진흥원은 '다문화 인식 개선을 위한 콘텐츠 공모전'을 열었고, 수상작으로 선정된 동화 1만 3,000부를 발간해 다문화가정이 많은 지역의 초등학교와 지역아동센터, 다문화가족지원센터, 공공도서관 등 5,000여 곳에 배포한 상태였다. 나는 동화책을 차근차근 읽어봤다.

그런데 읽어 볼수록 뭔가 이상했다. 타이틀은 '다문화 인식 개선'이었는데, 이주민에 대한 편견을 조장하는 내용이 많은 것이다. 주인공은 케냐인 어머니를 둔 소년이었는데, 놀림을 받는 장면에는 이런 문장이 등장했다. "아프리카에는 에이즈 환자가 바글거린다며?", "깜둥이랑 결혼한 멍청한 인간들이 문제라니까!", "식인종 출신 깜시……." 주인공이 케냐에 도착한 뒤에는 "미개한 아프리카인", "아이들은 거지 떼처럼 손으로 음식을 먹었다", "깜둥이 주제에 뭐가 저렇게 좋담?", "흑인들은 어울리지도 않게 왜 저토록 화려한 걸 좋아하지?", "재수 없는 깜둥이 ××" 등과 같은 문구도 등장했다. 케냐에 살려면 "생수가 아닌 물도 벌컥벌컥 마실 줄 알아야 한다"거나 "피가 흐르는 육식을 즐겨야 한다"는 편견 어린 내용도, 태국에 대해서는 "코끼리 똥이 널린 후진국"이라는 비하 표현도 있었다.

문제는 해당 책이 아이들을 타깃으로 한 동화라는 데 있었다. "케냐는 미국 대통령 오바마의 고향"이라는 잘못된 내용과 "개뿔", "개망신" 등의 비속어도 실려 있었다. 물론 다양한 문화를 자연스럽게 받아들이라는 교훈이 들어 있고, 케냐인 엄마가 "케냐인은 가치 없고 형편없는 사람들이 아니다"라고 일러주는 장면도 나와 있다.

하지만 취지가 좋다고 해서 잘못된 내용과 편견 어린 내용, 비속어가 정당화될 순 없었다. 교과서에는 의도가 바람직하다고 해도 비속어나 오류, 편견 가득한 문구를 싣지 않는다. 아이들에게 교육은커녕 역효과를 불러일으킬 수 있기 때문이다. 나는 정부 관련 기관이 발간한 동화책에서 최소한의 순화 과정도 없이, 게다가 '다문화 인식 개선'이라는 타이틀로 이 같은 내용이 전국 교육기관에 배포됐다는 사실에 놀랐고, 이를 드러내는 기사를 쓰게 되었다.

기사에는 "케냐를 비하할 의도도 없었고 비하해서도 안 된다"는 작가의 해명을 반영했지만, 막상 기사가 실리자 작가로부터 거센 항의를 받게 됐다. 그는 해당 동화가 첫 작품이었고 좋은 의도로 쓴 작품이 비판의 대상이 되자 상처를 받은 듯했다. 동화를 발간한 건강가정진흥원 직원들은 책을 갖고 회사로 찾아와, 내게 "동화의 전체 내용은 좋다. 일상에선 더 거친 말도 쓰지 않느냐"며 되풀이해서 말했다.

누군가를 비판하고, 이로 인해 피해를 끼치는 일이 유쾌하거나 기분이 좋을 리가 없다. 하지만 사회에 존재하는 다양한 정보와 부조리를 취재해 기사로 쓰는 것은 기자의 임무이자 숙명이다. 때로는 누군가에게 해를 끼칠 수밖에 없더라도, 사회의 단면을 세상에 알리는 게 더욱 투명하고 나은 사회를 만든다는 확신이 있기에 기자생활을 해나가는 건지도 모르겠다.

Q & A

기자는 피도 눈물도 없어야 하나요?

사람들이 생각하는 기자는 굉장히 날카롭고 드센 이미지인 것 같다. 시도 때도 없이 비판적인 뉴스를 양산하는 것을 보니 남 꼬투리 잡는 데에 혈안이 되어 있을 것 같고, 누구든 도마 위에 올려놓아야 할지 모르니 피도 눈물도 없어야 할 것 같아 보일지 모르겠다. 하지만 적어도 내가 생각하기에 기자가 그런 사람은 아니다. 기자도 인간이다. 인간이라면 피와 눈물이 없을 수 없다. 다만 피와 눈물이 있냐 없냐 보다는 취재와 기사 작성에 있어서 본인의 감정이나 이해관계보다 사실 보도를 우선시한다는 철학과 태도가 중요하다고 생각한다.

가능하다면 기자의 개인적인 감정은 어떤 방향이든 최소화하면 좋을 것 같긴 하다. 대상을 인간적으로 싫어하게 되면 자신도 모르게 꼬투리를 잡거나 인신공격을 남발해 공정하지 못한 기사를 쓰고, 독자의 눈을 찌푸리게 할 수 있기 때문이다. 아울러 대상을 인간적으로 좋아하면 지적해야 할 부분을 올바로 짚어내지 못해 둔탁하고 오염된 언론이 되고야 만다.

기사를 쓸 땐 냉정하고 공정해야 하지만, 그렇다고 해서 꼭 취재원과의 관계가 틀어지는 것은 아니라고 생각한다. 나는 여성가족부를 출입할 때 그런 경험을 한 적이 있다. 당시 나는 위기 청소년 문제에 관심을 많이 갖고 있었는데, 정책을 자세히 들여다보니 개선해야 할 부분이 보였다. 예를 들면 가출 청소년 관련 사업을 진행하는 한국청소년 쉼터협의회 웹사이트에 매달 가출 관련 문의가 올라왔지만 웹사이트 담당자는 7개월째 답변이 없었다. 일부 문의에는 휴대전화번호까지 게재되어 있어 글을 올린 소년에게 확인 전화를 걸어봤다. 그 소년은 "게시판에 글을 올려도 아무런 회신을 받지 못했다"고 답했다. 단체가 게시판을 점검하지 않은 것은 아니었는데, 같은 시기에 자신들이 벌인 사업에 대한 질문에는 꼼꼼히 답변이 달려 있었다. 가출 문의는 묵살하고 자신들의 사업 문의에만 응답해준 셈이다.

웹사이트에는 '이 홈페이지에는 여성가족부 지원으로 제작되었습니다'라는 문구가 적혀 있었다. 나는 여성부에 이에 대한 문의를 했는데, 당황스럽게도 취재가 시작되자마자 이 문구가 사라져버렸다. 심지어 가출상담 게시판엔 갑자기 '게시판에 오류가 발생하고 있다. 답변이 늦어진 점을 사과한다'는 공지가 올라오더니, 모든 글이 비공개로 전환되어버렸다.

당시 이 업무를 담당하던 여성부 담당과의 과장님은 굉장히 점잖고 겸손하신 분이었다. 나는 그분과 사이가 틀어지고 싶지 않았지만, 기자로서 기사를 쓰지 않을 수 없었다. 일부 공무원은 "기사를 쓰지 말고 우리에게 직접 얘기를 해달라"고 말했지만, 일개 기자가 뭐라고 그들에게 '웹사이트를 고치라, 말라'는 주문을 넣겠는가? 민원인도, 장관도 아닌 나는 그럴 위치가 아니었다. 기자로서 기사를 쓰는 게 내 임무였다.

기사가 나온 뒤, 과장님은 내게 "좋은 지적을 해주셔서 감사하다. 앞으로 더욱 업무를 잘 살피겠다"며 오히려 고맙다는 인사를 전해왔다. 나는 그분의 인간성에 놀랐고, 하필 그분이 내가 비판적인 기사를 쓰게 된 과를 맡고 있다는 점을 아쉬워했다. 그분이 담당한 정책에 대한 비판 기사를 쓴 적은 이전에도 또 있었는데, 나를 원망하는 기색은 전혀 없었다.

시간이 흐르고, 그분이 휴직을 했다는 이야기를 얼핏 전해 들었다. 그리고는 한동안 뵙지 못했다. 1년쯤 지났을까. 어느 날 미국 뉴욕에 있는 유엔여성기구 외국인 공보담당자로부터 이메일을 받았다. 당시 락슈미 푸리 총재 대리가 조만간 방한할 예정인데, 내가 단독 인터뷰를 하면 어떻겠냐고 제안하는 내용이었다. 나는 외국에 있는 국제기구 사람이 나를 어떻게 알고 이메일을 보냈는지 신기해하면서 제안을 수락했다.

푸리 총재 대리와의 인터뷰 당일, 총재 대리는 익숙한 분과 함께 나타났다. 바로 그 과장님이었다. 그분은 유엔여성기구에서 일을 하고 있던 것이었다. 그제야 모든 것이 이해가 되기 시작했다. 유엔여성기구 공보 담당자는 그분께 "총재 대리님 방한 단독 인터뷰를 누구와 하면 좋겠냐"고 물었고, 과장님이 나를 기꺼이 추천한 것이었다. 나는 과장님이 무척이나 반갑게 느껴졌고, 그 넓은 도량에 다시 한 번 감탄하게 되었다. 비판 기사로 업무를 성가시게 한 기자가 싫었을 법도 한데, 그분은 웃으며 "뉴욕에 오면 꼭 연락 달라"고도 하셨다.

나는 그 모습을 보면서 기자는 때론 냉정함을 갖고 기사를 써야 하지만, 기자로서의 문제의식과 공정함을 갖춘다면 취재원도 그 직업 정신을 높이 산다는 것을 알게 되었다. 기사에 있어서는 때때론 피도 눈물도 없어 보일 수 있지만, 그 진심을 알아주는 사람들도 있다.

기사 때문에 욕을 듣거나 비난을 받은 적이 있나요?

기자 지망생들은 기자의 성취를 지나치게 미화해 보는 습성이 있는 것 같다. 기사를 쓰면 많은 사람들이 '○○○ 기자'라는 이름을 주목해 주고, 기자의 뛰어난 문장력에 감탄하며, 단독 특종기사에 대해 부러움과 존경의 시선을 보내기라도 하듯 말이다. 가끔 그런 황홀한 순간을 누릴 수도 있겠지만, 대개의 현실은 그렇지 않다. 기사로 인해 칭찬을 듣기는커녕 오히려 욕을 듣거나 비난을 받고, 여기저기서 불평불만을 듣는 경우도 있다. 내가 기자생활에서 가장 싫어하는 부분이 바로 기사로 인해서 항의 전화나 하소연을 듣는 순간이다.

기사로 인해 나쁜 소리를 들어야 하는 것은 기자의 숙명과도 같다. 이것은 보다 근원적인 문제인데, 모두를 만족시킬 수 있는 기사란 거의 없기 때문이다. 기본적으로 비판적인 기사야 비판받는 상대가 싫어할 테니 그렇다고 치자. 내 경험상으로는 아무리 좋은 기사, 아름다운 기사라도 달가워하지 않는 사람은 있었다.

특정 기관이나 단체, 제품에 대한 좋은 기사를 쓰면 이들을 경쟁으로 삼고 있는 곳에서는 "우리가 더 나은데 왜 저쪽만 써줬냐"고 항의한다. 실제로 나는 어떤 기기의 전시회를 보러 출장을 갔다가 모 기업의 제품을 체험해본 뒤, 신기하고 만족스러웠던 느낌을 있는 그대로 썼다. 그랬더니 경쟁사의 홍보 담당자는 "우리도 해당 기능을 갖고 있고, 제품이 우수하다"며 아쉽다는 투로 말했다. 심지어 좋은 내용의 인물 기사를 썼다가 의외의 전화를 받은 적도 있다. 승진에 있어서 그 인물과 라이벌 관계에 있는 분이었는데, 자신도 비슷하게 일하고 있는데 왜 그분만 다뤘냐며 다음번에는 자신들 부서도 꼭 다뤄달라고 원망 조로 말했다.

심지어 누군가의 치적을 다뤄주는 기사라도, 자신의 공적이 원하는 만큼 반영되지 않았다고 타박을 듣는 경우도 있다. 한번은 후배 기자가 모 가게 주인이 경찰과 공조해 도둑을 잡았다는 내용을 취재해왔는데, 기사에는 공조 내용과 함께 경찰이 공범 2명을 추가로 검거했다는 내용을 담았다. 그런데 경찰은 자신들의 공적이 많이 부각되지 않았다며 불만이었다.

이는 그나마 양반이었을지 모른다. 한번은 서울 동대문 일대에서 진행되는 노점 정비에 대한 기사를 쓴 적이 있었다. 길에서 허가를 받지 않고 마구잡이로 노점을 펴서 장사하는 것은 불법이었고, 심지어 담벼락에는 '외벽, 도로, 보도상에 불법 시설물(거리가게) 설치 및 영업행위를 금지한다'는 경고문도 부착되어 있었다. 그럼에도 불구하고 노점 행위가 끊이지 않자 경찰과 구청 공무원들은 매일 새벽까지 자리 선점에 나서서 노점상들과 대치하고 있었다. 나는 노점상들의 영업 이유와 입장에 대해 두 명의 인터뷰 내용을 기사에 넣었다.

그런데 기사가 나가자 노점상들의 불만은 이만저만이 아니었다. 자신들의 입장을 담아주긴 했지만, 자신들에게 우호적으로 기사를 쓰지 않았다는 이유에서였다. 자신들의 입장을 '담아주는' 게 아니라 '대변'해 주지 않았다는 이유로 원망을 들어야 했다. 기사를 쓴 뒤에 또다시 노점 장소에 간 적이 있었는데, 내 얼굴을 아는 노점상들은 나를 보고는 일부러 들으라는 듯이 내 뒤에서 기사에 대한 불만을 토로하면서 큰 소리로 쑥덕거렸다.

이런 과정을 겪다 보니, 대부분의 사람들이 원하는 것은 공정한 보도가 아니라 자신들의 입장 대변일지 모른다는 것을 알게 됐다. 사람들은 기자가 자신이 원하는 것을 원하는 대로 써주기만을 바랄 뿐이다. 그 방향이 기자로서 양심적인 판단과 일치한다면 좋겠지만, 대부분은 그렇지 않다. 그렇기에 기자는 최선을 다해 기사를 쓰고도 원망과 욕을 듣는다.

기자는 누군가의 입장을 대변하는 사람이 아니라 공정한 사실을 알리는 사람이다.

비판과
침묵의 갈림길

　　#1. 기자가 모 정부 산하기관이 시행하고 있는 제도에 관심을 갖고 취재를 하다가 기관 측에 자료 요청을 한다. 해당 제도가 얼마나 도움이 되고 있으며, 어떤 성과가 있는지에 대해 알고 싶어서였다. 지극히 좋은 취지로 취재 문의를 했지만, 정작 그 기관의 홍보 담당자는 기자에게 전화를 걸어 "좋은 기사라도 당분간 절대 기사를 쓰지 말아달라"고 간청한다.

　　자초지종은 이랬다. 산하기관은 국정감사를 한 달여 앞두고 있다. 국회의원 보좌관과 비서관들은 어떻게든 해당 기관의 문제점을 지적하기 위해 그동안 나온 뉴스를 검색하고 자료를 찾고 있다. 아무리 좋은 취지로 기사를 쓰더라도, 국회에서는 뭐라도 파헤칠 빌미로 삼아 국정감사에서 비판할 가능성이 크다. 어차피 제도란 보는 시각에 따라 미흡한 점도 많이 발견되기 때문이다. 그렇기에 그 기관을 관할하는 정부부처는 기관의 홍보 담당자에게 "국정감사가 끝나기 전까지는 나쁜 기사든 좋은 기사든 나오지 않게 하라"는 지시를 내린다. 홍보 담당자는 난처한 심정으로 기자에게 전화를 걸어 이를 설명하고 양해를 구한다.

　　정부부처가 국정감사를 앞두고 조금이라도 꼬투리가 잡힐까 봐 몸을 사리고, 공공서비스에 대해서까지 취재를 거부하라고 산하기관에 압력을 넣는 것. 그것은 굉장히 부적절한 행위다. 기자는 취재를 거절당함으로써 이에 대한 핵심 당사자의 진술을 확보한 셈이 된다.

그렇다면 기자는 '국감 앞두고 보신에만 눈먼 정부부처'에 대한 기사를 써야 할까?

#2. 낙하산 인사로 정치인 출신이 기관장으로 앉은 정부 유관기관이 있다. 그 기관의 홍보 담당자는 기자에게 전화를 걸어 고민 상담을 한다. 전직 국회의원인 기관장이 조직의 리더로서 소명이나 역할에 대해서는 별 관심이 없고, 이듬해 예정된 국회의원 선거에 출마할 생각만 하고 있다는 것이다. 그렇기에 그 기관장은 본업은 내팽개치고 온갖 사회 이슈를 쫓아다니면서 시위를 하고, 이를 자신의 소셜네트워크서비스에 올리며 홍보하고 있다.

문제는 해당 기관장의 권력 남용이 도를 넘었다는 것이다. 아무리 본인의 소셜네트워크서비스에 자신의 정치 행보를 홍보해도 시민들이 관심이 없자, 해당 기관의 홍보팀에 지시를 내려 아는 기자들을 동원해 자신의 정치활동이 홍보될 수 있도록 하라고 압박한다. 해당 홍보팀 직원은 울며 겨자 먹기로 기자에게 전화를 건다. 기사화를 부탁하는 것 아니었지만, 위에서 시키라면 하는 시늉이라도 해야 하기에 기자에게 고민 상담의 형식으로 문의한 것이었다. 직원은 "그래도 기자님은 저를 이해해 주시니 마음을 터놓고 얘기했다"고 말한다.

공공적인 업무를 하는 기관의 장으로서, 본업은 소홀히 한 채 정치활동에만 전력투구하는 기관장의 모습은 분명히 잘못된 것이다. 게다가 사적인 정치 행보를 선전하기 위해 기관의 홍보팀 직원들에게까지 이를 홍보하라는 압력을 넣는 것은 매우 부당한 일이다. 이 같은 일이 벌어지고 있다는 것을, 기자는 압박을 받은 당사자의 진술을 통해 알게 되었다.

그렇다면, 기자는 '정치활동에 눈먼 기관장, 홍보실에 압력 넣었다'는 기사를 써야 할까?

#3. 공개적인 장소에서 하마터면 더 큰 위험이 발생할 수 있었을 법한 사건이 생겼다. 그 자리엔 국회의원을 비롯해 다양한 공무원들이 있었다. 실제로 가장 일선에서 이리 뛰고 저리 뛰며 고생한 사람은 공무원이었다. 공무원을 통해 이런 내용이 기자들에게 전달되면서, 기자들은 해당 기사 내용을 다룰 때 공무원들의 역할에 대해 비교적 더 주목하게 되었다.

하지만 국회의원은 이를 배 아파한다. 자신도 해당 사건을 잘 처리하는 데에 일조한 것이 있었기 때문이다. 그런데 기자들이 국회의원을 주목해 주지 않자 이에 분개하고, 공무원에게 압력을 넣어 사실은 국회의원이 이런 역할을 했다는 식의 보고서를 작성해 주변에 알릴 것을 권유한다. 공무원은 해당 지시에 난처해하면서 기자에게 고민 상담을 한다. 국회의원이 자신을 홍보할 욕심에 너무 과도한 지시를 한다는 것이었다.

국회의원이 자기 홍보에 눈이 멀어 공무원에게 압력을 넣고 공무 이외의 지시를 하는 것은 부당하다. 공무원이 국회의원 개인의 대변인이나 홍보 담당자도 아니는데 말이다. 그럼에도 불구하고 그가 얼마나 추한 압력을 넣고 있는지를 기자는 고민 상담을 통해 알게 된다.

그렇다면 '얼굴 팔기에 안달 난 정치인, 공무원에 홍보 요구'라는 기사를 써야 할까?

위의 사례는 내가 모두 기자로서 직접 겪은 일들이다. 하지만 나는 위와 같은 상황에 처했을 때, 당장 기사를 써야겠다는 결심을 하지 못했다.

1~3의 사례에서 각종 '갑'으로부터 부당한 지시를 받은 홍보 담당자, 홍보팀 직원, 공무원들은 모두 그 상황에서 약자이자, 부당한 일을 알고 있는 유일한 당사자였다. 모든 후폭풍을 감내할 각오를 하고 기자에게 '제보'를 한 게 아니라 고민 상담을 한 것 뿐이었다.

이때 기자가 이들의 입을 빌려 윗사람의 지시를 기사화하거나, 윗사람에게 연락해 "이런 지시를 하셨다면서요?"라고 확인한다고 치자. 1차적으로 이 약자들이 독약을 먹게 된다.

1번을 기사화한다면 정부부처는 자신들의 지시 내용을 기자에게 말한 산하기관 홍보 담당자에게 불이익을 줄 것이고, 2번을 기사화한다면 해당 기관장은 자신이 내린 부당한 지시와 그 의도를 기자에게 말한 홍보실 직원을 크게 문책할 것이다. 3번을 기사화한다면 해당 정치인은 공무원이 기자에게 이 내용을 말한 것에 대해 책임을 물으며 '갑질'을 할 것이다.

위의 사례를 무책임하게 있는 그대로 까발리기만 한다면, 기사는 단순 해프닝이나 가십거리로 끝나고 정작 파장은 기자에게 이야기를 털어놓은 당사자에게 가장 크게 일지 모른다.

그럼에도 불구하고 기자는 세상에 일어나는 부조리를 드러내고 사회에 알리는 역할을 하니, 누군가의 안위를 걱정해 보도 여부를 판단하는 것은 기자의 역할로서는 부적당할까? 이렇게 생각해 이것저것 재지 말고, 누구야 어찌 되든 눈을 질끈 감고 보도를 한다고 치자.

이럴 경우엔 더 큰 문제가 발생한다. 이로 인해 취재원들은 기자가 뭐든지 들으면 기사로 쓰는 사람들이며, 절대 믿을 수 없는 존재이니 그들 앞에서는 입에 자물쇠라도 채운 양 최대한 말을 아껴야 한다고 인식하게 된다. 그렇기에 내일 당장 신문기사에 실려도 완전히 무방한 이야기가 아니라면, 기자 앞에서 절대 함부로 속마음을 털어놓지 않게 된다.

이렇게 된다면 기자는 해당 기관이 공식적으로 홍보하기 위해 하는 말, 알리고 싶은 내용 외에는 취재원으로부터 어떤 이야기도 들을 수 없게 된다. 결국 진실은 물론이고 사실에도 다가가기 어렵게 된다. 즉각 기자의 취재 루트가 봉쇄되는 것도 문제지만, 더 큰 문제는 비공식적인 이야기를 아무것도 듣지 못하게 되므로 기자의 귀가 어두워지고 시야가 좁아진다는 데 있다. 모든 사안에는 이면이 있고, 수면 아래에 잠긴 배경이 있다. 기자가 좋아하건 좋아하지 않건, 사회에 뿌리내리고 있는 나쁜 관습과 부조리한 관행도 있다. 그것이 어떤 메커니즘으로 인해 발생하고 사회가 어떻게 돌아가는지, 기자는 거의 알 수 없게 된다.

그럼에도 불구하고 기자는 자신이 들은 정보를 최대한 독자들에게 널리 알리는 것만이 좋은 것일까? 어떤 사람들은 기자가 마땅히 비판해야 할 것에 대해 침묵했다고 말할지 모른다. 현실적인 판단에 가려서 비판 정신이 무뎌진 거라고 볼지 모른다. 하지만 이런 상황에서 기사를 쓰지 않았다는 것으로 인해 비난을 받더라도, 때때로 이를 감수해야 한다. 눈앞에 있는 사실에 대한 순간의 보도에 천착하는 게 아니라, 더 깊은 진실을 넓게 얻어내기 위해서다. 때론 그 판단이 옳은지 확신이 서지 않을 때도 있다. 그렇게 기자는 때론 비판과 침묵 사이에서 망설이면서, 그 딜레마에 대해 고민한다.

기자에게 호의적인
사람들도 많나요?

경험 상으로 기자에게 '친절한' 사람은 종종 있었지만, '호의적인' 사람은 별로 없었다. 친절하다는 것은 '대하는 태도가 정겹고 고분고분하다'는 것을 뜻하는데, 이것은 겉모습에서 나오는 것이다. 반면 호의적이라는 것은 '좋게 생각해 준다'는 뜻으로, 속마음에서 우러나오는 것이다. 한마디로 기자에게 잘해주는 사람은 있어도, 좋게 생각해 주는 사람은 드물다.

기자에게 친절하게 대해주는 사람들은 상당수가 무언가 '홍보거리'를 기사화하고 싶거나, 최소한 개인적인 친분을 쌓아 나쁜 기사가 나오는 걸 막고 싶어 하는 경우다. 기사를 통해 여론을 자신에게 유리하게 이끌어 원하는 것을 얻으려는 사람들도 있다. 이렇게 '상업적인' 목적이 아니라면 '정치적인' 목적을 지닌 사람들도 기자와 가까워지려 하는 습성이 있다. 자신의 얼굴과 업적을 알리고 싶은데, 기사야말로 효과적인 수단이 될 수 있기 때문이다.

기자가 '목적 지향적으로 친절한 분들'과 종종 인간적으로 가까운 사이로 발전하기도 하지만, 늘 그렇지는 않다. 목적을 갖고 대하는 사람은 아무리 친해지더라도 언젠가 기자가 자신의 목적에서 어긋난 기사를 쓰면 이내 '의리 없는 기자'로 여기고 배신을 운운하며 눈밖에 둔다. 그렇다고 해서 친분을 위해 상대방의 목적에 맞는 기사만 쓸 순 없는 노릇이다. 그러니 기자는 친절의 향연 속에서도 고독한 존재가 될 수밖에 없다.

사실 이렇게 '목적 지향적인 친절'을 베푸는 사람을 제외하면, 기자에게 친절하게 대하는 사람은 거의 없다. 기자는 누구에게나 기본적으로 불편한 존재이기 때문이다. 나는 기자는 업무 특성상 불편한 존재일 수밖에 없지만, 때론 본연의 임무를 다하려면 불편한 존재여야 한다고 생각한다. 누구에게는 편하고, 누구에게는 불편한 존재라면 취재자로서 공정한 존재가 아니기 때문이다. 강자만 두둔하고 약자를 외면해도 안 되지만, 강자를 비판해야 한다고 해서 약자를 무조건 옹호해서도 안 된다. 누군가의 편을 드는 기자는 취재 대상을 균형 있게 바라보지 못한다. 세상사에는 이면도 있고 반전도 있는데, 누군가를 무조건 두둔하는 기자들은 사전에 결론을 정해놓고 취재에 임한다. 이런 기자들은 취재를 통해 자신의 주장을 입증하기 위해 애쓰며, 왜곡과 비약을 토대로 비뚤어진 기사를 쓰게 된다.

물론 취재를 한 뒤 기사를 쓰는 과정에서 누군가의 입장을 더욱 비중 있게 실을 수는 있다. 하지만 그것은 기자가 누구의 편을 들거나 지지해서가 아니라, 취재를 해보니 그것이 기자로서의 양심과 보편적인 상식에 부합한다고 판단했기 때문이다. 한쪽이 억지 주장을 부리는데 무조건 양측 주장을 50대 50으로 싣는 것이 올바른 게 아니라, 취재 내용을 토대로 봤을 때 더 중요하고 설득력 있다고 생각되는 내용에 무게를 실어주는 것이다.

많은 사람들은 기자가 '유치원 선생님을 따르는 어린아이'처럼 자신의 말을 고분고분 듣기만 하고, '신을 바라보는 신도들'처럼 무조건적인 신뢰를 보내며, '앵무새 같은 대변인'처럼 자신의 입장을 오롯이 홍보해 주기만을 바란다. 그런 기자야말로 정의롭고 착하고 지혜롭고 훌륭한 기자이며, 나머지 기자들은 상대할 가치도 없다고 느낀다. 기자가 자신의 입맛대로 기사를 쓰지 않을 것 같으면 취재 자체를 거부하는 경우도 왕왕 봐왔다. 많은 사람들은 자신의 '주장'은 기사화하되, 자신의 불법 부당한 행위는 절대 기사화하지 않길 바란다.

사실 기자들이 '인기영합주의적인 태도'를 보이는 건 쉽다. 무조건 취재원의 편을 들어 그들의 모든 행위를 정당화하고, 이들을 분노케 한 상대방만 비판한다면 취재 과정이 순조로울 것이기 때문이다. 하지만 감정을 앞세워 불편한 진실은 피하고 욕을 먹지 않을 일만 하며 몸을 사리는 것은, 일부 정치인이 하는 일인지 몰라도 기자가 할 일은 아니다. 전국의 수많은 독자들은 세상에 무슨 일이 일어나는지 오로지 기자의 기사를 통해서만 내용을 접한다. 감정을 앞세워 침묵하는 것은 현실을 호도하는 것이지, 진실을 전하는 게 아니다.

기자는 역사를 기록하는 사람이자 정보를 전달하는 '프로 직업인'으로서 공정해야 한다. 감정을 다스리지 못하면 누군가에게 휘둘리거나 이용당할 수 있다. 누군가의 고통에 공감하고 아파할 줄도 알아야 하지만, 동시에 '외부자로서' 냉정한 균형감각을 갖고 판단할 줄도 알아야 한다. 그러니 사회의 다양한 구성원들이 기사화를 원치 않는 것들도 보도할 수밖에 없다. 누구에게나 불편하고 껄끄러운 존재가 되고, 호의적이지 않은 시선을 감수해야 한다.

Q&A

기사를 쓸 때 가장 큰 애로사항은 뭔가요?

사람들은 기자의 오보에 손가락질한다. 기자에게도 오보야말로 치명적인 아킬레스건이며, 절대 반복하고 싶지 않은 끔찍한 기억이다. 하지만 한 가지 염두에 둘 점이 있다. 바로 기자는 정보의 생산자가 아니라 전달자이며, 취재자일 뿐이라는 것이다. 기자가 신처럼 모든 것을 전지전능하게 파악할 수 있다면 참 좋을 것이다. 하지만 기자에게는 수사 권한이 없고 강제로 장소를 압수 수색해 파헤치거나, 자료를 강제로 얻어낼 수 있는 권한이 없다.

기자가 최선을 다해 취재했다면 결코 틀리지 않았을 정보, 기자가 꼼꼼히 확인했다면 정확하게 알릴 수 있었던 정보임에도 불구하고 오보를 냈다면 입이 백 개라도 할 말이 없다. 하지만 어떤 것들은 불가항력적으로 기자가 직접 알 수 없는 정보가 있다. 기자가 해당 내용의 진위를 분석할 수 있을 만큼 전문성을 갖추고 있거나, 전문가나 당사자들에게 물어봐서 해당 내용을 검증할 만한 충분한 시간과 여건이 없으면 휘둘리거나 잘못된 기사를 쓸 수 있다.

기자가 정보를 얻는 데에는 언제나 한계가 따른다. 그것이야말로 기사를 쓸 때 느끼는

가장 큰 애로사항이다. 그 정보가 제대로 된 것인지, 잘못된 것인지 어떻게 완벽히 알겠는가?

일례로 신문기사에서는 보통 사람의 이름과 나이를 쓴다. 대부분의 사람은 있는 그대로 얘기해 주지만, 어떤 사람은 자신의 이름과 나이를 드러내고 싶지 않아 대충 거짓되게 말하는 경우도 있다. 상대방이 김 씨인지 이 씨인지, 몇 년도에 태어났는지 정확히 알려면 그의 주민등록증을 봐야 하고, 그 주민등록증이 위조됐는지 아닌지도 확인해야 할 것이다. 하지만 매일 수많은 취재를 하고 기사를 써야 하는 기자에게는 그럴 시간도, 권한도 없다.

정부가 보도자료를 냈다고 치자. 어떤 복지정책을 시행했는데 이로 인해서 700만 명이 수혜를 받았다는 발표 자료라고 가정해 보자. 실제로 700만 명이 정말 도움을 입었는지는 기자가 검증할 수 있는 방법이 없다. 700만 명의 리스트를 받아서 일일이 전화를 걸어 혜택을 입었는지 확인한다고 치자. 당사자의 증언이 진실인지는 또 어떻게 입증할 것인가?

때때로는 검증 작업 자체가 어려운 상황도 있다. 어떤 건물에서 불이 나서 소방관들이 구조작업을 했고, 화재 피해를 입은 사람들 중 상당수가 중환자실에서 치료를 받고 있다고 치자. 소방 당국은 현재 중환자실에서 10명이 치료받고 있고, 나머지 20명이 입원실에 있다고 발표했다. 중환자실에는 치료에 방해가 되거나 감염의 위험 등이 있기 때문에 아무나 들락날락 거리지 못한다. 그럼에도 불구하고 기자가 들어가서 사람 수를 셀 수 있을까?

사람들은 기사를 통해 세상을 본다. 그렇기에 최대한 정확한 정보를 전달해야 하지만,

때때로 기자에게 주어지는 정보는 정확하지 않을 수 있다. 그것은 누군가가 의도적으로 정보를 왜곡해서일 수도 있지만, 정보의 생산자도 인간이기에 실수를 하는 경우가 있다. 그 정보가 믿을 만한 정보인지 온전히 판단할 수 있다면, 기자는 인간이 아니라 신일 것이다. 그렇기에 기자들은 대체로 '무어라고 누가 밝혔다'는 식으로 출처를 표기해 기사를 쓴다.

가끔은 무엇이 믿을 만한 정보인지 제대로 된 판단이 서지 않아 칠흑같이 눈앞이 어둡다. 그럼에도 불구하고 기자는 어떻게든 알아내야만 한다. 기자의 일은 늘 어려울 수밖에 없다.

비판은 받되
비난은 받지 않기
위해서

취재 과정에서 겪은
어려움에는 어떤 게 있나요?

취재를 할 때, 가장 많이 듣는 질문이 있다. "기사는 언제 나오냐"는 것이다. 이런 질문을 받으면 난감해진다. 물론 때로는 기사 게재일을 계획해 두고 취재하기도 하지만, 대부분의 경우에는 일단 취재를 해보고 해당 소재가 기삿거리가 될 만한지를 먼저 판단한다.

예외적인 경우가 아니면 취재 전부터 기사 게재 여부와 방향, 일까지 정해두는 것은 바람직하지 않다고 생각한다. 기사라는 것은 역사에 대한 가장 날것의 기록이기 때문이다. 기자는 세상에 무슨 일이 일어나는지에 더듬이를 세우고 면밀히, 정확히 파악해 독자에게 알리는 사람들이다. 사전에 결론을 내려놓고 구색 맞추기 식의 취재를 하게 되면 현장과 괴리되고 사실을 호도해 기사 본연의 역할을 못 할 것이다.

어쨌거나 취재를 열심히 했지만 기사화하기에는 부적합한 경우, 취재 초반에 '이건 당장 기사화는 어렵겠구나'라는 생각이 드는 경우도 많다. 그런데 어떤 취재원들은 취재를 해놓고 기사를 쓰지 않는 것에 대해 불쾌하게 생각하며 기사화를 요구하고, 자신의 편에서 기사를 써주길 요청하기도 한다. 상당수 취재원들이 목적을 갖고 취재에 응하기 때문이다.

보건복지부를 출입하던 시절, 병원별로 들쑥날쑥인 '비급여(건강보험이 적용되지 않는 항목) 진료비'에 대해 취재해 기사를 쓴 적이 있었다. 기사가 나가고 기사를 본 한 여성이 이메일을 보내왔다. 자신이 의료사고를 당해 소송을 벌이고 있는데, 모 대형병원이 정말 문제가 많다는 내용이었다. 그 여성은 의사였기에, 각종 의료 용어나 수술 과정에 대해 방대한 지식을 갖추고 있었다. 그녀는 병원 측이 잘못했고 책임을 져야 한다고 확신하고 있었다.

우선 나는 객관적인 자료를 토대로 기초 취재를 해야 하니, 관련 서류를 볼 수 있게 해달라고 요청했다. 소송서류는 너무도 많아 가방에 담을 수가 없어, 그분은 카트 같은 것에 수북이 쌓은 뒤 가져오셨다. 그 여성은 전문적인 지식과 확신에 찬 목소리로 사고를 설명했다. 나도 의료사고를 깊이 안타까워했고 한편으로 세상이 야속하게 느껴졌다. 문제는 그 자료만으로는 병원 측의 잘못을 입증할 수 없다는 것이었다. 쟁점 사안에 대해서는 물증이 없었고, 그분의 증언만이 있을 뿐이었다. 당시에는 소송이 진행되고 있었는데, 그분은 기사를 통해 어떻게든 병원에 책임을 묻고 소송도 이기고 싶어했다. 하지만 나는 어설픈 정보를 토대로 감정에 휩싸여 특정인을 편드는 부정확한 기사를 쓸 순 없었다.

산더미 같은 서류를 뒤적이며 고민한 끝에, 그분께 기사화가 어렵겠다고 말씀을 드리게 되었다. 그런데 그분은 "왜 안 되냐"며 길길이 날뛰었다. 자신의 말은 너무나도 분명한 사실인데 사실관계를 파악하기가 뭐가 어렵냐는 것이었다. 심지어 "기사 쓰는 게 그렇게 어려우면 내가 기사를 써서 보내줄 테니 내 글을 그대로 실으면 된다"는 발언까지 했다.

이런 경우는 비일비재했다. 한번은 한 시민단체의 소개로 중국에서 온 난민 신청자를 인터뷰한 적이 있다. 정부의 난민 심사를 기다리고 있는 단계였기에, 그 시민단체에서는 기사를 통해 그 신청자가 난민으로 인정받아야 한다는 것을 대외적으로 알리고 싶어 하는 듯했다. 나는 난민에 대해 관심이 많았고, 특이한 사연을 지닌 분이 있다는 소식에 인터뷰를 청했다.

문제는 당사자의 이야기가 사실인지 내가 검증하는 게 거의 불가능하다는 것이었다. 난민 신청자는 10여 년도 더 전에 중국에서 사업을 크게 하고 있었는데, 정부가 자신의 재산을 빼앗아갔다고 했다. 이로 인해 오랜 시간 중국 곳곳을 떠돌다가 최근에야 우여곡절 끝에 관광 비자를 얻어 한국에 왔고, 시민단체의 도움을 얻어 난민 지위를 신청할 수 있게 됐다는 것이었다. 그는 진실해 보였고 거짓말을 할 사람 같지는 않았다. 하지만 기자는 정확한 사실을 보도해야 한다. 단순히 '정직해 보인다'는 느낌만으로 상대방의 말을 믿는 것은 기자로서 책임 있는 태도가 아니었다. 상대방의 주장만 열거하는 것도 정확한 기사가 아니었다. 그렇기에 믿을 만한 근거와 물증을 수집해야 하는 것이다.

그런데 이 난민 신청자에게 오래전에 일어난 일을 내가 검증할 수 있는 방법이 없었다. 그분은 여러 가지 서류를 보여주며 내게 증거라고 말했지만, 나로서는 그것 역시 덜컥 믿을 수가 없었다. 요즘 워낙 위조된 서류도 많은데, 그것이 진짜인지 판별할 수가 없었다.

취재를 하고 고민해본 끝에, 이 난민 신청자의 과거를 기사화할 수 없다는 판단을 내렸다. 아무리 더 취재를 하더라도 10여 년 전에 중국 어느 도시에서 일어난 일이 진짜

인지 거짓인지를 내가 검증할 수 없었다. 종종 난민의 사례가 기사화가 되긴 하지만, 대부분 그런 분들은 난민 심사 경험이 많은 정부에서 오랜 검증 끝에 난민으로 인정한 사람들이다. 당시 인터뷰는 내가 먼저 관심을 갖고 부탁해 진행한 것이었다. 기사화를 기대해온 시민단체가 은근히 난색을 표했음은 물론이다. 기자로서 그런 순간에 마음이 편하다고는 할 수 없다.

취재는 항상 어렵다. 잘 모르는 대상에게도 적극적으로 다가가 집요하게 정보를 알아내되, 판단은 냉정해야 하기 때문이다. 그 과정에서 누군가를 섭섭하게 할 수도 있다. 그래서 나는 스스로만의 원칙을 세워서 취재원들의 타박에 지친 나 자신을 위로한다. '내가 할 수 있는 최선을 다해 취재했느냐', '기사화에 있어서 기자로서의 양심에 어긋나지 않게 판단했느냐'는 것이다. 이를 충족한다면 적어도 스스로에게는 부끄럽지 않다.

기사의 양심?
기자적 양심?

단 하루를 살더라도
가슴이 뛸 수 있다면

2013년 12월, 나는 회사에서 한국언론진흥재단의 후원을 받아 진행한 기획기사인 '제3국의 북녘 아이들'이라는 시리즈 기사 취재를 위해 중국으로 출장을 갔다. 내가 맡은 부분은 북-중 접경지역에 가서 탈북자들과 그들의 자녀를 만나 취재를 하는 것이었다. 나는 탈북자들과 이들을 돕는 분들을 여럿 소개해줄 수 있는 분을 어렵사리 섭외해 중국으로 떠났다.

내가 출장을 간 시점은 북한에서 장성택 국방위원회 부위원장이 처형된 직후였다. 출장 지역은 중국 지린(吉林) 성 옌볜(延邊) 조선족자치주 등 북한과 접한 지역이었다.

취재에 동행한 분은 사전에 "기자 명함을 챙겨오지 말라"고 말했다. 기자라는 신분을 함부로 노출하면 문제가 생길 수 있기 때문이었다. 그런데도 나는 혹시나 누군가에게 줘야 할 때를 대비해 몰래 명함 몇 장을 챙겨갔다. 하지만 현지 안내자들은 직감적으로 이를 눈치챘던 것 같다. 중국에 도착해 공항에서 만난 활동가는 현지 분위기가 뒤숭숭하다는 점을 전하면서 나에게 "갖고 온 명함이 있으면 다 찢어버리라"고 강조했다. 결국 나는 화장실에 들어가서 들고 온 명함을 갈기갈기 찢어서 변기에 넣은 뒤 물을 내려버리고야 말았다.

한국에서는 상상하기 어려운 일이지만, 그곳에서 탈북자와 관련된 모든 것은 극히 민감했다. 누군가는 유난을 떤다고 혀를 내두를 정도로 비밀 결사조직처럼 움직이기도 했다. 현지에서 안내를 맡은 분은 휴대전화 네 대를 갖고 다니면서 한 대를 쓸 때는 나머지 세 대를 꺼두었다. 탈북자 지원 활동이 노출되어 고초를 겪은 수많은 경험에서 나온 행동이었다.

그렇게 고생해서 오랜 시간 동안 차를 타고 달린 끝에, 나는 탈북자들이 몰래 숨어 살고 있는 중국의 시골 동네에 가볼 수 있게 되었다. 현지에서 안내해 주는 분이 없다면 절대 가볼 수 없는 곳이었고, 신변 보호를 위해 기사에서도 지명을 명기하지 못한 곳이었다. 정확히 말하자면, 그곳은 탈북 과정에서 인신매매를 당해 강제로 결혼한 남편과 살고 있는 여성들이 모여 사는 지역이었다. 남편들은 가난하거나 병들거나 혹은 알코올 중독이거나 나이가 많은 등의 이유로 혼기를 놓쳐서 탈북 브로커에게 돈을 주고 아내를 사온 중국인들이었다.

한때는 그 지역에 탈북여성 수십 명이 있었다고 한다. 지금은 대다수가 공안에 잡혀갔거나 도망쳐 10여 명만이 살고 있었다. 대개 동네에 산지는 10여 년 됐지만 서로 알고 지낸 지는 3~4년밖에 안 됐는데, 집 안에서만 숨죽여 살았기 때문이라고 했다. 마침 내가 도착한 시점은 탈북여성들이 함께 모이는 날이었다. 나는 그분들 중 6명과 저녁을 먹은 뒤 좀 더 깊은 이야기를 나누기 위해 근처 슈퍼마켓에 가서 양손 가득 간식거리를 사 왔다. 해줄 수 있는 것이라고는 고작 그런 게 전부였기 때문이다. 우리는 방에 빙 둘러앉아 한가운데에 과자 등 군것질거리를 놔두고, 각자 살아온 이야기를 하기 시작했다.

내가 만난 여성들은 대체로 1990년대 중후반에서 2000년대 중후반 탈북한 분들이었다. 인신매매, 그로 인한 강제 결혼을 예상하고 탈북한 사람은 아무도 없었다. 단지 너무 배가 고픈 와중에, 북한의 브로커가 "중국에 가면 돈을 벌 수 있다"고 말해 잠시 국경을 넘은 것이었다. 중국에 도착한 뒤에야 자신이 속았다는 것을 깨닫고 운명의 장난에 가슴을 쳤다.

한 탈북여성은 "어떻게 이곳까지 오게 됐냐"는 질문에 갑자기 눈물부터 쏟으며 말했다.

"내가 이런 얘긴 가슴에 묻어두고 안 했단 말입니다. 그리고 나 조선사람 좀 싫어합니다."

그녀는 얼떨결에 인신매매를 당해 겪은 고통을 털어놨다. 죽을 위기를 넘기고 몸도 마음도 만신창이가 된 상태였다. 북한에서 만난 브로커는 북한사람, 중국에서 만난 브로커는 조선족이었다. 그는 '조선사람(조선인의 후손으로 조선말을 쓰는 사람)'에 배신감을 크게 느끼고 있었다. 탈북 직후 9년간 기회가 있더라도 일부러 조선족도, 북한사람도 일절 만나지 않고 지냈다고 한다. 한때는 언젠가 성공해 그 브로커들을 죽여야겠다는 생각만 하며 살았다고 했다.

"나 하나 어떻게 해보겠다고 같은 민족을 팔아넘기고, 어떻게 그런……"

이분은 난생처음 보는 사람인 내 앞에서 이런 말을 하면서 눈물을 뚝뚝 흘렸다. 탈북여성 모두가 가족을 그리워하고 있었다. 탈북 당시만 해도 중국에 가서 돈을 벌고 돌아갈 수 있을 줄 알고 가족과 제대로 기별도 하지 못한 채 떠난 사람들이 대다수였다. 요즘 같은 세계화시대에, 비행기로 몇 시간 남짓이면 닿을 수 있는 거리에 떨어져 살지만, 북한에 있는 가족을 언제 만날 수 있을지는 알 수 없었다. 그들은 돌이킬 수 없는 강을 건넌 것을 후회하고, 또 후회했다. 한 여성은 "차라리 남한과 북한 간에 전쟁이라도 났으면 좋겠다. 그러면 가족을 볼 수 있지 않겠느냐"고 말하기도 했다. 모두가 속이 까맣게 타 있었다.

탈북여성들은 중국에선 '불법 이주자'로 취급된다. 공안에게 적발되면 즉시 추방되어 북한 당국에 끌려가 고초를 겪게 되니 숨죽여 살아야 하고, 혼인신고는커녕 호적조차 만들 수 없다. 아이를 낳으면 출생신고를 할 수 있지만, 공안에게 뒷돈을 줘야 했다. 현지 공안은 탈북여성이 어디서 살고 있다는 정보를 귀신같이 캔 뒤에 찾아와서 돈을 요구했다. 아이 출생 신고할 때 한 번, 그리고 매년 정기적으로 뇌물을 상납해야 붙잡혀가지 않을 수 있었다. 한 탈북여성은 자신이 아이 둘을 낳고도 여전히 서류상에는 없는 존재라며 말했다.

"여기 사람들은 우리를 보고 호적이 없는 까만 사람들이라고 한단 말입니다. 중국 사람들하고는 영 차이가 납니다. 사는 게 서럽지만 그렇다고 아이 떼놓고 도망갈 수도 없고……"

그녀가 탈북해 생면부지의 한족남성에게 팔려온 직후, 중국 공안이 찾아왔었다. 북송되지 않도록 뒤를 봐줄 테니 1년에 500위안씩 내라며, 그러지 않으면 잡아가겠다고 위협했다. "돈을 줄 테니 받았다는 증서라도 달라"고 요구했지만 절대 주지 않았다. 몰래 챙기는 뒷돈이었기 때문이다. 남편에게 "돈을 안 주면 안 되냐"고 묻자 "우리가 설령 칼자루를 쥔다고 해서 저 사람들을 이길 수 있을 것 같냐"며 "그냥 내라면 내야 된다"는 답이 되돌아왔다. 실제로 이웃의 탈북여성은 돈을 안 내겠다고 버텼다고 한다. 공안들은 그녀가 임신으로 배가 불렀을 때 잡으러 왔고, 북한으로 넘겼다. 이후 아무도 생사를 알지 못한다고 한다.

이들에게 공안의 횡포보다 견디기 힘든 것은 아이들의 고통이었다. 아이들은 탈북자 엄마에게서 태어났다는 이유로 손가락질을 받고 놀림을 당했다. 국적도 없고 호적도 없이 팔려온 엄마를 뒀다는 것은 평생 안고 가야 하는, 지우거나 극복할 수도 없는 상처였다.

인신매매 당한 탈북여성이라도, 일부는 중국에 정착해 시간이 지나면 중국인 못지않게 중국어를 잘 구사한다. 까막눈 남편과 결혼했지만 스스로 한자를 익힌 뒤, 남편도 못 읽는 중국어 책을 읽으며 아이들의 공부를 도와주는 대단한 여성도 있었다. 그럼에도 불구하고 아이들은 친구들로부터 "너네 엄마는 조선 사람인데, 거지를 데려왔다"는 놀림을 받았다.

내가 만난 여성들은 악몽 같은 시절을 이 악물고 견디고, 지옥 같은 현실이라도 억척같은 의지로 개척하며 살아가는 사람들이었다. 물론 기회만 된다면 언제 어딘가로 도망갈지 모르는 '시한부 주민'들이기도 했다. 실제로 이 마을에서 살다가 도망간 탈북여성들도 꽤 많았다. 대개 중국에서 낳은 아이들을 두고 떠났다고 한다. 아이 둘을 키우며 그곳에서 살고 있는 탈북여성은 같은 동네에 사는 9세 아이도 그렇게 탈북자 엄마를 잃었다며 말했다.

"걔는 엄마 있을 때까진 공부 잘했습니다. 근데 엄마가 도망간 뒤부터 학교도 안 다닙니다. 친척 집에서 봐주기도 하는데, 누구도 상관 못합니다. 엄마 손에서 자라야 하는데……."

우리는 새벽 2시가 넘도록 이야기를 나눴다. 누군가는 슬픈 사연을 털어놓으면서 눈물을 뚝뚝 흘리기도 했고, 누군가는 과거의 고생을 유머러스하게 말하며 웃음을 터뜨리기도 했다. 나는 이야기를 듣는 내내 가슴이 먹먹해졌다. 이곳에서는 일어나서는 안 되는, 그야말로 말도 안 되는 기상천외한 일이 벌어지고 있었다. 이들은 다른 사람들은 상상도 못 할 고통을 안고 살아가고 있었다. 어떤 보상이라도 그 깊은 상처는 치유하기 어려울 것이었다.

나는 분단시대를 살아가는 한 국민으로서, 그리고 한 사람의 기자로서 뭐라고 한 줄로 표현하기 어려운 감정을 느꼈다. 길고 긴 솔직한 인생역정을 듣고도 그들의 상처를 조금도 치유해줄 수 없다는 무력감, 너무나 가까운 곳에 이렇게 기상천외한 일이 벌어지고 있었다는 것에 대한 당혹스러움, 이런 상황에 대해 아무것도 하지 못하는 정부와 국제사회에 대한 답답함, 한국에서 배부른 소리 했던 순간에 대한 반성, 내가 단지 남한에서 태어났다는 이유만으로 너무나 다른 삶을 살고 있다는 것에 대한 놀라움……. 많은 생각이 한꺼번에 밀려왔다. 무엇을 어떻게 해야, 도대체 언제 이런 부조리가 해결될지 알지 못했다.

실타래처럼 엉킨 문제를 해결하는 건 내 능력과 권한 밖이었다. 단지 내게는 세상 곳곳의 가슴 아픈 현실을 취재해서 알릴 수 있는 펜이 있을 뿐이었다. 내게는 어떤 수완도 해결책도 없지만, 기사를 통해 참혹한 현실을 알릴 수 있다. 수많은 사람들은 그것을 읽을 것이다. 독자 중에는 해결책을 모색할 수 있는 권한과 의무, 능력을 지닌 사람이 많으며 그들은 머리를 맞댈 수 있다. 기사에 담긴 진실이야말로 힘과 파급력을 지니고 있다. 기사를 통해 사람들이, 정부가, 국제사회가 움직일 수 있도록 더 치열하게 취재하자고 생각했다.

나는 현장을 상세히 취재하고 대중과 공유할 수 있는 기사를 쓸 수 있는 기자였다. 나 자신에겐 능력이 없더라도, 기사에는 진실을 드러낼 힘이 있었다. 펜을 쥐었다는 게 중대한 사명처럼 느껴지며 가슴이 뛰었다. 기자로서 할 수 있는 한 최대한 깊이 현장을 취재해 파급력 있는 진실을 전달하자고 생각했다. 때론 지치고 고되더라도 괜찮았다.

'단 하루를 살더라도 가슴이 뛰는 삶을 살 수만 있다면…….'

중국에서의 밤은 그렇게 깊어갔다.

기자생활에서 위기가 오면
어떻게 이겨내나요?

누구에게나 어디서나 위기가 온다. 학교생활에서, 친구관계에서, 결혼생활에서 위기가 오듯 직장생활에서도 위기가 오고, 당연히 기자생활에서도 위기가 온다. 세상은 내 뜻대로 돌아가지 않는다. 마음이 안 맞는 사람과 일해야 할 때도 있고, 부당한 일을 겪을 때도 있다. 때로는 두 번 다시 떠올리고 싶지 않은 실수를 해서 쥐구멍에 숨어버리고 싶을 때도 있다.

위기를 만났을 때, 상상할 수 있는 최악의 시나리오는 직장을 관두게 되는 것이다. 눈앞에 닥친 위기로 인해 거창한 어려움이 나타날 것 같지만, 실은 그 위기의 종착역은 기자생활의 종료가 될 뿐이다. 물론 기자생활을 관둬야 한다면 정말 슬프고 아쉽겠지만, 그렇다고 해서 인생이 끝나는 것은 아니다. 솔직히 기자생활을 관두더라도 먹고살 수는 있다. 세상에 널린 게 직장이고 직업이며, 눈만 낮추면 어디든 가서 일할 수 있다. 그러니 두려워 말고 소신껏 원하는 일을 하면서 살자고 생각하면 마음이 편해진다.

직장생활에서 마주하는 절망이나 위기는 '집착'을 버리면 사라지는 것 같다. 그럴듯한 성과를 내서 조직에서 인정을 받겠다거나, 무슨 위치를 차지해보겠다고 집착하는 순간 불행해진다. 대신 지금 내가 좋아하는 일을 하고 있다는 확신을 갖고, 스스로에게 부끄럽지 않게 원하는 일을 소신껏 하면서 살자는 생각을 하면 마음이 평온해진다.

많은 사람들은 직장생활에서 돈에 높은 가치를 부여하면서 위기를 맞이하기도 하는 것 같다. 하고 싶은 일을 하는 것은 좋지만, 그 직업이 주는 급여가 불만족스럽다는 식이다. 그래서 비록 직업적으로는 덜 만족스럽더라도 많은 금전적인 보상을 주는 직업으로 옮겨가는 사람도 있다. 알고 보면 많은 돈을 갖는 게 인생에 위대한 만족을 주는 건 아닌데 말이다.

나는 돈이 아주 많으면 인생에 대한 만족이 되레 떨어질 수 있다는 진기한 경험을 한 적이 있다. 2013년 가을, 중남미 최빈국으로 꼽히는 볼리비아로 출장을 갔을 때였다. 당시 내 출장비는 미국 등 선진국을 기준으로 책정되어 있었다. 막상 볼리비아에 도착해 보니 내게 할당된 출장비는 그곳에서 웬만큼 하고 싶은 것을 다 할 수 있는 금액이었다. 나는 10명 가까이 되는 일행과 함께 10일이 넘게 볼리비아에 머물렀는데, 우리는 첫날 볼리비아에 도착하자마자 놀랍도록 저렴한 물가와 그에 비해 넘치는 출장비를 깨닫고야 말았다.

우리가 머문 호텔은 그 지역에서는 가장 괜찮다고 꼽히는 곳이었다. 일행 모두는 매 순간 최선을 다해 돈을 썼다. 하루는 호텔에서 저녁을 먹으면서, 시키고 싶은 음식은 모조리 시켰다. 그런데도 우리에게 할당된 한 끼 식사비보다 적은 금액이 나왔다. 막상 이것저것 음식을 많이 시키고 나니, 보는 것만으로도 배가 불러서 음식을 대부분 남기게 되었다.

그때부터 '맛집 찾기'가 시작됐다. 우리는 인터넷을 검색해 그곳에서 가장 유명한 맛집과 최고의 식당을 골라서 밥을 먹으러 다녔다. 화려한 건물, 고품격 서비스로 식사를 제공하는 곳만 찾아다닌 것이었다. 처음에는 마냥 신나고 들떴지만, 시간이 지나니 변화가 생겼다. 매번 가고 싶은 곳에 가고 먹고 싶은 것을 다 먹을 수 있으니, 인생에서 감흥이 사라지기 시작한 것이다. 어느 순간부터 아무도 고급 식당의 맛있는 음식에 감격하지 않았다.

출장비가 빠듯해서 평범한 식당에서 밥을 먹다가, 어쩌다 한번 거창한 식당에 들른 거라면 모두가 그 순간을 특별하게 여기며 음미할 것이다. 하지만 우리는 아무런 간절함이나 갈망, 기대 없이도 어느 곳이든 가서 부담 없이 돈을 쓸 수 있었다. 어느새 멋진 식당에 가도 좋은 음식을 시켜놓고 따분하다는 표정으로 앉아 있는, 단지 끼니를 해결하기 위해 몇 입 먹다가 지루하다며 음식을 대거 남겨버리고 식당을 나오는 우리를 볼 수 있었다.

마음껏 돈을 쓸 수 있으면 행복할 것 같지만, 전혀 그렇지 않았다. 오히려 삶에서 감격을 느낄 수 있는 순간, 기쁨을 느낄 수 있는 순간이 사라지기 시작했다. 모든 것이 내 뜻대로 되니 밋밋하고 감동 없는 인생이 됐다. 그때 나는 다소 결핍을 느끼더라도 무언가를 갈망하고, 장애물을 넘기 위해 노력하고, 당장 이뤄질 수 없는 것을 기대하고 희망하는 삶이 더 행복하고 재미있다는 걸 깨닫게 되었다. 그래야 추후 느낄 감동의 크기도 더 클 것이었다.

가끔 기자생활에서 오는 위기, 불평, 불만족이 싫긴 하지만, 그것이 무용하지 않다는 것을 알고 있다. 그런 것들이야말로 삶을 풍성하고 감격스럽게 만들어준다는 걸 알기 때문이다.

기사 경쟁이 심할 텐데
힘들지는 않나요?

기자 생활만큼 하루하루 피 말리는 경쟁이 연속적
으로 진행되는 직업도 흔치 않을 것이다. 매일

신문을 펴면, 뉴스를 틀면, 내가 어떤 낙종을 했고 어느 부분을 놓쳤는지 적나라하게

확인할 수 있다. 그것은 만방에 널리 알려지는 '뉴스'이기 때문에 내가 속한 조직과 경

쟁사의 기자, 심지어 취재원들까지 나의 허술함을 자연스레 알게 된다.

기사 경쟁이 심하다 보니 당연히 스트레스를 받는다. 모 기관에서 홍보 업무를 담당

하면서 기자들을 상대한 분을 만난 적이 있는데, 그분은 "기자가 그렇게 스트레스를

많이 받는 직업인지 홍보 일을 하면서 처음 알게 됐다"고 말했다. 외부에서 보기에도

그런가 보다.

기자들은 자신과 다른 기자의 기사를 꼼꼼히 비교해야 한다. 거창한 낙종도 인식해야

하지만, 같은 발표기사라도 나와 타인이 어떻게 다르게 썼는지를 분석해야 한다. 수많

은 발표자료 중 나는 무엇을 앞세워서 썼는지, 다른 기자는 무엇을 앞세워서 썼는지

를 보는 것이다. 내가 소홀히 여긴 '한 줄의 문장'을, 다른 기자는 집요하게 파고들어

추가 취재를 한 뒤 의미를 부여하는 경우도 있다. 기사에 들어가는 각종 표와 사진 등

부속물을 제대로 챙기지 못해 부실한 기사를 내놓기도 한다. 일반 독자들은 잘 모르겠지만, 기자들은 대번에 안다.

내게 자존심이 가장 중요했다면, 나는 스트레스를 엄청나게 받아 병이라도 앓고 있을지 모른다. 하지만 나는 내 자존심을 세우기 위해서나 인정을 받기 위해 기사를 쓰는 것이 아니다. 독자들에게 가장 필요한 양질의 뉴스를 쉽고 정확하게 전달하기 위해 기사를 쓴다.

기자들은 낙종하는 걸 '물을 먹는다'라고 표현한다. 발표 자료에서 제대로 의미를 찾지 못해 기사 가치를 제대로 판단하지 못하고, 다른 기자가 제대로 의미 부여를 해서 쓴 기사를 발견했을 때는 '눈 뜨고 물 먹는다'고 한다. 때론 물도 먹고, 눈 뜨고 물도 먹으며 산다.

물론 물을 먹는 것은 늘 괴롭고 아프다. 하지만 기자들은 "물을 먹으면서 일을 배운다"는 말을 한다. 물을 먹을 때마다 기자들은 한 뼘 더 성장하고, 어떻게 하면 좋은 기사를 쓸 수 있는지 배우게 된다. 나를 절망하게 하는 기사를 볼 때마다 더 발전하고 배우는 계기가 되기 때문이다. 나 역시 때로는 그러한 과정을 거치면서 앞으로는 더 좋은 기사를 발굴해야겠다는 생각을 하고, 기사를 보는 안목도 키우는 계기로 삼고 있다. 궁극적으로는 더 품질 높은 기사를 발굴해 와서 독자들에게 제공하게 될 것이니 훌훌 털고 일어날 수 있다. 그렇다고 기자들이 물만 먹는 것은 아니다. 물을 먹이기도 한다. 제대로 물을 먹이면 출입처 기자실이 발칵 뒤집히기도 한다. 기자라면 그럴 때 기분이 좋지 않을 수가 없다.

어쩌면 기자생활은 마라톤과도 같다. 달리는 순간에는 뒤처지기도 하고 앞서기도 하

면서 끊임없이 물을 먹는 괴로움에 마주한다. 때때로는 자책하고 실망하지만, 앞서기도 하면서 느끼는 '러너스 하이(Runner's High, 달리기할 때 느끼는 쾌감)'가 있다. 취재 경쟁이 심할 때는 도망가고 싶을 정도로 힘들지만, 결과물을 볼 때면 그동안의 고생이 싹 잊힌다.

기자생활은 계속 달리는 1회 마라톤이 아니라, 마라톤에 계속 출전하는 것과 같다. 큰일이 터질 때마다 지속적으로 경쟁을 벌이면서 포기하지 않고 결승선을 통과해야 하고, 결승선을 통과하면 또다시 장거리 마라톤이 기다리고 있다. 그러니 지치는 수밖에 없다. 힘들고 고통스럽지만, 장애물을 극복하고 성취해나가는 보람이 없는 인생은 만족스러울 수가 없다. 실패 없이 성공만 하는 삶은 재미가 없고, 패전 없는 승리는 감동이 없다. 기자생활은 때론 지고 때론 이기면서 '최상의 기사'라는 목표를 향해 나아가는 여정이다.

기자생활은 물을 먹으면서 끝없이 달리는 마라톤과 같다.

기자라서 행복한 순간은 언제인가요?

'기자는 기사로 말한다'는 말이 있다. 기사야말로 기자가 자아를 실현하고 성과물을 내보일 수 있는 핵심 수단이며, 멋진 기사를 쓰는 기자가 좋은 기자이다. 기사가 탄탄해야 훌륭한 기자이지, 기사 외적인 것이 부각되는 것은 기자의 존재 가치와는 무관하다. 미모 혹은 특이한 이력이 유명한 기자 등은 기자로서 능력 있는 것과는 별개다.

그렇기에 기자로서 가장 행복한 순간도 내 기사가 좋은 반응을 얻고 있을 때일 수밖에 없다. 좋은 기사는 많은 사람들이 읽고 댓글을 다는 기사와는 다르다. 베스트셀러와 읽을 가치가 있는 책이 다르듯, 클릭 수와 관심이 많은 기사와 울림이 있는 기사는 다르다. 좋은 기사는 클릭 수로 주목받지는 못하더라도, 그것을 읽은 이들은 본능적으로 반응을 보인다.

나는 보건복지부를 출입할 때, 아동복지시설(보육원) 퇴소자에 대한 기획기사를 쓴 적이 있었다. 아동복지시설 퇴소자가 시설을 퇴소할 때 받는 자립지원금은 지역별로 100~500만 원에 불과해 아동의 홀로서기가 불가능한 수준이었다. 나는 이런 문제가 왜 발생하고 있고, 그로 인해 아이들이 어떤 어려움에 처하는지, 대안은 무엇인지에 대해서 심층적인 기획기사를 썼다. 당사자와 시설 종사자, 전문가 등의 이야기를 종합적으로 듣고 취재하느라 오랜 시간 공을 들여 준비했던 기억이 난다. 고생 끝에 기사는 신문 2개 면에 걸쳐서 실렸다.

기사가 실린 날, 아동복지와는 아무런 관련이 없는 분야에 종사하는 취재원들이 아침부터 문자를 보내기 시작했다. 기사를 읽고 너무나도 마음이 아팠고 큰 감동을 받았으며, 앞으로도 좋은 기사를 발굴해달라는 내용이었다. 그 기사는 그들에게 도움이 되는 게 아니었는데 열광적인 반응을 보내주어 무척 뿌듯했다.

물론 취재원들이 반응해 주는 게 행복의 척도는 아니다. 가끔은 거창한 반응이 돌아오는 것은 아니더라도, 사회에 꼭 필요한 기사를 썼다는 것만으로도 스스로 만족감을 느끼며 행복해할 때가 있다. 보건복지부를 출입할 때 나는 희귀난치성 질환에 대해 관심이 많았다. 그런 질환이야말로 자신의 노력이나 의사, 배경과는 아무 관계없이 주어지는 병이기 때문이다. 게다가 다른 질환에 비해 치료비도 훨씬 많이 들고, 치료 기한도 무기한인 경우가 많다.

세상에 생명보다 귀중한 게 있던가? 그럼에도 불구하고 재정적인 한계와 우선순위로 인해 희귀난치성 질환자들은 큰 어려움을 겪고 있었다. 나는 희귀난치성 질환을 앓는 환자들이 치료비로 인해 얼마나 큰 고통을 겪고 있고, 정책적으로 어떤 점이 보완되어야 하는지에 대해 심층적으로 짚어보는 기사를 썼다. 엄청난 피드백이 쏟아진 것은 아니지만, 우리 사회가 꼭 짚어봐야 할 중요한 기사를 썼다는 생각에 오래도록 스스로 뿌듯해 했던 기억이 난다.

행복한 순간은 다양하다. 한번은 이삿날 새집에 입주하지 못하고 길거리에 나앉은 장애인 시설에 대한 기사를 쓴 적이 있다. 시설장이 일 처리를 미숙하게 한 측면도 있었지만, 관할 구청이 관심을 가지고 챙겼다면 일어나지 않았을 일이었다. 구청은 처음에는 "어쩔 수 없다"고 했지만, 취재가 시작되자 방법을 모색해 곧장 장애인들이 새집에 입주할 수 있도록 했다. 시설장은 내게 "고맙습니다. 평생 잊지 못하겠습니다……"라며 울먹였다. 어려운 사람을 돌아볼 수 있고, 때로는 도움도 될 수 있는 직업을 가졌다는 게 행복하게 느껴졌다.

기사도 기사지만, 기자도 사람이다 보니 사람 때문에 행복할 때가 많다. 좋은 사람들을 만나 친구처럼 식사를 하고 안부 연락을 주고받는 사이가 될 때, 나는 정말 '기자라서 행복하다'는 느낌을 받는다. 기자가 아니었다면 그들을 만나지 못했을 것이다.

한번은 취재원이 과거 같은 과에서 일했던 직원들끼리 모이는 자리에 나를 초대한 적이 있다. 전직 부서장을 모시는 자리였는데, 나를 '특별손님'으로 초청한 것이었다. 나는 그 부서 직원들과 두루 친하긴 했지만, 그날 회식은 조직 내부의 사적인 모임이었다. 그런데도 누구도 불편해하지 않고 나를 반갑게 맞아주는 것을 보면서 정말 기뻤다.

취재원들과 취재와 관계없이 지속적으로 얼굴을 볼 수 있는 관계가 됐을 때도 행복하다. 나는 취재를 하다가 알게 된 분들과 지속적으로 만나 지식을 공유하고 토론하는 모임을 갖고 있다. 일명 '이민·다문화포럼'인데, 이민이나 다문화에 대해 관심이 있는 학자와 공무원, 시민단체 활동가 등이 모여서 지금도 정기적으로 모임을 가진다. 이분들과는 앞으로 취재와 관계없이 계속 관심사를 공유하고 만나는 사이가 될 것 같다. 이 모임의 일원이 된 것 역시 기자가 아니었다면 오지 않았을 기회였다. 기자라서 행복한 또 다른 순간이다.

기자의 미래와
당신의 미래

경제학자이자 투자자문가인 피터 L. 번스타인(Peter L. Bernstein)은 저서 『월스트리트로 간 경제학자』에서 성장 기업의 차별적인 속성을 가려내는 방법을 설명한다. 그는 '기업의 성장이 내부적으로 창출된 결과냐, 외부 사건에 대한 단순 반응이냐'를 보는데, 전자야말로 성장 기업에 속한다.

우선 외부 기업을 인수해 확장하는 기업은 성장 기업이 아니다. 기업을 인수해서 회사 덩치가 커진 것은 내부에서 창출된 성장의 결과는 아니기 때문이다. 아울러 자신이 속한 시장이 성장하기 때문에 확장되는 회사도 성장 기업이 아니다. 이것은 회사가 시장을 키운 게 아니라 외부의 환경에 수동적으로 반응한 것에 불과하기 때문이다. 예를 들어 석유사업이 확장된 것은 자동차 인구, 건설 물량 등이 성장했기 때문이지 석유회사가 노력했기 때문은 아니다. 종이 회사가 성장한 것도 일부는 신제품을 개발했거나 종이에 대한 새로운 용도를 찾아냈기 때문이겠지만, 본질적으로는 소득 및 인구의 증가, 산업 생산 증가 때문이다.

피터 번스타인이 말하는 성장 기업은 외부 환경에 의존해 얼떨결에 횡재를 보는 기업이 아니라, 자신의 시장을 창출하는 능력이 있는 기업이다. 외부 세계에 자신이 적응하는 게 아니라 새로운 제품이나 수요를 창출해 외부 세계를 자신에게 적응시키는 기업이라는 것이다. 그렇기에 성장 기업은 전체 경제보다 반드시 빠르게 성장하진 않지만, 자신이 속한 시장보다는 확실히 빠르게 성장한다는 특징이 있다. 성장 기업은 외부 경기의 영향에서 비교적 자유롭다.

나는 언론 환경 속에 있는 기자야말로 시장에 있는 성장 기업과도 같다고 생각한다. 외부 환경에 의존해 얼떨결에 많은 독자를 만나는 기자는 경쟁력도 없고 성장하지도 못하는 기자다. 어쩌다가 대형 언론사에 들어가게 됐다는 이유만으로 많은 독자를 만나는 기자, 포털 메인뉴스에 우연히 기사가 게재되어 독자들의 주목을 받는 기자는 미래가 없는 기자라는 것이다. 그것은 기자가 독보적인 정보력과 예리한 시각을 바탕으로 고유의 가치가 있는 기사를 창출해내서 독자를 끌어모은 게 아니라, 외부 환경에 의존해 독자를 만난 것이기 때문이다.

냉정하게 말해서, 나는 외부 환경에 의존하는 기자야말로 장기적으로는 '미래에 독자들에게 외면받기 딱 좋다'고 생각한다. 과거 소수의 언론사만이 시장에 존재할 때, 종이와 영상 매체만 독자와의 접점에 존재했을 때는 그런 기자도 살아남을 수 있었을지 모른다. 누구나 다 쓸 수 있는 평범한 기사를 써도 독자들이 세상에 대한 정보를 얻기 위해서는 어쩔 수 없이 뉴스를 읽고 시청해야 했기 때문이다.

하지만 지금은 다르다. 독자들은 인터넷을 통해 스스로 정보를 찾아다니고, 방송 뉴스 채널을 돌리고, 신문기사를 걸러 가면서 읽는다.

물론 주요 언론사에 들어가면 군소 매체에 입사하는 것보다는 많은 독자를 보다 빨리 만날 기회가 주어진다. 독자를 확보하는 데에 마주하는 벽이 비교적 낮다는 얘기다. 하지만 그렇다고 해서 자신이 속한 매체의 영향력에 안주하고 그것만으로 만족하는 데 머물다 보면, 아무도 읽지 않고 누구나 쓸 수 있는 기사만 쓰는 기자가 된다. 더 좋은 콘텐츠를 생산하지 못하면 기자로서의 가치를 상실할 수밖에 없는 게 냉정한 언론 환경이다.

나는 21세기에 기자생활을 하는 사람들은 외부 요소에 기생할 생각을 버려야 한다고 생각한다. 그것이 포털이 됐든 언론사의 영향력이 됐든 말이다. '변하지 않는 유일한 법칙이야말로 모든 것은 변한다는 것이다'라는 말이 있는데, 언론 환경이야말로 이 말이 적용되는 곳이다. 언론 환경이 단기간에 변하진 않지만 장기적으로는 모든 것이 엎치락뒤치락하며, 아무도 영향력을 호언장담할 수 없다. 언론사의 명성에 기대서도 안 되지만 기댈 수도 없다.

기자를 꿈꾼다면 어떻게 언론사에 입사할 것인지도 고민해봐야 하지만, 어떤 기자가 될 것이냐도 필수적으로 생각해봐야 한다. 기자 개인이 독보적인 콘텐츠를 생산해낼 수 있는 역량이 있다면 언론 환경이 어떻게 변해도 살아남을 수 있다. 독자들은 그 기자의 기사를 어떻게든 찾아볼 것이고, 기자가 속한 회사가 망하더라도 어느 언론사에서든 일할 수 있다.

언제 어디서 관두더라도 많은 독자를 창출해낼 수 있어야 콘텐츠 본연의 가치를 고민하며 기자로서 제 역할을 할 수 있다. 만일 단지 대형 언론사에 들어간 것으로 만족하고 회사의 명성에 기생해 살려고 다짐했다면, 당신은 회사에서 인정받거나 살아남기 위한 성과를 내는 데에만 급급해 독자들과는 괴리된, 가치 없는 콘텐츠를 생산하게 될지 모른다.

실제로 언론사에서는 '기자들 사이의 경쟁에서 으스댈 수 있는 기사'가 독자들에겐 아무런 관심거리나 의미를 주지 못하는 경우가 있다. 경쟁지 기자들을 뜨끔하게 할 수 있는 단독기사를 썼는데, 냉정하게 보면 독자에게는 아무런 감흥과 정보가 되지 못하는 것이다. 반면 어떤 기사는 경쟁지 기자들은 그다지 신경 쓰지 않지만(기자들은 자신의 담당구역에서 단독기사가 나왔는지를 주로 신경 쓰기 때문이다), 독자들에게 큰 의미를 주기도 한다.

기자가 되기로 결심했다면, '더 많은 독자를 빨리 만날 수 있느냐'를 결정짓는 1차 관문인 언론사 입사를 통과해야겠지만, 어떻게 하면 개인이 기자로서 경쟁력을 갖출 수 있는지를 고민해봐야 한다. 그렇지 않으면 입사의 환희는 신기루처럼 사라질 것이고, '수많은 매체의 수많은 기자들 중의 한 명'으로서 느끼는 평범한 고통만이 남게 될지 모른다.

그렇다면 어떤 사람들은 이렇게 말할지 모르겠다. 기자로서의 경쟁력은 둘째 치고서라도, 언론사 자체가 사양산업이라고 말이다. 파이는 그대로인데 방송사들은 너무나 많이 생겨났고, 신문산업 자체는 쇠락하고 있으며, 인터넷 언론도 미래가 없기는 매한가지라고 말이다.

나는 신문산업이 쇠락하고 있다는 것에는 공감한다. 미래에 종이로 된 책과 교과서가 없어질지 모르는 것처럼, 종이신문도 없어질지 모른다. 하지만 기자는 종이신문을 생산하는 사람들이 아니라, 콘텐츠를 생산해 종이신문 등 여러 가지 '경로'를 통해 독자들에게 전달하는 사람들이다. 사람들의 콘텐츠에 대한 관심마저 식어가고 있다면 언론사는 사양산업인지 모른다. 하지만 문맹률이 제로에 가까운 사회에서 콘텐츠에 대한 관심은 꾸준히 유지될 것이다.

신문산업이 쇠락하는 와중에도 인터넷에는 온갖 콘텐츠 생산 매체들이 생겨나고 있다. 어떤 것들은 영리적인 인터넷 언론매체지만, 수익모델 없이 많은 사람들의 교감을 이끌어내고 싶어서 개인이 만든 페이지들도 있다. 페이스북에는 언론사와 상관없는, 수많은 구독자들을 지니고 있는 정보성 페이지들이 생겨나고 지속적으로, 폭발적으로 구독자를 늘려가고 있다.

이것은 여전히 사람들이 좋은 콘텐츠에 대해 목말라하고 있다는 것을 시사한다. 사람들은 기사에 담긴 정보와 통찰력을 통해 지식과 지혜와 영감을 얻는다. 기사에 담긴 진실이야말로 사회를 더욱 투명하고 발전하게 하며, 독자들의 정보에 대한 궁금증을 해소해준다.

물론 독자들의 취향도 급변하고 있다. 점점 더 많은 사람들이 종이신문을 외면하는 것은 둘째 치고서라도, 정보 자체도 쉽게 얻으려고 한다. 특히 길거나 난해한 글은 읽지 않으려 하고, 사진과 글 한두 줄이 병기된 자료 등을 통해 가볍게 뉴스를 접하려고 한다.

언론사에 몸담은 사람들이라면, 독자들의 시시각각 변화하는 까다로운 취향에 늘 촉각을 곤두세우고 그에 대응할 수 있는 방법을 고민해야 한다. 언론사는 콘텐츠를 생산한다는 본질적인 가치와 이를 원하는 수많은 독자들의 내재적인 수요가 존재하는 곳이다. 이를 보지 못하고 외부 환경에 기대지 못하게 됐다는 이유만으로 평가절하하거나 기피하는 태도로는 어디서 일을 하게 되든 실패하거나 어리

석은 판단을 내리게 될 것이다.

사람들이 직업을 생각할 때 고려하는 많은 요소가 있다. 나도 직업 결정에 있어서 여러 가지 판단요소를 갖고 있었지만, 그중 지금도 중시하는 주요한 요소가 바로 '내재된 가치'와 '나에게 주는 발전가능성'이다. 우선 우리 사회에는 바깥세상을 궁금해하는 수많은 독자들이 널려 있고 콘텐츠에 대해 목말라 하는 사람들이 언제나 많다. 그것이야말로 언론계가 존재해야 할 내재적 가치이다. 이런 내재적 가치는 시간이 지나도 사라지지 않는다.

또 다른 주요 요소인 '나에게 주는 발전가능성'은 '언론사의 발전가능성'이나 '조직의 발전가능성'과는 다소 다르다. 언론사의 발전가능성을 중시한다면 내가 외부 요소에 기생해서 그 안에서 먹고 살겠다는 심산밖에 되지 않는다. 조직의 발전가능성 역시 회사가 만들어 내는 능력에 의존하겠다는 기대를 은근히 내포한 것이다. 하지만 기자라는 직업은 그런 것과 관계없이 다양한 사람을 만나고 경험을 하게 함으로써 나 자신을 발전하게 한다. 그것이야말로 나를 성장하고 발전하게 하는 가능성이자 자극제가 되는 것이다.

언론사에는 언론사의 미래가 있고, 기자로서 개인의 미래가 있다. 언론사에 입사하려는 사람은 눈에 보이는 그럴듯한 외형이나 당장의 만족, 외부의 시선, 사회의 평가를 생각하기 전에 그 속에 담긴 내재적인 가치와 발전가능성을 볼 줄 알아야 하고, 자신의 미래를 설계할 줄 알아야 한다고 본다.

Q & A

기자가 되기로 결심했다면 생각해야 할 게 있나요?

나는 기자는 철저하게 프로 정신을 갖춰야 한다고 생각한다. 기자는 철저히 기사라는 '결과물'로, 방대한 콘텐츠 시장에서 차별적인 경쟁력을 갖춰 승부해야 하는 직업이기 때문이다. 외부 환경에 기댈 수도 없고, 공동 작업을 통해 타인에게 의존할 수도 없다. 대부분의 업무는 매일 혼자 전장에 나가 싸우듯 무한한 책임감을 갖고 기사를 생산해 내야 하는 것이다. 그리고 프로로 일하려면 개인의 삶과 욕구 등은 일정 부분 희생해야 할지 모른다.

가끔 기자들 중에 '퇴근이 늦다', '저녁에 일을 시킨다'고 불평을 쏟아내는 경우가 있다. 그것이 의례적으로 하는 불평 토로나 신세 한탄이 아니라, 근본적인 직업에 대한 불만으로 느껴진다면 기자로서 길을 잘못 들어선 것이라고 생각한다. 저녁이 있는 삶을 원한다면 절대 기자가 되어서는 안 된다. 상사가 저녁에 하지 않아도 되는 일을 일부러 시켰다거나, 비효율적인 업무시스템으로 인해 퇴근이 늦어졌다면 얘기는 달라진다. 하지만 기자들이 늦게 퇴근하는 이유는 대부분이 '좋은 기사를 생산하기 위해 어쩔 수 없이 해야 하는 일' 때문이다.

최신 뉴스를 가장 정확하고 풍부하게 전달하려면 저녁이고 밤이고 늦게까지 일해야 할 때가 있다. 더 나은 콘텐츠보다 '이른 퇴근'을 중시하는 기자라면 부실한 기사가 나올 수밖에 없다. 스스로 더 좋은 기사를 쓰겠다는 의욕과 호기심이 있어야 더욱 많은 정보를 알아내는 법이다. '퇴근하고 싶은데 억지로 일하는 기자'가 될 거라면 다른 길을 가야 독자들에게도 이득이다.

또 한 가지 강조하고 싶은 것은, 자신에게 모든 것을 맞춰주는 조직은 존재하지 않는다는 것이다. 공동체에 소속된다는 것, 다른 사람과 일한다는 것은 본질적으로 모든 것을 내가 원하는 대로 할 수 없다는 것을 의미한다. 나와 다른 상대방, 내가 원하지 않는 환경, 내 뜻대로 되지 않는 일에 대해 때로는 내가 양보와 이해와 타협심을 발휘해야 한다는 것이다.

당신에게 맞춰주는 회사나 취재원은 '없다.' 사회 이슈도 내 뜻대로 불거지는 것이 아니다. 내 의지와 상관없이 벌어지는 모든 일에 불굴의 의지를 갖고 뛰어들어 취재하려면 당장은 구미에 맞지 않는 일도 할 줄 알아야 한다. 수습기자들이 기자로서 현장 교육을 받을 때 절대 하지 말아야 할 말이 "특이사항 없습니다"와 "취재가 안 됩니다"이다. 당장은 사안에 특이사항이 없어 보여도 일단은 "없다"는 말을 하면 안 된다. 그렇게 말하는 순간 사안에 대해 마음의 문을 닫고 그 너머를 볼 수 없게 된다. "취재가 안 된다"는 말도 마찬가지다. 일단은 무조건 된다고 생각해야 뭐든지 알아내고 돌파력 있게 사안을 취재해올 수 있다. 언어는 그 사람의 태도와 시각을 규정짓는 만큼, 쉽게 벽을 만들고 포기하면 안 된다.

기자는 '뭐든지 무조건 해낸다'는 태도를 갖고 일해야 하는 직업이다. 물론 안 되는 것

도 있고, 무리하게 뛰어들지 않을 때도 있다. 하지만 정말 최선을 다해 열심히 했고, 더 이상은 어찌할 수 없다고 확언할 수 있기 전까지는 함부로 포기를 말해선 안 된다. 나 역시 인간의 힘으로 어찌할 수 없는 취재라면 손을 놓겠지만, 인간이 할 수 있는 취재라면 안 되는 것은 없다고 생각한다. 이런 생각을 갖고 역경을 돌파해야 어려운 취재도 해낼 수 있다.

기자생활에서 끊임없이 장애물을 넘는 고통의 시간은 길지만, 결과물로 인한 환희는 짧다. 기자가 되기 원하는 사람이라면 안주하고 편하게 살고 적당히 인정받는 것보다, 불가능에 도전하고 성취하는 순간의 가치를 높이 살 줄 알아야 한다.

글을 쓰는 걸 좋아하니
기자를 하려는데 괜찮을까요?

세상에 대한 호기심이 없고 취재에 대한 열정이 없는데 '단지 글을 쓰는 것을 좋아해서' 기자가 되길 원한다면, 다시 한 번 생각해봐야 할 것이다. 기자의 업무 중에 글을 쓰는 시간은 소수에 불과하고, 대부분의 시간은 취재로 채워진다. 취재가 제대로 되지 않으면 기사를 쓸 수 없다. 기본적으로 탄탄한 취재가 밑받침되어야 글도 쓸 수 있다는 말이다.

단순히 글을 쓰는 것만 좋아해서 기자가 된다면 본인도 직장생활이 괴로울 수 있지만, 외부에서 봐도 당신은 기자로서의 경쟁력이 낮을 가능성이 크다. 언론사 기자, 작가 등 소수의 인물만이 오프라인 매체를 통해 글을 내보이는 시대는 진작 지났기 때문이다. 온라인에서 수많은 사람들이 너도나도 필력을 뽐내고 있고, 글을 잘 쓰는 사람들은 넘쳐난다.

요즘 시대를 살아가는 기자라면 글만으로는 경쟁력이 없다. 게다가 기자의 글은 콘텐츠가 뒷받침되어야 잘 쓸 수 있다. 고상하게 글만 쓰는 직업을 원한다면 다른 직업을 택해야 할 것이다. 더 정확한 보도를 위해 집요하게 사실관계를 확인하고 현장을 누빌 준비가 된 사람이 기자가 되어야 한다. 기사에게는 상상력이나 필력보다 '취재'라는 기본기가 보다 더 중요하다.

물론 그럼에도 불구하고 대부분의 기자들은 글을 쓰는 것을 좋아하는 사람들이다. 기본적으로 어느 정도 글을 매끄럽게 쓸 줄 알아야 독자에게 전달하는 기사를 잘 쓸 수 있기 때문이다. 여기서 특별히 염두에 두어야 할 것은, 기자의 글은 기본적으로 '타인을 위한 글쓰기'라는 것이다. 대부분의 기사는 기자 본인이 하고 싶은 말을 하기 위해, 문장력을 과시하기 위해 쓰는 글이 아니다. 독자에게 더 정확한 정보를 알기 쉽게 전달하기 위해 쓰는 것이다.

기자가 쓰는 기사의 소재 역시 내가 쓰고 싶은 것을 쓰는 게 아니라, 독자가 알고 싶어 하는 것을 다뤄야 한다. 문장력을 갖추는 것은 독자에게 더 어필할 수 있는 기사를 쓰기 위해서이지, 기자 자신의 자기만족이나 욕구 표출을 위한 수단이 아님을 명심해야 한다.

심지어 가끔은 본인이 쓰고 싶지 않은 글도 써야 한다. 자신의 이념에 정치적으로 반대되는 글을 쓴다는 얘기가 아니라, 본인은 관심이 없더라도 독자의 관심거리라면 써야 한다는 말이다. 아무리 어렵고 난해한 내용이라도 독자를 위해 공부하고 써야만 한다는 것이다.

나도 이런 경험을 숱하게 했다. 과거 보건복지부를 출입할 때, 정부가 기초연금 안을 만들어 발표한 적이 있다. 연금체계가 어떻게 굴러가고 얼마나 많은 사람이 어떤 혜택을 받는지는 굉장히 복잡하고 전문적인 내용이었다. 정부 발표가 있던 날, 시간도 촉박한데 재빨리 복잡한 내용을 소화해서 분량이 긴 분석 기사를 쓰자니 머리가 지끈거렸다. 너무나 난해해 머리 뚜껑이 열릴 지경이었지만 독자를 위해 어떻게든 이해하고 기사를 완성해야 했다.

그것은 다른 부서에서도 마찬가지다. 산업부에 처음 배치받았을 때도, 조선업계를 담당한 지 얼마 되지 않아 2분기(4~6월) 영업실적 발표가 있었다. 국내 대형 조선사 세 곳 모두 대규모 부실을 겪은 상태였는데, 나는 '공사손실 충당금', '미청구 공사금액' 등 온갖 산업용어들을 공부하면서 기사를 써야 했다. 너무나 어려워서 머리가 터질 지경이었지만, 내가 맡은 분야의 기사는 누구에게 대신 써달라고 할 수 없는 것이었고, 온전히 써내야만 했다.

기자의 글에는 특별한 이타심과 책임감이 필요하다. 내가 관심 없는 분야, 어려워하는 소재라도 독자를 위해서 어떻게든 써낼 줄 아는 정신이 있어야 한다. 자신을 나타내기 위해 블로그나 소셜네트워크서비스, 일기에 쓰는 글과는 DNA가 다르다는 걸 알아야 한다.

기사는 '타인을 위한 글쓰기' 임을 잊지 말자.

OK!

원하는 부서에서만
일할 수 있나요?

내가 아는 범위 내에서 말하자면, 원하는 부서에서만 일할 수 있는 언론사는 '없다.' 기업을 담당하면서도, 정부부처와 공공기관을 담당하면서도 원하는 부서에서만 일한다는 직장은 본 적이 없다. 원하는 부서에서만 일하고 싶다면 회사를 차리는 게 빠를 것이다.

언론사 입사를 원한다면, '특정 부서의 특성'에 대한 동경을 갖는 것을 넘어서 기자라는 직업을 즐길 수 있을지 냉정하게 판단해 봐야 한다. 문화부에서 일하며 연예인을 많이 만나고 영화도 많이 보고 공연을 보면서 살고 싶다거나, 스포츠부에서 일하면서 운동경기를 보러 다니고 싶다는 희망은 가질 수 있다. 하지만 원하는 것이 다 이뤄지는 조직은 없다.

물론 언론사마다 인사 때 희망 부서 지원을 받기도 하고, 되도록 희망 부서로 보내주려는 경향이 있는 것도 사실이다. 하지만 조직생활이라는 것은 기본적으로 타인과 함께 살아가는 생활이다. 특정 부서에 지원자가 몰리면 모두를 보낼 수 없고, 적절히 안배할 수밖에 없다. 누군가는 원하는 부서에서 일하겠지만, 누군가는 그렇지 않다는 얘기다.

언론사마다 다르긴 하겠지만, 대다수의 대형 언론사에서는 입사 초기 기자들이 다양한 부서를 돌면서 경험하게 한다. 회사에 입사하기 전에는 '우물 안 개구리'라서 원하는 부서를 고정해놓고 있을지 모르지만, 넓은 세상에서 취재를 하다 보면 새로운 관심 영역도 생기고 희망 부서도 변하는 법이다. 기자생활 초기에 다양한 부서를 돌면서 경험하다 보면 시야도 넓히고 자신의 적성을 탐색하는 데도 도움이 된다. 여러 부서를 어느 정도 경험하고 난 뒤에, 전공 분야를 확정해 오랜 기간 취재한 뒤 '전문기자', '선임기자' 등이 되는 경우도 있다.

한 가지 강조하고 싶은 게 있다면, 적어도 지금까지 내가 본 바로는 주어진 부서에서 열심히 최선을 다하는 사람이 원하는 부서에서도 좋은 성과를 냈다는 것이다. 이쪽 동네에서 잘한 기자는 저쪽 동네에 가도 잘한다. 기자로서의 기본기와 태도가 중요하다는 의미다. 어느 부서를 가고 싶다고 노래를 부르면서 주어진 분야를 소홀히 하는, 기자로서의 실력이 없는 사람은 원하는 부서에 가기도 힘들지만, 간다고 하더라도 별 볼 일 없게 일할 것이다.

언론사 입사를 원한다면 희망 부서와 영역은 생각해봐도 좋고, 해봐야 한다. 하지만 언제든지 다른 부서에서 일하면서 배울 수 있다는 유연성은 갖고 있어야 한다. 그리고 얼마든지 자신의 희망이 실현되지 않을 수 있다는 열린 생각을 갖고 있어야 한다.

2013년 의료관광 이슈를 취재하러 미국 텍사스 MD앤더슨 암센터에 갔을 때, 머리가 희끗희끗한 할머니가 우리 일행을 맞았다. 그녀는 너무나도 밝고 활기찬 표정으로 병원 곳곳을 소개하며 취재를 도와주었다. 아무리 봐도 은퇴할 나이가 한참 지나 보였는데, 아니나 다를까 수십 년간 그 병원에서 직원으로 일한 뒤 퇴직한 분이라고 했다. 지금은 일주일에 두 번씩 병원에 와서 무보수 자원봉사자로서 손님들을 안내하고 있다고 한다.

재직 동안 병원에서 오래도록 바쁘게 일했을 텐데, 은퇴한 뒤에도 다시 와서, 심지어 돈도 받지 않고 일하는 이유가 궁금했다. 나의 질문에 그녀는 눈을 동그랗게 뜨며 답했다.

"이곳은 환상적인 곳이잖아요. 세계 최고의 의료기술을 갖춘 의료진들이 있고, 전 세계 수많은 환자들이 이곳에서 병을 치료받고 있어요. 절망에 빠졌던 환자들은 이 병원에 와서 새 삶을 되찾아 돌아가요. 그 모습을 지켜보는 게 놀랍고, 이곳에서 일한다는 게 저는 자랑스러워요. 방문객들에게 이 병원을 소개할 수 있다는 것은 큰 기쁨이지요."

나는 그녀야말로 정말 행복한 사람이라는 생각을 했다. 돈을 벌기 위해 억지로 일을 하는 것도, 사회적인 지위를 갖추기 위해 직업을 택한 것도 아니었다. 자신이 하는 일이 중요하다는 확신을 갖고 있었고, 일을 하는 그 자체를 즐기며 보람을 느끼고 있었다. 그러니 은퇴한 뒤에도 일터에 돌아와 자원봉사까지 하면서 일을 하고 있는 것이었다.

대학 시절 들었던 수업에서, 한 교수님께서 "무언가의 진정한 가치를 알고 싶다면 돈을 빼놓고 생각해 보라"고 말씀하신 적이 있다. 물론 살아가는 데 있어서 돈은 중요하다. 하지만 무언가를 내가 진정으로 좋아하는지, 또 가치 있게 생각하는지를 알려면 돈은 제외해 봐야 진면모를 알 수 있다는 것이다. 직업에 있어서도 마찬가지라고 생각한다. 근로자라면 당연히 정당한 대가를 받아야 하지만, 정말 그 직업을 사랑할 수 있는지는 돈을 제외하고 생각해 봐야 알 수 있다. 이를테면, 은퇴한 뒤에 자원봉사로라도 그 일을 하고 싶을 정도로 좋아할 수 있는가?

기자가 되기 전의 나는 어떻게든 기자로 일하고 싶어서 안달이 나 있는 상태였다. 내가 인턴기자로 일한 언론사에서는 인턴 과정을 마칠 때 우리를 '대학생 명예 기자'로 위촉해줬는데, 대학생 칼럼 등 기사를 쓸 기회를 준다고 안내했다. 나는 어떻게든 기사를 쓰고 싶어서 회사에 종종 이메일을 보내곤 했다. 한번은 미국에서 교환학생으로 지내다 '아미시(Amish)'라는 공동체에 대해 기사를 써보겠다는 제안을 보낸 적이 있다. 아미시는 현대 문명을 사용하지 않고 자급자족하며 독특한 생활을 하고 있는 사람들이다. 당시 내가 신문사에 보낸 이메일의 일부를 소개하자면 이랬다.

'아직도 마차를 타고 농사를 지으며 전화기도 사용하지 않는다고 하네요. 요즘 스마트폰 등이 나오며 생활이 점점 편해지고 있는데 첨단 문명으로 물들어가는 미국에서 이 사람들이 어떻게 삶을 살아가고 있는지를 묘사해 보면 어떨까 합니다. 기사를 찾아보니 외국 기사에서 인용한 아미시 소식이나 아미시 마을을 방문한 분의 칼럼 말고는 딱히 내용이 없더라고요. 기사 소재로 적합하다면 1~2주 내에 주말을 이용해 아미시

마을에 다녀오려고 합니다.'

하지만 아쉽게도 내가 원한 '아미시 기사'는 성사되지 않았다. 지금 생각하면 당시 나의 구상이 조금 우습기도 하다. 기사에는 신뢰성, 정확성 등 여러 가지 요소가 갖춰져야 하는데, 어떻게 외부 사람인 대학생에게 그런 취재를 맡기겠는가? 아무리 인턴기자 출신이라도 기사도 쓸 줄 모르는 대학생에게 취재와 기사 작성을 섣불리 맡길 순 없을 것이다.

어쨌거나 당시 나는 금전적인 보상을 받지 않아도 좋으니, 내가 경험한 것을 독자들과 공유하고 싶다는 생각을 했다. 그래서 신문사에 수차례 이메일을 보냈다(물론, 언론사에서는 보통 외부인이 기고를 하면 원고료를 준다). 다른 소재로 대학생 칼럼을 써보기도 했는데, 운 좋게 지면에 실린 적이 있다. 그리고 기사와는 관계없이, 스스로의 호기심과 탐구 정신을 충족시키기 위해 아미시 마을에 다녀왔다. 지금은 당시를 좋은 추억으로 간직하고 있다.

직업에 대한 느낌은 참 주관적이다. 나는 기자가 너무나도 매력적인 직업이라고 생각하는데, 미국의 직업정보 사이트 '커리어캐스트(www.careercast.com)'에서는 2015년 최악의 직업 1위로 신문기자를 꼽았다. 이 사이트는 근무 환경, 스트레스, 소득 등을 종합해 순위를 산출하는데, 최악의 직업 순위에서 방송인이 5위, 사진기자가 6위로, 언론 관련 직업 3개가 10위 안에 들었다. 특히 신문기자는 2013년에도 최악의 직업 1위로 선정됐다가 2014년엔 '벌목꾼'에게 1위를 내준 뒤, 이듬해에 다시 1위를 탈환(?)한 것이라고 한다.

나는 기자로 일하면서, 기자를 포함해 모든 직업인의 만족도와 시각은 주관적이라는 것을 알게 되었다. 연봉이나 권력과 관계없이, 자신의 직업을 좋아하는 사람들은 언제나 활기가 넘쳤고 매력적이었다. 똑같이 공무원으로서 일하더라도 툴툴대며 승진에만 관심을 둔 사람이 있던 반면, 공공서비스를 위해 일하는 것에 보람을 느끼며 최선을 다해 일하는 사람도 있었다. 민간기업에도 회의감에 빠져서 월급날만 기다리며 일하는 사람이 있던 반면, 프로젝트를 만들고 사업을 성장시키는 데 희열을 느끼며 즐겁게 일하는 사람도 있었다. 조그만 슈퍼마켓에서 일하면서도 손님들의 취향과 동선을 고민하며 물건을 배치하는 등 전문성과 철학을 쌓으며 자부심을 갖고 일하는 분 또한 있었다. 일을 즐기는 사람들은 모두 멋져 보였다.

세상에는 여러 직업이 있지만, 직업에 만족하며 행복하게 일하는 사람이 있고 그렇지 않은 사람들이 있다. 이 책을 읽는 분들이 전자(前者)가 됐으면 하는 바람으로 글을 썼다. 책을 쓰다 보니 길다면 길고 짧다면 짧은 기자생활을 되짚어보게 됐다. 참 많은 사람을 만났고 여러 가지 상황에서 다양한 감정을 느꼈는데, 돌이켜보면 모두가 소중한 경험이었다. 표현이 미숙해 글에서 언급한 내용이 누군가를 섭섭하게 했다면 너그러운 이해를 부탁드린다.

그동안 나를 기자로서 성장하게 해주고 발전과 배움의 기회를 준 회사 동료들과 선·후배들, 취재원 등 모든 분들께 감사를 표하고 싶다. 좋은 기회를 주신 이담북스 관계자 분들께도 감사드린다.

난 널 믿어♥

넌, 할수 있어